Susan Forward widmet sich in diesem Buch einem Kapitel, das zu den dunkelsten in einer Partnerschaft zwischen Frauen und Männern gehört: das Lügen und Betrügen des geliebten Mannes. Was geht in einer Frau vor, die plötzlich erkennen muss, dass der Mann, dem sie vertraut hat, ein Doppelleben führt? Wie wird sie mit diesem Schock fertig?

In einer einfühlsamen und wunderbar klaren Sprache beschreibt die Autorin anhand wahrer Lebensgeschichten die verschiedenen »Lügner-Typen« sowie Methoden, mit denen sie verhindern, dass die Wahrheit ans Licht kommt.

Ist eine Frau auf einen der Typen hereingefallen, das Selbstbewusstsein und Vertrauen zerstört, bedeutet das für die Autorin dennoch nicht das Ende der Beziehung. Sie zeigt Frauen Wege, wie die Wunden geheilt werden können und das Vertrauen wiederhergestellt wird. Dazu gehört zuallererst, dass die Frauen sich von Schuldgefühlen befreien, ihr Selbstwertgefühl wiederfinden und Bedingungen stellen, unter denen sie bereit sind, die Partnerschaft fortzusetzen. Allerdings mit einer Einschränkung: Gerät eine Frau an einen Soziopathen, gibt es keinen anderen Ausweg als die sofortige Trennung.

Susan Forward ist eine international hoch angesehene Therapeutin, Dozentin und Buchautorin. Neben ihrer über 20-jährigen Tätigkeit in ihrer eigenen Praxis hat sie als Gruppentherapeutin, Ausbilderin und Beraterin in vielen medizinischen und psychiatrischen Einrichtungen in Südkalifornien gewirkt. Ihre Bücher sind in mehr als 15 Sprachen übersetzt worden. In deutscher Übersetzung liegen vor: »Vergiftete Kindheit« (1993); »Emotionale Erpressung« (1998) und »Die dunkle Seite der Liebe« (1999).

Unsere Adresse im Internet: www.fischer-tb.de

Susan Forward

unter Mitarbeit
von Donna Frazier

Verratene Liebe

Frauen durchschauen die Lügen der Männer

Aus dem Amerikanischen
von Vera Pagin

Fischer Taschenbuch Verlag

2. Auflage: November 2001

Deutsche Erstausgabe
Veröffentlicht im Fischer Taschenbuch Verlag GmbH,
Frankfurt am Main, Juni 2001

Die amerikanische Originalausgabe erschien 1999
unter dem Titel »When Your Lover Is a Liar.
Healing the Wounds of Deception and Betrayal«
im Verlag HarperCollins Publishers, New York

Satz: Pinkuin Satz und Datentechnik, Berlin
Druck und Bindung: Clausen & Bosse, Leck
Printed in Germany
ISBN 3-596-15069-8

Inhalt

TEIL 1

DAS SCHEMA DER BEWUSSTEN TÄUSCHUNG 7

1 Das Labyrinth der Lügen 9
2 Kunstgriffe, die uns am Haken zappeln lassen 38
3 Warum lügt jemand? 63
4 Der Soziopath 88
5 Wie Frauen sich selbst belügen 111
6 Was Lügen uns antun 135

TEIL 2

DIE WUNDEN HEILEN 157

7 Der Augenblick der Wahrheit 161
8 Konfrontation und Klarheit 188
9 Der Umgang mit seinen Reaktionen 216
10 Wenn Sie in der Beziehung bleiben 237
11 Wenn Sie ihn verlassen 267
12 Lernen, wieder zu vertrauen 301

Danksagung 320

Teil 1
Das Schema der bewussten Täuschung

1 Das Labyrinth der Lügen

- Das Telefon klingelt, und am anderen Ende der Leitung hören Sie eine Frauenstimme, die sagt: »Ist dort Betty? Ich finde, es ist an der Zeit, dass Sie wissen, dass Ihr Mann und ich seit zwei Jahren ein Verhältnis haben. Er liebt Sie nicht. Warum lassen Sie ihn nicht gehen?«
- Die Bank teilt Ihnen mit, dass ein Scheck, den Sie ausgestellt haben, nicht gedeckt ist. Empört rufen Sie die Bank an, denn Sie sind überzeugt, dass auf dem Konto, das Sie gemeinsam mit Ihrem Mann haben, der zehnfache Betrag gutgeschrieben ist. Man informiert Sie, dass das Konto überzogen ist – und Sie wissen, *Sie* haben das Geld nicht abgehoben.
- Ihr Lebensgefährte schwört, dass er mit dem Trinken aufgehört hat und regelmäßig die Meetings der Anonymen Alkoholiker besucht – und dann finden Sie eine Flasche Schnaps in seinem Werkzeugkasten.

Ganz plötzlich wird Ihnen schwindlig. Die Welt, die eben noch geordnet und überschaubar schien, gerät aus den Fugen. Ihre Gedanken überstürzen sich: Wer ist dieser Mensch, von dem ich dachte, dass ich ihm vertrauen könnte? Wie viele andere Lügen hat er mir aufgetischt? Es ist, als hätte man Sie in den Magen geboxt. Sie wissen nicht, ob es für Sie mit diesem Mann noch eine Zukunft gibt – und fragen sich, ob Sie ihm irgendetwas von dem glauben können, was er Ihnen in der Vergangenheit gesagt hat. Alles, was Sie sicher wissen, ist dies: Ihr Liebster ist ein Lügner.

Im Moment dieser äußerst schmerzhaften, verwirrenden Erkenntnis ist eines vor allem wichtig: dass Sie einen vernünftigen Verhaltensmodus finden – denn eine für Sie wichtige Beziehung und Ihr eigenes Wohlergehen stehen auf dem Spiel. Doch selbst wenn wir uns als aufgeschlossene, weltgewandte Frauen verstehen, die meisten von uns wissen nicht, wie sie reagieren sollen, wenn sie mit Lügen in diesem geschützten, intimen Bereich konfrontiert werden. Die meisten von uns können sich nicht einmal vorstellen, wie sie mit dem Gift der Lüge eines Partners umgehen, wie sie es unschädlich machen sollten. Angesichts der Verwirrung, die bewusste Täuschung und Verrat stiften, neigen wir dazu, zwischen zwei Extremen hin und her zu schwanken, die uns beide verrückt machen: Entweder verdrängen und entschuldigen wir das Verhalten des Partners, oder wir werden so wütend, dass wir keinen klaren Gedanken mehr fassen können. Die Menschen, die uns nahe stehen, schreien wahrscheinlich: »Verlass ihn!« – und wir drehen durch, verlieren uns in blinder Wut. Aber weder das eine noch das andere bietet uns inneren Frieden oder dauerhafte Genugtuung.

Viel zu oft lähmen uns die Lügen des Geliebten. Plötzlich können wir mit unserem Partner noch nicht einmal die simpelsten Entscheidungen treffen, weil die Vertrauensbasis nicht mehr vorhanden ist und wir nicht mehr wissen, wann und ob er uns die Wahrheit sagt. Wir wissen nicht mehr, was wirklich ist, und wir leiden entsetzlich. Die Beziehung zu einem Lügner kann unser Selbstbewusstsein und unsere Fähigkeit, unseren eigenen Wahrnehmungen und Urteilen zu vertrauen, vollkommen zerstören. In den schlimmsten Fällen wird aus einer liebenden Frau ein Mensch, der verbittert ist, ständig auf der Hut und misstrauisch, unfähig, offen zu sein, weil er ständig fürchtet, erneut verraten zu werden.

Eine Freundin von mir fasste neulich das Dilemma, in dem sich so viele Frauen wiederfinden, folgendermaßen zusammen: »Ich habe meinem Freund mehr vertraut als irgendeinem Menschen je zuvor«, erzählte sie mir, »und dann fand ich heraus, dass er mit einer alten Freundin schlief, während er mir seine

Liebe beteuerte. Ich glaube nicht, dass ich je wieder einem Mann vertrauen kann.«

Die Lügen eines geliebten Partners zählen im Leben einer Frau häufig zu den Elementen, die die größte Zerstörungskraft entwickeln.

Doch das muss nicht so sein.

Es gibt einen Weg durch das Labyrinth der Lügen in einer Liebesbeziehung, und ich würde Ihnen gerne eine Karte in die Hand geben, die Sie durch diese Unterwelt in unserer Welt führt. In den folgenden Seiten werde ich mich mit allen erdenklichen Formen von Lügen beschäftigen, von der kleinen Schwindelei bis zur tödlichen Unwahrheit, und Ihnen die vielen verschiedenen Arten von Lügnern vorführen – von denen, die niemals zugeben, was sie tun, bis zu den chronischen Beichtern, die wollen, dass wir alles vergeben und vergessen. Und ich werde das detaillierte Profil eines ganz bestimmten Lügners erstellen, den Sie sofort verlassen sollten.

Ich werde einige der Beweggründe aufzeigen, die Männer dazu bringen zu lügen, ihre Verhaltensweise schildern und Möglichkeiten nennen, wie man sie schon früh davon abbringen kann. In der zweiten Hälfte des Buches werde ich bestimmte Kommunikationstechniken und Verhaltensstrategien vermitteln, die Ihnen dabei helfen werden, Ihre Beziehung auf eine neue, ehrliche Basis zu stellen, oder, wenn das nicht möglich ist, Sie bei der Entscheidung unterstützen, wann Sie einen Partner, der lügt, verlassen sollten. In welcher Situation Sie sich auch befinden, ich werde Ihnen dabei helfen, die beste Vorgehensweise zu finden, und ich werde Ihnen den Rücken stärken, der Wahrheit, dem Selbstvertrauen und der geschützten Nähe wieder einen festen Platz in Ihrem Leben zu geben.

Das Schema des bewussten Betrugs

Die Wörter *Lüge* und *Lügner* sind hässlich. Es tut weh, sie für jemanden gebrauchen zu müssen, den man liebt oder an dem man interessiert ist, denn sie beinhalten viel Schmerz und Wut. Sie konfrontieren Sie mit Verrat und Böswilligkeit in einem Bereich, den Sie für intim und geschützt hielten. Diese Wörter sind so aufgeladen, dass es wichtig ist, sie nicht leichtfertig zu gebrauchen.

Sicher ist nicht jeder Mann ein Lügner noch ist jeder Lügner ein Mann, und nicht jede gedankenlose Äußerung ist eine Lüge. Doch in diesem Buch werde ich mich ganz auf die Männer konzentrieren, die Frauen belügen, denn ich habe zu oft gesehen, wie ungern Frauen sich eingestehen, dass der Mann, den sie lieben, sie anlügt. Frauen leiden auf eine ganz besondere Weise, wenn Lügen in eine Beziehung eindringen, weil, wie wir sehen werden, beide Partner dann der Frau die Schuld daran geben, dass er lügt.

Wenn ich von *Lügnern* spreche, dann meine ich nicht die Männer, die uns unabsichtlich in die Irre führen (durch Vergesslichkeit oder Missverständnisse) oder durch ihre zu optimistischen und völlig unrealistischen Versprechen (etwa: »Wir treffen uns um sechs«, wenn sie nicht einmal sicher sind, dass sie vor sieben Uhr ihren Arbeitsplatz verlassen können).

Und ich spreche auch nicht von den harmlosen, kleinen Schwindeleien, die wir uns alle erlauben, oder von unseren Versuchen, die Wahrheit abzumildern, um jemanden zu schützen. Die meisten von uns setzen Schmeicheleien und Übertreibungen in unseren alltäglichen Interaktionen ein, denn das Leben wäre recht grausam, wenn wir es nicht täten. Die ganze Wahrheit und nichts als die Wahrheit ist wichtig im Gerichtssaal, doch ansonsten versuchen wir alle, die harten Kanten der Wirklichkeit ein wenig abzuschleifen. Wir treffen Freunde wieder, die wir seit Jahren nicht gesehen haben, und sagen diplomatisch: »Großartig siehst du aus – du hast dich gar nicht verändert«, selbst wenn wir insgeheim denken: »Mein Gott, du hast jetzt Hängebäckchen, genau wie deine Mutter, und genau denselben schlechten Geschmack, was die Kleidung betrifft.« Sind die Worte, die wir sprechen, immer die ganze Wahrheit? Natürlich nicht. Doch lohnt es sich, sich über solche Unwahrheiten Gedanken zu machen? Ich denke nicht.

Die Lügen, die uns und unserer Beziehung schaden, haben alle die Absicht zu täuschen. Eine Lüge ist ein willentliches und bewusstes Verhalten, das entweder wichtige Tatsachen falsch darstellt oder sie verbirgt oder zurückhält, um Sie davon abzuhalten, die Wahrheit über bestimmte Aspekte im Leben Ihres Partners in der Vergangenheit, in der Gegenwart und häufig auch in der Zukunft zu erfahren.

Wo Lügen gedeihen

Wenn wir Begriffe wie *bewusste Täuschung* und *Betrug* hören, denken wir meist an Untreue. Und sicherlich fürchtet sich jede Frau davor, herauszufinden, dass ihr Mann sie betrügt und ein Verhältnis mit einer anderen hat. Die Entdeckung dieser Art von Lüge trifft uns dort, wo wir am verletzlichsten sind. Sie greift unser Innerstes an, unser Selbstbewusstsein, und bedroht unsere Sicherheit und unser Gefühl, begehrenswert zu sein. Solch eine Lüge macht uns wütend und ängstlich zugleich und sie schmerzt fürchterlich. Selbst in den Fällen, in denen der Mann darauf besteht, dass alles »gar nichts zu bedeuten hat«, verändert eine Affäre die Beziehung für immer, und in manchen Fällen bedeutet sie auch ihr Ende.

Auch wenn es Ihnen schwer fallen mag, es zu glauben, doch andere Arten von Lügen können genauso schlimm und gar noch schlimmer sein als eine Affäre, wenn man sie an der verheerenden Wirkung misst, die sie auf Ihr Leben haben. Lügen sind wie die Samen der Pusteblume – sie schlagen überall Wurzeln und gedeihen auf gefährliche Art und Weise in jedem Bereich unseres Lebens. In diesem Buch werden Sie Frauen kennen lernen, deren Partner über Geld lügen, über ihre Sucht, über ihre Verpflichtungen, ihren Status, über wichtige Ereignisse in ihrer Vergangenheit und über die Zukunft. Oft tun wir diese Lügen als unwichtig ab oder seufzen gar vor Erleichterung, denn »er hat wenigstens keine Affäre«. Doch wie die Frauen, die ich Ihnen vorstellen möchte, entdeckt haben, kann eine grundsätzliche Lüge in jeglichem Bereich Ihres Lebens Ihr Wohlbefinden zutiefst beeinträchtigen.

Die zwei Gesichter der Lüge

Man kann mit dem lügen, was man sagt, und mit dem, was man verschweigt. Es ist hilfreich, diese beiden Grundkategorien als *aktive Lüge* und als *passive Lüge* zu begreifen.

Aktive Lügen sind eindeutig falsche Tatsachenberichte, die ein Mann über sein Leben gibt, über sein Verhalten und seine Geschichte, und sie klingen etwa so:

- Ich habe keine Geliebte (wenn er eine hat).
- Ich habe die Hypothekenrate letzte Woche per Scheck bezahlt – der Scheck muss in der Post verloren gegangen sein (wenn er ihn nicht abgeschickt hat).
- Ich bin seit einem Jahr geschieden (wenn er noch verheiratet ist).
- Ich hatte mal ein kleines Problem mit dem Alkohol, doch das habe ich gelöst (wenn er immer noch zu viel trinkt).
- Es gibt keine andere Frau in meinem Leben (wenn es sie doch gibt).
- Ich werde dich nie wieder schlagen (wenn er es doch tun wird).

Es ist nur platonisch

Meine Patientin Lee wurde sehr früh in einer Beziehung, von der sie sich viel erhofft hatte, durch eine aktive Lüge zutiefst verletzt.

Lee ist 39 Jahre alt und geschieden, sie arbeitet als stellvertretende Geschäftsführerin in einem Geschäft für Herrenbekleidung in Los Angeles. Lee fühlte sich geschmeichelt und auch herausgefordert, als Barry, ein Stammkunde und attraktiver Anwalt Ende 20, mit ihr zu flirten begann und sie dann zum Abendessen ausführen wollte.

Ich sagte ihm sofort, dass ich älter sei als er, und er erwiderte, dass er immer nur mit Frauen in den Dreißigern oder Vierzigern zusammen gewesen sei, denn er fände die Frauen in seinem Alter zu unreif und zu wenig weltgewandt. Nun, ich fand das ganz beruhigend. Wir begannen, zusammen auszugehen – manchmal zwei- oder dreimal die Woche. Eines Abends hatte ich mich verspätet, und ich wollte es ihn wissen lassen, als mir bewusst wurde, dass ich seine private Telefonnummer nicht hatte – ich hatte nur seine Piepser-Nummer. Als ich ihn darauf ansprach, sagte er, dass er die Wohnung mit Mitbewohnern teile, dass er nicht immer das Telefon abnehmen könne und dass es Telefonprobleme gäbe – und ich nur seine Piepser-Nummer anrufen sollte, so in der Art. Das erschien mir dann doch ein wenig zu merkwürdig, und ich sagte etwas in der Richtung, worauf er mir schließlich seine Privatnummer gab.

Barrys ausweichende Antworten hätten Lee alarmieren müssen. Wenn Sie entdecken, dass ein neuer Partner sich vor klaren Informationen über grundlegende Tatsachen drückt, etwa wo er lebt, mit wem er lebt, ob er verheiratet ist und wie seine private Telefonnummer lautet, merken Sie auf. Diese ausweichenden Antworten geben lebenswichtige Informationen über das Verhalten des Mannes. Wenn Sie sie ignorieren oder als unwichtig einstufen, dann können Sie sich auf einige recht unangenehme Schocks gefasst machen.

Eines Abends rief ich Barry an, um ihn zu einer Party einzuladen, und eine Frauenstimme antwortete. Ich legte sofort wieder auf. Ich war völlig verwirrt und sprach ihn später darauf an. Er erklärte, dass er mit einer Frau lebe, doch dass sie einfach nur eine Mitbewohnerin sei und sie sich seit drei Jahren die Wohnung teilten. Sie käme aus einem anderen Land – Guatemala, glaube ich – und er helfe ihr dadurch, doch ihr Verhältnis sei vollkommen platonisch, also asexuell. Das konnte ich akzeptieren, wir gingen weiterhin miteinander aus, und meine Beziehung zu ihm wurde immer tiefer, immer ernster. Er warb unglaublich intensiv um mich, sagte ständig: »Ich liebe dich, ich weiß, dass wir eine gemeinsame Zukunft haben.« Doch nie blieb er über Nacht. Immer hatte er eine Entschuldigung, etwa: »Ich muss morgen sehr früh aufstehen – ich habe viel Arbeit.« Also fragte ich ihn eines Tages, warum er nie die Nacht über blieb. Da wurde er ganz still und nervös, und dann erklärte er mir, dass er das seiner Freundin nicht antun könne. Ich fragte: »Welcher Freundin?« Und er antwortete: »Nun ja, die Frau, mit der ich lebe.« Auf meine Frage, ob sie ein Paar wären, stammelte er ein wenig und sagte schließlich: »Ja.«

Wenn man sich Lees Geschichte anhört, ist es im Nachhinein einfach, alles besser zu wissen. Sie hätte auf die Alarmsignale hören und sofort erkennen müssen, wie geheimnistuerisch Barry mit den einfachsten Informationen über sein Leben umging. Doch Lee tat, was viele Frauen tun: Sie projizierte ihren eigenen Charakter und ihr eigenes Wertesystem auf Barry. Sie nahm an, dass er, weil sie mit ihm ehrlich war, automatisch mit ihr ehrlich sein musste. Als sie ihn zur Rede stellte, wich er erst ihren Fragen aus und dann log er, als er sagte, dass er »einige Mitbewohner« habe. Als sie die Unwahrheit herausfand, log er weiter, indem er erklärte, dass seine sexuelle Beziehung zu einer anderen

Frau nichts als eine platonische Freundschaft sei. Als er sich schließlich in die Ecke gedrängt fühlte, hielt er die bewusste Täuschung aufrecht, indem er Lee voller Romantik umwarb und ihr versicherte, dass er wirklich eine ernsthafte Beziehung mit ihr eingehen wolle, obwohl er nicht die geringste Absicht hatte, seine Beziehung zu der anderen Frau abzubrechen.

Lee ist eine selbstbewusste, weltgewandte Frau – sie ist weder dumm noch naiv. Doch sie war nicht auf der Suche nach Lügen, sie war auf der Suche nach Liebe. Und sobald die Scheuklappen der Verliebtheit aufgesetzt waren, konnte sie nicht mehr erkennen, wie die Wahrheit um sie herum langsam abbröckelte.

Die richtigen Fragen, die falschen Antworten

Wenn die aktiven Lügen eines Mannes Teil einer viel größer angelegten Strategie – das Verbergen seines wahren Charakters – sind, dann können diese Lügen eine sehr überzeugende Illusion bilden, die man nur schwer als solche erkennt, selbst wenn man sie mit der Wahrheit konfrontiert. Das ist besonders dann wahr, wenn wir selbst hart daran gearbeitet haben, uns genau davor zu schützen, indem wir die »richtigen Fragen« gestellt haben.

Kathy, 45, ist eine Krankenschwester, die in der Kinderstation eines Krankenhauses arbeitet. Sie ist eine enge Freundin einer meiner Kolleginnen, und als sie erfuhr, dass ich an diesem Buch arbeitete, rief sie mich an und sagte, dass sie mir gern ihre Geschichte erzählen würde, in der Hoffnung, damit anderen Frauen zu helfen.

David und ich sind uns über einen gemeinsamen Freund in einem Zwölf-Stufen-Programm der Anonymen Alkoholiker begegnet. Dieses Programm besagt, dass man im ersten Jahr des Entzugs keine neue Beziehung anfangen sollte, also waren David und ich ein Jahr lang nur Freunde. Wir setzten uns nicht unter Druck, wir waren einfach Freunde. Als ich das Jahr hinter mich gebracht hatte, begannen wir miteinander auszugehen. Es begann ganz langsam, doch allmählich verliebte ich mich sehr in ihn. Wir hatten dieselben Interessen – Musik, Katzen, Bücher –, denselben Sinn für Humor, und uns beiden waren dieselben Grundwerte wichtig. Wir wollten beide eine herzliche, große Familie, obwohl keiner von uns Kinder wollte. Doch wir beschäftigten uns viel mit unseren Nichten und Neffen und anderen Mitgliedern unserer Familien. Wir beide respektierten unser Bedürfnis, nüchtern zu bleiben, aus tiefstem Herzen. Glauben Sie mir, ich beobachtete ihn, hörte ihm zu und fragte auch seine Freunde über ihn aus – ich tat alles, was ich tun konnte, um sicherzugehen, dass er nicht einfach nur einer der vielen Männer war, die Probleme haben oder nebenher noch eine Ehefrau oder Ähnliches. Ich bin schon lange nicht mehr so naiv wie früher.

Vier Monate, nachdem wir zusammen waren, schnitt er sich bei der Arbeit tief in die Hand, und ich zog zu ihm, um mich um ihn zu kümmern, weil er nur noch wenig selbst erledigen konnte. Danach bin ich nicht wieder ausgezogen, und ich weiß, dass das ein recht abrupter Wechsel in unserer Beziehung war, doch andererseits auch wieder nicht. Wir hatten ja einige Zeit damit verbracht, uns kennen zu lernen.

Und ich war immer sehr vorsichtig. Wir haben lange über Geld geredet, weil ich doch etliches mehr verdiente als er, und ich wollte sicher sein, dass das kein Problem für uns wäre – und ich wollte ein Gefühl dafür bekommen, wie er seine eigenen Finanzen handhabte. Er erzählte mir, dass er nie einen Scheck habe platzen lassen, dass er sehr sparsam lebe und keinerlei Schulden habe, außer den Ratenzahlungen für sein Auto. Wenn er etwas haben wolle, dann würde er dafür sparen. Und das beeindruckte mich gewaltig.

Kathy machte alles richtig. Sie kannte David lange als einen Freund, bevor sie miteinander ausgingen, sie heiratete nicht überstürzt, und sie stellte genaue Fragen, wartete auf seine ehrlichen Antworten. In vielen Gesprächen vergewisserte sie sich, dass sie und David dieselben Vorstellungen hinsichtlich Kindern, Finanzen und der Ablehnung von Rauschmitteln, gleich welcher Art, vertraten. Sie fühlte sich sicher und zukunftsfroh – ein Gefühl, an dem sie immer noch festhielt, als sie längst die Indizien sah, die dem widersprachen.

Eines Tages, nachdem wir ein paar Wochen miteinander gelebt hatten, holte ich die Post und fand darunter einen Brief vom Finanzamt. Wie sich herausstellte, hatte er seit drei Jahren keine Steuererklärung mehr gemacht und schuldete dem Staat 13 000 Dollar. Natürlich habe ich mich darüber aufgeregt, doch er hatte auf alle meine Fragen eine plausible Antwort. Er versicherte mir, dass er längst Schritte unternommen habe, um seine Schuld abzutragen – er erklärte mir, dass sie noch aus den Zeiten stammen würden, als er zu viel trank –, und dass er und das Finanzamt sich auf eine Ratenzahlung geeinigt hätten.

Kathy hat hier eine schwerwiegende Lüge Davids zu leicht abgetan. Seine Steuern nicht zu bezahlen ist eine ernste Angelegenheit, und wenn David wirklich so verantwortungsbewusst im finanziellen Bereich war, wie sie es gerne glauben wollte, dann hätte er niemals Schulden in Höhe von 13 000 Dollar auflaufen lassen. Tatsache war, wie sie bald herausfand, dass er überhaupt keinen Plan hatte, wie er das Geld zurückzahlen könnte. Mit der Diskrepanz konfrontiert, die zwischen ihrem eigenen, geschönten Bild von David und der sehr viel beunruhigenderen Wirklichkeit bestand, hielt Kathy an ihrem Wunschbild fest. Sie hatte das Gefühl, dass sie ihm vertrauen konnte – schließlich war er so »offen« gewesen. Sie konnte sich einfach nicht vorstellen, dass alles, was er ihr über seine Finanzen erzählt hatte, seiner Phantasie entsprungen war.

Hätte Kathy es besser wissen können? Hätte ihr klar sein müssen, dass David kein Vorzeigemodell für finanzielles Verantwortungsbewusstsein war? Sicher, sie hätte seine Kreditwürdigkeit überprüfen lassen oder ihn direkt nach Schulden fragen können, die auch sie belasten würden, wenn sie ihn heiratete – und ich will damit nicht sagen, dass Frauen diese Schritte nicht unternehmen sollten. Doch wie viele von uns sind wirklich bereit, sich in der frühen Phase einer neuen, schönen Beziehung an einen Privatdetektiv zu wenden, vor allem, wenn es keinerlei Grund gibt, dass wir misstrauisch sein sollten? Liebe und Misstrauen schließen einander doch aus, denken wir. Alles, was David sagte, schien zu stimmen, und was er machte, schien auch alles richtig zu sein, und er ging regelmäßig zu den Meetings der Anonymen Alkoholiker – doch bei ihm war es wie bei allen Männern, die lügen: Er kontrollierte, was Kathy wusste und was sie nicht wusste, und diesen Zustand wollte er auch erhalten. Das Ergebnis war, dass sowohl die Wahrheit, als auch ihre Beziehung darunter litten. Die verschleppten Steuererklärungen waren erst der Anfang. Es gab sehr viel mehr direkte Lügen, die Kathy erst entdeckte, als sie verheiratet waren und sie zu ihm und seiner Familie tiefe Beziehungen eingegangen war.

Was Sie nicht wissen, wird Ihnen schaden

Passive Lügen werden mit dem alten Sprichwort gerechtfertigt: »Was du nicht weißt, macht dich nicht heiß.« Wenn Ihr Partner ausweicht oder geheimniskrämerisch tut, dann hält er bewusst Informationen zurück, von denen er weiß, dass sie Sie verletzen oder wütend machen oder gar die Beziehung beenden würden. Seine Strategie des Verbergens erlaubt ihm, zu tun und zu lassen, was er will, und Sie darüber in Unkenntnis zu lassen.

Eines meiner Lieblingsbeispiele für diese Form der Lüge ist ein Gespräch, dass zwischen einer Freundin von mir, Beth, und ihrem Lebensgefährten, Roger, stattfand. Beth wurde schon einige Zeit von dem Verdacht geplagt, dass Roger sich innerlich von ihr abgewandt hatte. Er war letzthin immer später und später nach Hause gekommen, und immer öfter gab es Telefonate, bei denen er hinter geschlossener Tür flüsterte. Sie beschloss, ihn direkt darauf anzusprechen. »Ich fragte ihn, ob er eine Affäre habe, und er erwiderte ganz ernst: ›Das hat noch keiner gesagt.‹ Was zum Teufel sollte das bedeuten? Hieß das ja? War das ein Nein? Oder glaubte er, wenn man es nicht sagte, dann konnte es auch nicht stimmen, und deshalb konnte ich ihm auch nicht vorwerfen, dass er mich anlog?«

Ich kann Ihnen keine Beispiele für passive Lügen, für Lügen durch Verschweigen geben, denn sie fallen nur stumm zwischen den Worten, die man spricht. Doch gewöhnlich handelt es sich dabei um das Verschweigen solcher »Kleinigkeiten« wie etwa:

- »Ich habe eine Affäre.«
- »Ich lebe mit einer anderen Frau zusammen.«
- »Ich habe ein Kind, es lebt in einem anderen Bundesland.«
- »Ich bin bisexuell veranlagt.«
- »Ich bin Alkoholiker/drogenabhängig/spielsüchtig.«
- »Ich bin manisch-depressiv und es gibt eine lange Krankengeschichte in meiner Familie (oder andere, wesentliche seelische oder körperliche Probleme).«
- »Ich habe Genitalherpes/Aids.«
- »Ich bin auf Bewährung/habe ein Vorstrafenregister.«
- »Ich habe Schulden/Geldprobleme/bin finanziell unstabil.«

Die meistverbreitete Lüge durch Verschweigen

Auch wenn manche Männer, die Affären haben, sie dann freiwillig eingestehen, wenn das Schuldbewusstsein und der Druck, lügen zu müssen, zu stark werden, die meisten Männer tun es nicht. Stattdessen bleibt ihr Verhältnis zu einer anderen Frau (oder zu mehreren) so lange geheim, solange sie es geheim halten können. Allerdings kommt diese Art der Lüge durch Verschweigen fast immer ans Tageslicht, dazu häufig auf eine Art und Weise, die für ihre Partnerinnen besonders grausam und demütigend ist.

Meine Patientin Anne, 47, ist eine sanfte, fast durchsichtig wirkende Frau, die erst seit kurzem wieder die Universität besucht, um ihren Magister in Pädagogik nachzuholen. Ihr Ehemann, Randy, mit dem sie seit 15 Jahren verheiratet ist, ist leitender Angestellter in einem Video-Unternehmen, das Unterrichtsfilme und Dokumentarfilme herstellt. Sie haben eine Tochter, Samantha, die sie beide vergöttern. Annes Leben war glücklich und erfüllt bis zu jenem Morgen, etwa zwei Wochen bevor sie mich das erste Mal aufsuchte:

Ich habe die Post geholt, als ich von der Uni kam, wie ich es immer tue, es gab nichts Ungewöhnliches an diesem Tag. Doch dann fand ich einen Brief, adressiert an mich, mit dem Briefkopf von Randys Firma, was mir sehr merkwürdig vorkam. Ich öffnete ihn und meine ganze Welt brach zusammen. Der Brief stammte von jemandem in seinem Büro – er war nicht unterschrieben. Er besagte: »Wir mögen Sie sehr und wir möchten, dass Sie wissen, dass Randy eine Affäre mit einer Mitarbeiterin in seinem Büro hat und dass sie ihn auf seiner Dienstreise nach Chicago dort treffen wird.«

Ich kann mich kaum noch daran erinnern, wie der Brief weiterging – mir war so schlecht. Ich rief ihn in seinem Büro an, und er gab alles auch sofort zu und erklärte, er würde sofort zu mir nach Hause kommen. Wir beide haben versucht, allein damit fertig zu werden, doch ich weine nur noch, ich kann gar nicht mehr damit aufhören – ich kann mich um nichts anderes mehr kümmern.

Männer, die eine Affäre mit einer anderen Frau eingehen, glauben immer, so lächerlich es auch klingt, dass niemand die Wahrheit je erfahren wird, selbst wenn Freunde oder Arbeitskollegen sehr wohl wissen, was vor sich geht. Aus Randys Sicht hatte er viel zu verlieren und nichts zu gewinnen, wenn er seine Lügen des Verschweigens nicht weiter aufrechterhielt. Doch in seinem Fall hat eine fremde Person die Entscheidung für ihn getroffen. Und sobald seine Lügen des Verschweigens bekannt waren, konnte und würde seine Ehe niemals mehr dieselbe sein.

Anne erfuhr von Randys Affäre durch Dritte, eine Konstellation, die vielen Frauen geläufig ist. Tatsache ist, dass die meisten Lügen des Verschweigens, egal um was es geht, auf diese Weise aufgedeckt werden.

In meiner ersten Sitzung mit Jan erzählte sie mir, wie sie mit einer gigantischen Lüge des Verschweigens konfrontiert worden war, ausgerechnet einige Tage vor ihrem Hochzeitstermin.

Jan, 36, besaß eine erfolgreiche Firma für graphisches Design, als sie Bill über gemeinsame Freunde kennen lernte, einen dynamischen und charmanten Broker. Die Chemie zwischen beiden stimmte sofort und war außerordentlich stark, und nach nur wenigen Monaten beschlossen sie zu heiraten. Und dann brach die Welt für sie zusammen.

Eines Morgens, nur wenige Tage vor ihrer Hochzeit, erhielt Jan Informationen, die alles anders aussehen ließen.

Wir waren beide bereits einmal verheiratet gewesen und brachten zusammen fünf Kinder mit in die Ehe. Seine Kinder lebten bei seiner Exfrau, meine bei uns. Wir wussten, dass wir alle uns auf etwas Neues einstellen mussten, dass wir viel aufzuarbeiten hatten, doch wir waren beide wirklich sehr ineinander verliebt und ich selbst war überglücklich.

Er hatte vor, die letzten Dinge aus seiner in meine Wohnung zu bringen, und er war frühmorgens dorthin gegangen, um den Umzug zu überwachen. Ich selbst befand mich in diesem herrlichen Reich zwischen Tag und Traum und begann erst aufzuwachen, als das Telefon klingelte.

Es war eine Frau. Sie sagte: »Ist dort Jan?« Ich bejahte, und dann sagte sie: »Sie kennen mich nicht, vielleicht haben Sie aber meinen Namen schon gehört. Ich bin Carla, Bills zweite Exfrau.« Ich war noch nicht ganz wach, und mein erster Gedanke war, dass jemand sich einen Scherz erlaubte, denn Bill hatte immer noch regen Kontakt zu seinen alten Verbindungsbrüdern von der Universität, und die verwandelten sich ja alle wieder in pubertäre Witzbolde, wenn sie sich trafen. Doch in ihrer Stimme war etwas – fast etwas Drohendes –, das mir sagte, dass dies kein übler Witz sei. Ich fragte sie, was sie wolle und sie antwortete, dass sie mit Bill sprechen wolle und angenommen habe, er sei bei mir. Ich murmelte etwas davon, dass er nicht da sei ... und hängte auf. Ich war ganz benommen. Was zum Teufel ging hier vor?

Etwa eine Stunde später kam er nach Hause und ich ging sofort auf ihn los. Ich bombardierte ihn mit Fragen. Ob er wirklich bereits zweimal verheiratet gewesen sei und einfach vergessen habe, mir davon zu erzählen? Ob er mich nicht gut genug kennen würde, um zu wissen, dass mir das nichts ausgemacht hätte? Warum er dachte, er müsse mich anlügen? Ob er mir denn nicht vertraute? Und worüber er mich sonst noch angelogen habe?

Jans Wut war durchaus berechtigt, und ihr Misstrauen ebenso. Doch wie wir sehen werden, wurde Jans erster, kurzer Blick auf die Wahrheit ganz schnell wieder von Bills Erklärungen verdeckt und von ihrem Bedürfnis, an diese Erklärungen zu glauben. Lügen wie die von Bill sind mächtig, denn es ist leicht für einen Mann, den Charme und die Versprechungen des Augenblicks einzusetzen, um damit die störenden Bilder der Vergangenheit zu minimieren, die dann wie in einem Rückspiegel immer kleiner zu werden scheinen.

Ein »kleines Versehen«

Carol, Rechtsanwaltsgehilfin, war vor einigen Jahren meine Patientin. Sie hatte über 14 Jahre lang in einer schwierigen, von Lügen durchsetzten Ehe verbracht, verheiratet mit einem Mann, der ein Meister darin war, ihr wichtige Informationen über sein Leben vorzuenthalten. Manche Männer geizen grundsätzlich mit Angaben über ihre Vergangenheit, auch wenn sie ganz häufig offen wirken. Und was sie über ihr Leben verschweigen, könnte ganze Bibliotheken füllen.

Ich fand Ken sehr nett und er hatte einen guten Job als Mechaniker. Er hat mich so richtig heftig umworben und nachdem wir uns drei Wochen kannten, heiratete ich ihn. Ich hatte gerade eine unglückliche Beziehung beendet und ich wollte es meinem ehemaligen Freund und meinen Eltern so richtig zeigen, die Ken durchweg ablehnten. Ich wusste eigentlich nichts über ihn, aber das schien auch nicht wichtig zu sein.

Ich arbeitete bei einer Bank, und dann erhielt ich die wunderbare Gelegenheit, einen Job in einer Firma anzunehmen, die Luftaufnahmen für die Regierung machte. Es ging hierbei um wirklich geheime Aufnahmen, deshalb wollten sie, dass ich mich einer Sicherheitsüberprüfung stellte, was mir keinerlei Sorgen bereitete.

Auf dem Formular, das ich für die Überprüfung ausfüllen sollte, war eine der Fragen, ob der Ehepartner jemals vorbestraft war, und deshalb fragte ich Ken danach. Er antwortete: »Ich habe ein paar Verkehrsstrafen erhalten, das ist alles.« Und das habe ich auch in das Formular eingetragen.

Sie haben mich mit einer Probezeit von 30 Tagen eingestellt, während derer sie meine Sicherheitsüberprüfung durchführten. Ich liebte diese Arbeit. Hier war ich, vierundzwanzig Jahre alt, und schon hatte ich mein eigenes Büro und einen faszinierenden Job. Doch plötzlich, etwa zwei Wochen, nachdem ich dort angefangen hatte, rief mich mein Chef an und sagte, dass zwei »Agenten« mich zu sprechen wünschten. Ich ging in das Büro meines Vorgesetzten und einer der Agenten fragte mich: »Mrs. Adams, warum haben Sie auf Ihrem Antragsformular gelogen?« Als ich erklärte, ich wüsste gar nicht, wovon sie redeten, sagte einer der beiden: »Ihr Mann steht unter Bewährung. Ich schlage vor, dass Sie mit ihm sprechen. Es geht dabei um Drogenhandel.«

Kens Lüge des Verschweigens kostete Jan den Arbeitsplatz in einem Beruf, den sie liebte, und natürlich war ihr erster Impuls, ihn zu verlassen. Doch ohne Arbeit, gerade schwanger und voller Angst, ihren abfälligen Eltern ihre Probleme eingestehen zu müssen, entschied sie sich durchzuhalten, denn sie glaubte, dass das Schlimmste vorbei wäre. Doch Kens Lüge hatte, wie es so oft der Fall ist, einige der Grundfesten ihres Lebens zerstört – ihren Job und ihren Ruf, um nur zwei zu nennen – und sie hilflos gegenüber den Lügen gemacht, die in den kommenden Jahren noch auf sie zukommen sollten.

Es ist leicht für einen Mann, über die Vergangenheit zu lügen, denn sie liegt ja im Verborgenen. Beunruhigende Tatsachen zurückzuhalten ist leichter als sie offen zu legen. Und es gibt einen natürlichen Hang abzuwarten, bis man die Beziehung zu einem anderen vertieft hat, bevor man dessen Vertrauen mit einer unangenehmen Enthüllung auf die Probe stellt. Das Argument, dass die Vergangenheit ja vergangen sei, entschuldigt immer wieder alles. Was wirklich wichtig ist, sagt er sich – und Ihnen, wenn Sie die Wahrheit herausfinden –, ist, dass er Sie gut behandelt, Sie liebt, erwachsen geworden ist und sich seit seinen wilden Jahren wirklich gebessert hat, oder dass er längst über seine alten Schwierigkeiten hinweg ist. Und deshalb geht Sie all das, was er Ihnen nicht erzählt, auch gar nichts an – selbst wenn es Sie das kostet, was Sie am höchsten schätzen: Vertrauen.

Er kontrolliert, was Sie wissen

Es ist egal, warum er lügt, egal, ob es eine aktive Lüge oder eine Lüge des Verschweigens ist, egal, welche besondere Variante des Lügens ein Mann entwickelt oder worüber er lügt, gewisse Fakten werden immer eine Konstante bilden:

- Er allein ist dadurch immer im Besitz der Wahrheit.
- Er ist der Einzige, der weiß, was wirklich vor sich geht, da-

durch hat er die Kontrolle und die Macht über die Ereignisse in Ihrem Leben.

- Ihnen werden Informationen vorenthalten, die Ihr Leben drastisch ändern könnten.
- Sie können wichtige Entscheidungen in Ihrem Leben nicht anhand von Informationen abwägen, etwa: Soll ich diesen Mann heiraten? Soll ich bei ihm bleiben? Soll ich bestimmte Schritte unternehmen, um mich seelisch und/oder finanziell vor ihm zu schützen?
- Sie wissen nicht, wer er wirklich ist.

Seine Lügen lassen Sie im Dunklen tappen – sie sperren Sie in einem Labyrinth von Trugbildern ein.

Der Verfall der Wahrheit

Wie konnte eine Beziehung zwischen dem Punkt A: »Er ist ein wunderbarer Mann« und dem Punkt B: »Ich lebe mit einem Lügner« sich einfach auflösen? Manchmal, wie im Falle Lees, gibt es viele Hinweise, und manchmal, wie bei Jan, gibt es keinerlei Hinweis auf das, was Sie erwartet. Männer, die ihre Frauen belügen, tragen keine entsprechenden Schilder um den Hals, und manche der schlimmsten Lügner belügen sogar sich selbst über ihr Verhalten. Da niemand von uns über eine zuverlässige Kristallkugel verfügt, ist es häufig unmöglich vorherzusagen, ob der Mann, den Sie lieben oder der Sie interessiert, sich letztendlich als ein ehrenhafter Mann, ein Gelegenheitsschwindler oder als chronischer Lügner entpuppen wird. Wir alle präsentieren uns auf den ersten Blick bewusst auf die vorteilhafteste Art. Und der Versuch, ohne konkrete Informationen herauszufinden, was echt und was nur vorgegeben ist, ist eine Vergeudung von Zeit und Energie.

Es braucht seine Zeit, bis der wahre Charakter eines Menschen zum Vorschein kommt. Wenn es dann so weit ist, dann kann sich herausstellen, dass dieser ganz anders ist, als Sie sich das vorgestellt hatten.

Ist es eine Lüge oder nicht?

Ein kleiner, aber wichtiger Trost liegt darin, dass man endlich weiß, was vor sich geht, selbst wenn es nur die Entdeckung ist, dass Ihr Liebster ein Lügner ist. Dann ist alles entweder weiß oder schwarz. Es ist nun greifbar und Sie haben nun etwas, mit dem Sie umgehen können. Doch nicht jede falsche Darstellung der Tatsachen oder jedes Verschweigen von Wahrheiten ist so eindeutig wie in den Fällen, die wir bisher gesehen haben. Und wir können uns selbst irremachen, indem wir ständig fragen: »Was war das eben? War das eben eine Lüge oder nur ein schwerer Fall von Missverständnis und falscher Kommunikation?« Eine Lüge definiert sich dadurch, dass sie vom Willen zu täuschen getragen wird, aber manchmal ist dieser Wille nicht eindeutig auszumachen. Das trifft vor allem in den frühen Phasen einer Beziehung zu.

Das Spiel beim Kennenlernen

Wenn wir uns verlieben, dann wollen wir auf keinen Fall über wichtige Fragen belogen werden, und doch lieben wir Sätze wie: »Du bist die schönste Frau, die ich je gekannt habe« und: »Noch nie hat eine Frau mich derart erregt wie du«, selbst wenn wir wissen, dass diese Aussagen nicht unbedingt der Wahrheit entsprechen. Wir wissen, dass diese Aussagen uns im Ritual der Verführung betören und gewinnen sollen.

Wir alle lassen uns gerne schmeicheln, und solange eine Beziehung noch relativ oberflächlich ist, spielt ein eher lockerer Umgang mit der Wahrheit keine Rolle. Wir wissen, dass unser potentieller Partner oft übertreiben und beschönigen wird, um sich vor uns zu profilieren. Und wir selbst tun meist genau dasselbe.

Gefährlich wird es erst, wenn ein Mann die charmanten Beschönigungen des ersten Verliebtseins immer noch aufrechterhält während die Beziehung sich vertieft, und wenn er damit bei uns unrealistische Hoffnungen und Erwartungen weckt.

Der Geliebte, der verschwindet

Meine Freundin Nina, 48, Rechtsberaterin, fand sich mit einer Situation konfrontiert, die sehr vielen Frauen nur zu gut bekannt ist – dem geheimnisvollen Verschwinden ihres Freundes.

Über einen Monat lang trafen Tom und ich uns fast jeden Abend, und eines Abends sahen wir uns einen Liebesfilm im Fernsehen an, als er meine Hand nahm und sagte: »Ich möchte eine Beziehung mit dir haben, die alle anderen ausschließt. Ich möchte mich mit keiner anderen Frau treffen und ich hoffe, dass auch du nicht das Bedürfnis hast, mit anderen auszugehen.« Mir klopfte das Herz und ich war hingerissen.

Dann sagte er, er müsse geschäftlich nach Denver und werde am Wochenende wieder da sein und mich jeden Tag von unterwegs anrufen. Er rief nicht ein einziges Mal an, und ich wusste nicht, wo ich ihn erreichen konnte. Dann kam das Wochenende und noch immer hatte er sich nicht gemeldet. Schließlich rief ich in seiner Wohnung an. Er war sehr kühl, wich meinen Fragen aus. Er erklärte, dass er erschöpft sei und es einfach keine Gelegenheit gegeben hätte, mich von seiner Reise aus anzurufen. Panik ergriff mich, doch ich versuchte, mir das nicht anmerken zu lassen. Er klang wie eine völlig andere Person – wie ein Fremder.

Ich fragte, wann wir uns wieder sehen würden, und er murmelte irgendetwas in der Richtung, er fände, dass wir eine Zeit lang mehr Distanz bräuchten – dass ihm alles viel zu schnell gin-

ge! Das war derselbe Mann, der mich erst vor sechs Tagen gebeten hatte, alle anderen Beziehungen aufzugeben! Und nun bleiben mir nur all die unbeantworteten Fragen. Habe ich etwas getan, das ihn erschreckt, ihn abgeschreckt hat? Was war los mit ihm? War irgendetwas an unserer Beziehung überhaupt echt?

An der Front vermisst

Jede Frau, die je eine dieser Beziehungen erlebt hat, die wie ein Wechselguss verlaufen – in der einen Minute heiße Leidenschaft, in der nächsten eiskalte Distanz –, weiß, wie verwirrend und belastend das ist. Wir rufen uns Gespräche ins Gedächtnis zurück und fragen uns, was wir wohl getan haben, dass er fortging. Wir sind am Boden zerstört, wenn uns bewusst wird, dass etwas, was wir wunderbar fanden und uns alle möglichen Zukunftsperspektiven eröffnete, nichts als eine Illusion war. Doch die Frage ist, war Tom ein Lügner? Hatte er wirklich die Absicht, Nina zu täuschen? Natürlich kann ich nicht in Toms Kopf schauen, aber ich bin überzeugt, dass er zu den Männern gehört, die sicherlich meinten, was sie in einem erregten Moment sagten, die danach jedoch zu Tode erschrocken sind, weil zu viel zu schnell geschehen ist, und denen dann sowohl der Mut als auch die Worte fehlen, ihren gemischten Gefühlen oder ihrer geänderten Meinung Ausdruck zu verleihen. Vielleicht litt er tatsächlich unter Beziehungsangst und hatte versucht, sich selbst zu überzeugen, dass er nicht wirklich vor jeder engen Beziehung zurückscheute. Vielleicht hatte er auch schlechte Erfahrungen mit Frauen gemacht oder er hasste seine Mutter – wir werden es nie wissen.

Doch eines ist sicher: Statt über seine Ängste oder Konflikte oder seine Beschämung, Nina die falschen Signale gegeben zu haben, *zu reden*, *handelte* er, indem er sich abrupt zurückzog. Tom ist wahrscheinlich viel weniger gefühlsmäßig zugänglich als er sich dargestellt hatte, doch in diesem Fall ist nicht klar, ob ihm das auch bewusst war, bevor er erkannte, dass er mit Nina eine Beziehung begonnen hatte, die ihn überforderte. Ich bin der Meinung, Tom beherrscht, wie sehr viele Männer, die Sprache der Gefühle nur unzulänglich. Es ist zwar ein Klischee, Männer würden nur schlecht begreifen und ausdrücken können, was sie fühlen – doch das heißt nicht, dass es nicht auf viele Männer zutrifft, die oft nur aus diesem Grunde als Lügner dastehen. Ich wette, Tom wurde in einer Situation, die er nicht mehr überblickte, von Gefühlen übermannt, mit denen er nicht umgehen konnte, und dass er den für ihn leichtesten Ausweg gesucht hatte. Es wirkt wie eine Lüge, es hört sich an wie eine Lüge, es tut weh wie eine Lüge – doch wahrscheinlich ist es keine.

Manchmal redet er einfach nur so dahin

Die Frage nach dem Vorsatz ist schwierig. Wir können nicht in die Seele unserer Liebhaber und Freunde klettern und in einer Ecke mit dem Schild »Vorsatz« nachsehen, ob das, was er uns einmal gesagt hat, eine echte Lüge war, wenn sich viel später herausstellt, dass es nicht der Wahrheit entsprochen hat.

Wenn ein Mann bewusst wichtige Informationen fälscht oder zurückhält, dann ist sein Vorsatz offensichtlich der einer Täuschung. Doch manche Männer, etwa Tom, sagen Dinge, die sie in diesem Moment und unter den gegebenen Umständen wirklich meinen, um später dann ihre Meinung zu ändern. Es sind große und wichtige Themen, bei denen ein solcher Meinungswechsel eintreten kann, etwa:

- Ob er Sie heiraten will oder nicht.
- Ob er Kinder möchte oder nicht.
- Welche sexuellen Vorlieben oder Bedürfnisse er hat.
- Wer in der Partnerschaft berufstätig sein sollte und wie die Finanzen aufgeteilt werden sollten.
- Wo Sie gemeinsam wohnen werden.
- Wie sehr Sie sich um seine Familie kümmern sollten.

Wenn er bei so wichtigen Themen seine Meinung ändert, dann ist es nur natürlich, dass Sie Foul rufen und ihm vorwerfen, er hätte Sie belogen, als er Ihnen erzählte, was Sie gerne hören wollten. Doch hat er Sie wirklich angelogen oder hat er die ganze Angelegenheit nur nicht richtig durchdacht? Er kann gedankenlos, impulsiv gehandelt haben und vielleicht auch im Widerspruch zu dem, was er wirklich fühlte und dachte, als er Ihnen gegenüber Vorstellungen und Wünsche äußerte. Doch solange er Sie nicht bewusst hinters Licht führen wollte, ist er kein Lügner.

Andererseits gibt es natürlich Männer, die von vornherein wissen, dass sie ihre Versprechen niemals wahr machen werden.

Paula lernte John auf der High School kennen. Sie waren gute Freunde, doch nach dem Schulabschluss verloren sie sich aus den Augen. Später, als sie beide in den Zwanzigern waren, begegneten sie sich erneut auf einem Klassentreffen, und ihre Liebesgeschichte begann.

Es bahnte sich eine sexuelle Beziehung zwischen uns an und ich erklärte John, dass ich ihm etwas sehr Schmerzliches mitteilen müsste und ich Angst davor hätte, wie er reagieren würde. Er sagte mir: »Du kannst mir alles anvertrauen – ich liebe dich.« Ich fühlte mich bei ihm so geborgen, also erzählte ich ihm, dass ich vergewaltigt worden bin, als ich dreizehn war. Ich war damals von der Schule über ein Feld nach Hause gegangen, als dieser Kerl mich anfiel und mich mit dem Messer bedrohte. Ich dachte, ich müsste sterben. Er zwang mich zu oralem Sex an ihm. Ich hatte noch nie das Ding eines Mannes gesehen ... ich war doch ein Kind. Es war schrecklich und Ekel erregend. Ich sagte John, dass ich das wohl niemals wieder mit einem Mann machen könnte, und er versprach mir, nie etwas von mir zu verlangen, das mir nicht gefiele. Ungefähr drei Monate später heirateten wir und ich war im siebten Himmel. Ich vergötterte diesen Mann, und ich war überzeugt, dass unser Sexualleben ziemlich gut war.

Wir waren etwa zwei Monate verheiratet und spielten und balgten uns im Bett, als er meinen Kopf auf seine Genitalien drückte und ich völlig ausrastete: »Das kann ich nicht, das habe ich dir doch gesagt.« Doch er ließ nicht locker. Er erklärte, dass ich darüber hinwegkommen müsste – ich glaube, er hat die Angelegenheit als Herausforderung verstanden. Als ich sagte: »Aber du hast es doch versprochen«, da antwortete er: »Du kannst doch nicht erwarten, dass ein Mann ein solches Versprechen hält.«

John hat etwas versprochen, von dem er wusste, dass er es nicht einhalten würde. Er versicherte Paula, er habe Verständnis, doch als seinen Wünschen nicht entsprochen wurde, gebrauchte er Zwang.

Wie viele Männer, die lügen, war er bereit, fast alles zu bestätigen, was seine Partnerin wollte, nur um die Gemeinschaft zu zementieren, immer mit dem Hintergedanken, er würde später schon mit den Problemen fertig werden.

Das klassische Beispiel eines Mannes, der Sie betrügt, indem er etwas verspricht, von dem er weiß, dass er es nie halten kann, ist der verheiratete Mann, der die Beziehung zu Ihnen aufrechterhält, indem er Ihre gemeinsame Zukunft in den leuchtendsten Farben schildert, obwohl er weiß, dass er niemals seine Frau verlassen wird. Das ist eine Lüge. Er weiß das und es ist nur eine Frage der Zeit, bevor Sie es auch wissen.

Geheimnisse und Lügen

Lassen Sie uns das Verhalten, das wir nicht unbedingt als Lügen definieren können und das dennoch viel Verwirrung stiftet, genauer betrachten. Wie verhält es sich mit Geheimnissen? Schließlich bergen alle Lügen Geheimnisse, doch nicht alle Geheimnisse sind Lügen. Ich weiß, dass diese Definitionen zu

Kampfwörtern werden können im Krieg um die Wahrheit zwischen Männern und Frauen. Frauen schätzen vor allem Offenheit, Verbundenheit – eben Intimität. Männer wollen Freiräume und häufig nehmen sie es übel, wenn sie jemandem Rechenschaft ablegen sollen. Manchmal entstehen durch solch unterschiedliche Bedürfnisse Konfliktsituationen, und für uns wirken die Männer, als lögen sie und handelten hinter unserem Rücken, selbst wenn das gar nicht der Fall ist.

Ein Freund von mir, Michael, fasste seine Frustration in Worte, die ich über die Jahre von vielen Männern gehört habe:

Wir führen eine wunderbare Ehe, wie du weißt, und ich liebe Joni wirklich, doch sie hat diese eine Macke, die mich fast in den Wahnsinn treibt. Sie besteht darauf, dass ich ihr alles erzähle, was sich den Tag über zugetragen hat – und dazu, was ich gedacht und gefühlt habe und was ich über sie denke und fühle ... und das macht mich ganz fertig. Ich fühle mich wie damals, als ich ein kleiner Junge war und meine Mutter mich ins Kreuzverhör nahm. Ich verbringe einfach nicht so viel Zeit in der Welt der Gefühle wie sie oder wie sie es von mir verlangt. Wenn ich nach Hause komme, möchte ich keine Therapiesitzung durchstehen, und wenn ich ihr das sage, antwortet sie, dass ich etwas zu verbergen habe!

Der Mythos, einander alles zu erzählen

Manche Frauen glauben, dass es in einer idealen, gesunden Beziehung keine Geheimnisse gibt. Dass alles offen besprochen wird. Dass jeder Gedanke, jedes Gefühl, jede Verhaltensweise mitgeteilt, besprochen, erkundet und verarbeitet wird, sobald sie sich ergeben. Und wenn dem nicht so ist, dann glauben sie, etwas Unheimliches oder gar ein bewusstes Täuschungsmanöver würde stattfinden.

Deshalb ist es so wichtig, von vornherein ein paar Regeln festzulegen, was ein Partner mit Recht wissen muss und was er mit Recht für sich behalten kann. Ich schlage vor, dass folgende Punkte in einer Partnerschaft geklärt werden sollten:

Wenn Sie sich in einer festen Beziehung oder in einer Ehe befinden, dann haben Sie das Recht, über Folgendes informiert zu werden:

1. Untreue.
2. Wie viel er verdient, seine Sparpläne und -ziele, wie sein Testament aussieht.
3. Alle wichtigen Informationen zu seinen Finanzen, einschließlich Zahlungsunfähigkeitsverfahren, Kreditprobleme, wichtige finanzielle Probleme und Schulden.
4. Seine Lebensgeschichte, einschließlich der Ehen, Scheidungen und vorhandenen Kinder.
5. Körperliche/psychische Besonderheiten, die ihn oder seine engste Familie betreffen und die Auswirkungen auf Sie und/oder die Kinder haben können, die Sie haben oder wollen.

Ein Beispiel, warum dieser letzte Punkt so wichtig ist: Ich bin einmal mit einem wunderbaren Mann ausgegangen, den ich hier Jim nennen werde. Als unsere Beziehung sich vertiefte, wussten wir beide, dass wir durchaus eine gemeinsame Zukunft haben könnten. Ich wusste sehr wenig über seine Familie und er sprach selten über sie. Ich hatte seinen Vater und seine Stiefmutter kennen gelernt, es waren sehr liebenswerte Menschen. Einmal hatte ich ihn gefragt, ob er noch Brüder oder Schwestern habe. Er erklärte mir, dass er eine Schwester gehabt habe, doch »sie ist gestorben«. Ich sprach ihm mein Mitgefühl aus und fragte, wie sie gestorben sei. Seine Antwort war sehr vage – irgendetwas über eine unheilbare Krankheit.

Ich akzeptierte seine Antwort – es gab keinen Grund, das nicht zu tun. Doch einige Wochen später saß ich bei einer Abendeinladung im kleinen Kreis neben seinem Geschäftspartner. Wir kamen auf Familien zu sprechen und er erwähnte, dass

Jims Schwester Selbstmord begangen habe. Ich sagte ihm, dass ich das nicht gewusst habe, und da war er sichtlich betroffen – er habe angenommen, ich wüsste das, da Jim und ich uns so nahe standen.

Nach wie vor denke ich, Jim hätte mir von sich aus davon erzählt, zumal wir bereits beide ans Heiraten dachten. Wenn es in seiner Familie eine erbliche Neigung zu Depressionen gab, dann hatte ich sicherlich das Recht, davon zu erfahren.

Es gibt Geheimnisse, bei denen es sich oft um Vorkommnisse in seiner Familie handelt, die Ihr Partner als beschämend empfindet und die er vor Ihnen auch aus Loyalität zu seiner Familie geheim hält. Sie enthalten jedoch Auskünfte, die Sie brauchen, um Ihre Partnerwahl auf der Basis aller notwendigen Informationen treffen zu können.

Ihr Partner hat nicht das Recht, seine Loyalität gegenüber den Geheimnissen seiner Familie bezüglich Alkoholismus, Kindesmissbrauchs, Depressionen, Selbstmorden, gewalttätigen Verhaltens oder schwerwiegender körperlicher oder mentaler Gebrechen über Ihr Recht zu stellen, Ihre Wahl aufgrund bekannter Fakten zu treffen. So würden Sie beispielsweise wahrscheinlich zweimal darüber nachdenken, bevor Sie einen Mann heiraten, dessen Vater seine Frau prügelte und Kinder missbrauchte, bis Sie nicht sicher wüssten, dass Ihr Partner die Probleme verarbeitet hat, die unvermeidlich aus diesen Kindheitserfahrungen resultieren und oft von einer Generation zur nächsten weitergereicht werden.

Das heißt natürlich nicht, dass Ihr Partner Ihnen sein Leben wie ein offenes Buch präsentieren muss.

Ich bin zutiefst davon überzeugt, dass er das Recht hat

1. geheime Phantasien (einschließlich sexueller) sowie Träume und Tagträume zu haben
2. manche seiner Gedanken und Gefühle für sich zu behalten
3. Zeit genießen darf, über die er keine Rechenschaft ablegen muss
4. Ihnen manche seiner Geschäfts- oder Finanzprobleme zu ver-

schweigen, solange diese vorübergehend sind und er an den Lösungen arbeitet

5. Ihnen nicht von allen weiblichen Kolleginnen oder Freundinnen Bericht zu erstatten, mit denen er zu Mittag isst oder einen Drink nimmt.

Ich weiß, es ist für viele Frauen nicht leicht zu akzeptieren, wenn ihr Partner Nischen in seinem Leben und in seinen Gedanken hat, die sie nicht einschließen. Doch ist die Akzeptanz dessen ein wichtiger Teil der sensiblen Balance zwischen einem Leben, das man hat, und einem Leben, das man teilt. Ihr Partner ist nicht identisch mit Ihnen. Er hat seine eigene innere Welt, seine Überzeugungen, seine Wertvorstellungen. Dass er Teile seines Lebens nicht teilen will, heißt nicht, dass er lügt. Vergessen Sie nie: Geheimnisse werden erst dann zu Lügen, wenn ein bewusster Wille zur Täuschung dahinter steht.

Sobald Sie erkannt haben, dass Ihr Partner ein Lügner ist, wird Ihnen klar, dass Sie quasi in parallelen Wirklichkeiten gelebt haben. Da gibt es die bekannte Welt mit einem Mann, dem Sie vertraut haben, und dann diese andere Welt, von der Sie nur einen Blick erhaschen konnten, in der dieser Mann sein wirkliches Leben und seine wirklichen Pläne verborgen hält. Es scheint fast unmöglich, die Tatsache zu begreifen, dass der wunderbare Mensch, den Sie lieben, dieselbe Person ist, die Sie belügt. Doch sobald diese beiden Welten sich in der Wirklichkeit überschneiden, sehen Sie das gesamte, hoch komplizierte Bild. Und die Entscheidungen, die Sie darüber treffen, wie Sie Ihren Weg durch dieses Geflecht von Wahrheitsebenen finden, wird entscheidend sein für die Zukunft dieser Beziehung – und für Ihr Leben.

2 Kunstgriffe, die uns am Haken zappeln lassen

Wir haben keine Chance gegen einen Mann, der uns anlügt, und wir können seinen Lügen auch kein Ende bereiten, solange wir nicht verstehen, was genau er tut und wie er es tut. Erst dann können wir seine Kunstgriffe und Manipulationen begreifen und effektive Gegenstrategien entwickeln. Allerdings ist das immer schwierig, denn es gibt nicht nur eine Möglichkeit, das Karussell der Lügen in Bewegung zu halten. Tatsächlich habe ich eine enorme Bandbreite kreativer Techniken des Lügens ausmachen können, die von Lügnern eingesetzt werden, wenn sie befürchten, dass man ihnen auf die Schliche kommt, oder sie bereits als Lügner entlarvt sind. Und jeder einzelne dieser Kunstgriffe hat nur ein Ziel, nämlich dass wir die Lüge nicht als das erkennen, was sie ist, und daraufhin ein Foul ausrufen und dementsprechend handeln.

In manchen Fällen werden diese Techniken gezielt und bewusst eingesetzt. In anderen ist es vielleicht Ihrem Partner gar nicht bewusst ist, wie manipulativ er sich verhält. Doch gleichgültig, in welche der beiden Kategorien er gehört, er wird sich immer eines von zwei sehr mächtigen Kunstgriffen bedienen – der Verleugnung oder der Beichte. Sein Ziel: Er will, dass Sie seine Erklärungen annehmen, sie glauben, sich zurücknehmen, die Konfrontation beenden und den Zustand wiederherstellen, der zuvor geherrscht hat.

Verleugnung: Es ist nie geschehen

- »Wer, *ich*?«
- »Nie würde ich so etwas tun.«
- »Spinnst du?«

Viele Männer werden, sobald sie mit Ihren Beweisen oder Ihrem Verdacht konfrontiert sind, den scheinbar kürzesten Weg der Verteidigung nehmen: Sie leugnen alles. Dieses Leugnen ist ein ganz natürlicher Impuls bei Kindern, die bei Verbotenem erwischt werden, und es kann entwaffnend wirken, wenn ein kleiner Junge mit einer Hand in der Keksdose erklärt, dass es gewiss nicht er sei, der hier heimlich nascht. Und so merkwürdig das auch klingt, dieses Leugnen kann vollkommen überzeugend sein, wenn es von dem Mann kommt, den man liebt. Sie können einen Liebesbrief in der Hand halten, den er seiner Geliebten geschrieben hat, oder einen Bankauszug, der riesige Verluste einer falschen Investition nachweist, von der er immer behauptet hat, er würde sie nie tätigen – er kann oft die schwerwiegendsten Indizien mit seiner Strategie des »alles Leugnen« scheinbar in Luft auflösen.

Kunstgriff Nummer 1: Sag einfach nein

- »Nein, das habe ich nicht getan.«
- »Nein, ich weiß überhaupt nicht, worum es in diesem Brief geht.«
- »Nein, ich habe das Geld nicht von der Bank abgehoben.«

Ein Mann, der lügt, wird, wenn Sie ihn mit Ihren Bedenken konfrontieren, einfach alles abstreiten, wenn er sich a) auf Ihre Gutgläubigkeit verlassen kann oder b) Sie ihn in eine Ecke manövriert haben und eine klare Antwort nicht zu vermeiden ist oder c) wenn er sich für besonders stark und unverwundbar hält.

Dahinter steckt keine komplizierte Strategie – nur ein einfaches Nein als Antwort auf die Fragen, die Sie bezüglich seines Verhaltens stellen. Frage: »Hast du ein Verhältnis?« – »Hast du deinem Bruder Geld geliehen?« – »Hast du wieder um Geld gespielt?« Die Antwort: ein klares, festes »Nein, das habe ich nicht!«.

Absolutes Leugnen war die Antwort, die Jan von ihrem erst kürzlich angetrauten Ehemann Bill erhielt, als sie ihn mit Fragen konfrontierte, die einen Anruf von einer Frau betrafen, die behauptete, seine Exehefrau zu sein:

Er erklärte mir, dass Carla ein echter Fall für die Psychiatrie sei und sie die Wahnvorstellungen habe, mit ihm verheiratet zu sein, doch dass ich das alles nicht so ernst nehmen sollte ... sie würde nur versuchen, uns auseinander zu bringen. Ich bat ihn inständig, mir einfach die Wahrheit zu sagen. Ich sagte ihm, dass ich mit allem fertig würde, wenn er mich nur nicht anlöge, doch er beharrte auf seiner Version. Ich weiß, es klingt lächerlich, doch ich glaubte ihm. Er sah mir direkt in die Augen, sagte mir, dass er mich liebe und wenn ich ihn auch lieben würde, wüsste ich, dass er die Wahrheit sage. Ich hatte ein schlechtes Gewissen, weil ich überhaupt nachgefragt hatte.

Wenn Sie ihm sein festes Nein nicht glauben und er entdeckt, dass es ihm nicht gelungen ist, Sie zufrieden zu stellen und den ewigen Fragen ein Ende zu bereiten, dann wird er eine ganze Reihe anderer Techniken und Kunstgriffe anwenden, um sein ursprüngliches Nein zu untermauern.

Kunstgriff Nummer 2: Angriff ist die beste Verteidigung

Viele Lügner überstehen eine direkte Konfrontation mit der Haltung ehrlicher Entrüstung. Sie regen sich auf und lenken von dem eigentlichen Thema ab, indem sie in die Offensive gehen.

Diese Technik hat mehrere Vorteile: Er muss sich nicht Entschuldigungen einfallen lassen, sich in Ausflüchte retten oder über die Lüge lügen. Stattdessen kann er tun, was Politiker und Bürokraten häufig tun, wenn sie erwischt werden: Sie leugnen den Sachverhalt und schüchtern den Ankläger dermaßen ein, dass er sich zurückzieht.

Meine Patientin Nora, eine Lehrerin Ende 20, wurde mit der ehrlichen Entrüstung ihres Mannes Allen konfrontiert, als sie auf Beweise stieß, dass er eine Geliebte hatte. Nora hatte ihre Ehe nie als ideal empfunden, dennoch war sie überzeugt, dass sie und Allen, ein Tierarzt (35), sich bemühten, die Differenzen auszubügeln, die in jeder Beziehung entstehen. Doch das sollte sich an einem Nachmittag im Hochsommer ändern.

Ich brauchte nur schnell eine Kreditkarte, um telefonisch etwas zu bestellen, also griff ich nach seiner Brieftasche. Ich wollte ihm keineswegs nachspionieren – es gab für mich gar keinen Grund, ihm nachzuspionieren. Doch dann sah ich ein Stück Papier mit den Initialen CG und eine Telefonnummer. Damals machte ich mir keine großen Gedanken, später fragte ich ihn einmal, wer CG sei. Er explodierte geradezu und schrie: »Was hast du in meiner Brieftasche zu suchen? Du kannst doch nicht einfach in meinen Sachen herumschnüffeln. Was wirst du als Nächstes tun, wirst du mich überwachen lassen? Was ist nur in dich gefahren?«

Ich habe die Sache nicht weiter verfolgt, weil ich ihn nicht wieder verärgern wollte. Und außerdem war ich schon schuldbewusst, weil ich in seiner Brieftasche gestöbert hatte, obwohl meine Gründe ganz harmlos waren. Schließlich entschuldigte ich mich bei ihm.

Männer wie Allen können, wenn ihr Temperament zu Ausbrüchen neigt, unsere Möglichkeiten und unseren Wunsch, ihn zur Rede zu stellen, geradezu ersticken. In Allens Fall diente sein Ärger über Nora als bequeme Entschuldigung dafür, dass er im alltäglichen Leben immer geheimnisvoller wurde. Nora fiel auf, dass Allen Brieftasche oder Kalender nicht mehr herumliegen ließ, und sie gab sich selbst die Schuld, diesen Keil, wie es schien, zwischen sie getrieben zu haben, wenn er sich in das Arbeitszimmer zurückzog, um zu telefonieren, oder ihr Briefe aus der Hand riss.

Zumindest eine Zeit lang gelang es Allen, sowohl eine Auseinandersetzung als auch ein Gespräch über Noras Verdacht zu verhindern – sie hörte auf, ihn zu befragen, und behielt ihre Zweifel für sich, bis ihr das nicht mehr möglich war.

Warnung
Wenn Sie mit einem Mann leben, der zu Gewalttätigkeiten neigt oder bei dem Sie den Verdacht hegen, dass er die Grenze von verbaler zu körperlicher Einschüchterung überschreiten könnte, dann kann es sehr gefährlich für Sie sein, ihn mit seiner Lüge zu konfrontieren. Gesichtsverlust oder die Angst, schlecht dazustehen, reichen häufig aus, um einen Mann, der gewöhnlich seine Wut durch körperliche Attacken abreagiert, gewalttätig werden zu lassen. Natürlich sollten Sie mit solch einem Mann gar keine Beziehung eingehen, doch ich bin realistisch genug, um zu wissen, dass Millionen von Frauen in solche Beziehungen eingebunden sind. In der zweiten Hälfte des Buches werde ich versuchen, Ihnen dabei zu helfen, die richtigen Maßnahmen zu ergreifen, wenn Sie sich in solch einer Beziehung befinden.

Kunstgriff Nummer 3: Das arme Hascherl

- »Es verletzt mich tief, dass du so an mir zweifeln kannst.«
- »Ich dachte, dass wir einander vertrauen.«
- »Wie kannst du nur annehmen, dass ich so etwas täte?«

Phrasen wie diese, mit einem leichten Zittern in der Stimme und vielleicht Tränenglanz in seinen Augen gesprochen, dienen dazu, Ihre Aufmerksamkeit vom Lügner auf den Liebhaber zu lenken. Sie wissen nun zwar, dass er jemand ist, der Sie verletzt und Ihr Vertrauen missbraucht hat, doch er möchte Sie an den Mann erinnern, in den Sie sich verliebt haben, den sensiblen, verletzlichen Kerl, der Sie immer geliebt hat.

Meine Patientin Diane, die Rechtsanwaltsgehilfin, wurde mit der »Ich bin ein armes Hascherl«-Attitüde ihres Mannes Ben erstmals konfrontiert, als dessen unverheiratete Tochter mit 21 schwanger wurde.

Peggy zog von San Diego in unsere Nähe und das war wunderbar, weil wir beide sie unterstützen, für sie da sein wollten. Was mich dann allerdings schockierte, war, dass Peggy vor und nach der Geburt so tat, als sei sie vollkommen unfähig, irgendetwas in die eigene Hand zu nehmen. Sie schien der Meinung zu sein, dass Ben sich um sie kümmern sollte. Nachdem das Baby zur Welt gekommen war, war sie gesund und durchaus fähig zu arbeiten – meine Schwester fand sogar eine gute Stelle für sie in einem Tageskinderheim, bei der sie ihr Baby hätte mitbringen können –, doch sie wollte nur in ihrer Wohnung hocken und fernsehen.

Ständig ist Ben bei ihr, um ihr Geld zu geben oder Sachen zu kaufen, und das reißt wirklich große Löcher in unsere Finanzen. Ich flehe ihn immer wieder an, ihr kein Geld mehr zu geben – dadurch fördert er doch nur ihre Abhängigkeit und ihre Unselbständigkeit. Ben scheint dann immer ganz aufmerksam zuzuhören und versichert mir auch immer wieder, Peggy nicht länger so zu verwöhnen. Doch dann ruft sie an und schon ist er wieder aus der Tür. Das letzte Mal, als das geschah, fragte ich ihn, was denn nun wirklich vor sich ginge, aber er wich mir nur aus.

Ich sagte: »Bitte sag mir doch einfach die Wahrheit.« Und da schaute er ganz gekränkt und legte seine Arme um mich und sagte: »Ich sage dir die Wahrheit. Ich möchte meine Tochter und das Baby so gerne sehen, doch ich gebe ihnen kein Geld, denn ich weiß, wir können uns das nicht leisten. Du weißt doch, dass ich dich nie anlügen würde. Wo ist denn unser gegenseitiges Vertrauen geblieben?« Ich fühlte mich schrecklich schuldig, dass ich an ihm gezweifelt hatte – denn er ist wirklich ein wunderbarer Mann.

In solch einer Situation flammt kein Zorn auf, liegt nicht die leiseste Bedrohung in der Luft, es ist nur eine einfache Verkehrung aller Tatsachen. Er ist nicht derjenige, der Sie durch Lügen verletzt. Sie sind diejenige, die *ihn* verletzt, indem Sie mit Ihren Zweifeln und Verdächtigungen all das überschatten, was so gut funktioniert hat. Diese Meinungsverschiedenheit schmerzt ihn tief – und Sie sind diejenige, die sich deshalb schuldig fühlt.

Kunstgriff Nummer 4:
Man beschuldige jemand anderen der Lüge

- »Deine Freundin will nur Ärger machen, wenn sie sagt, sie hätte mich mit einer anderen Frau gesehen. Sie hat mich nie gemocht und sie lügt.«
- »Wie kannst du meinem Bruder mehr glauben als mir?«
- »Deine Schwester ist eine zutiefst unglückliche Frau, sie erzählt Lügen über mich, weil sie neidisch auf unsere Beziehung ist.«

Wenn Sie Ihren Partner damit konfrontieren, dass Sie durch Dritte von seinen Lügen wissen, dann kann es gut sein, dass er Ihnen erklärt, er hätte damit nichts zu tun. Seiner Meinung nach profitiert die andere Person davon, ihn in schlechtem Licht erscheinen zu lassen. Und niemanden hier träfe eine Schuld, außer natürlich den Boten, der die Nachricht überbrachte.

Meine Patientin Allison (38), eine Fotografin, musste sich über viele Einwände ihrer Familie hinwegsetzen, als sie Scott, einen Unternehmer, heiratete. Ihre Eltern, besonders aber auch ihre Schwester Erica fanden ihn zu glatt, hielten ihn von Anfang an für einen Blender. Wenn sie jedoch versuchten, mit Allison über ihre Zweifel zu sprechen, wollte diese nichts davon hören. Doch eines Nachmittags erhielt sie einen Anruf von ihrer Schwester, der sie zutiefst beunruhigte.

Scott hatte diesen alten Freund aus Studientagen, Keith, der ein Chaot und Versager war. Ständig stellte Scott Kautionen, um ihn wegen Trunkenheit am Steuer aus dem Gefängnis zu holen, oder lieh ihm Geld. Der Kerl brauchte nur anzurufen und schon eilte Scott herbei, um ihm zu helfen. Eines Abends erhielt Scott einen Anruf und er erklärte mir, er müsse ins Gefängnis von Beverly Hills fahren, um eine Kaution für Keith zu stellen. Ich fragte ihn, warum er nicht einmal nur Keith seine Probleme selbst in den Griff kriegen ließe, und er antwortete, er könne das seinem alten Kumpel nicht antun. So gegen elf Uhr legte ich mich schlafen, doch ich schlafe schlecht, wenn er nicht da ist, und deshalb wälzte ich mich unruhig hin und her. Ich hörte ihn gegen drei Uhr nach Hause kommen. Ich machte mir keine weiteren Gedanken darüber.

Am nächsten Tag rief meine Schwester mich an meinem Arbeitsplatz an. Sie sagte: »Hör mal, den ganzen Morgen schon kämpfe ich mit mir, ob ich dir das erzählen soll, doch jetzt habe ich mich entschieden. Ich muss es tun. Wenn du jetzt wütend auf mich bist, dann muss ich damit leben, aber du musst die Wahrheit erfahren. Ich war gestern Abend im Beverly Hills Hotel und Scott war ebenfalls da, er trank etwas an der Bar und war sehr um eine Blondine bemüht, die ich noch nie gesehen habe. Er hat mich nicht gesehen und die beiden verließen gemeinsam die Bar. Schätzchen, es tut mir so Leid, dass ich dir das sagen muss, aber ich glaube, dieser Kerl ist ein echtes Schwein.«

Natürlich war ich außer mir, doch ich redete mir ein, dass es eine logische Erklärung für alles geben müsse. Wir hatten eine so intensive, eine so aufregende Beziehung, ich konnte einfach nicht glauben, dass er eine andere begehren oder brauchen würde.

Allisons erste Reaktion auf die Information ihrer Schwester war eine Mischung aus Ungläubigkeit und Panik. Die Welt schien ihr wie auf den Kopf gestellt und der einzige Weg, sie wieder auf die Füße zu stellen, war, der Sache auf den Grund zu gehen – und das war Scott. Das Problem war allerdings, dass Scott ein sehr geschickter Manipulator war und außerordentlich überzeugend die Verantwortung für seine Lügen auf andere Leute schieben konnte.

Ich erzählte Scott von Ericas Anruf und er wurde richtig wütend. Er sagte: »Deine Schwester ist vielleicht eine. Erst versucht sie, dir die Heirat mit mir auszureden, und nun versucht sie, das zu zerstören, was wir beide haben. Du weißt doch ganz genau, wo ich gestern Abend war – ich holte Keith aus dem Gefängnis. Sie muss jemanden gesehen haben, der mir ähnlich sieht.« Als ich ihn fragte, warum er erst so spät nach Hause gekommen sei, erwiderte er, er habe sehr lange warten müssen, bis alle Formalitäten erledigt waren. Danach habe er Keith heimgefahren und sei bei ihm geblieben, um ihm ins Gewissen zu reden. Er erklärte, er habe versucht, Keith zu überreden, sich den Anonymen Alkoholikern anzuschließen, und dabei einfach die Zeit vergessen. Er ist ein wirklich loyaler Freund, wenn es seine Kumpels betrifft, und deshalb klang alles ganz glaubwürdig. Natürlich hätte ich seine Geschichte überprüfen können, doch das wollte ich nicht. Ich wollte nicht, dass es so aussieht, als spionierte ich ihm nach. Also glaubte ich ihm – und dadurch wurde meine Schwester zur Lügnerin.

Allison ist ein hervorragendes Beispiel dafür, wie sehr Frauen ihren Partnern glauben *wollen*. Und dafür, mit wie viel Energie wir die Männer in unserem Leben schützen, auf Kosten unserer eigenen seelischen Gesundheit und auch auf Kosten unserer Beziehungen zu anderen Menschen, die uns nahe stehen. Sie hätte bei der Polizei nachfragen können, ob Keith wirklich festgenommen worden war, oder sie hätte Keith selbst fragen können, auch wenn Männer, die lügen, oft jemanden überreden, für sie mit zu lügen. Doch wie so viele Frauen glaubte Allison, dass jeder Versuch, die Wahrheit herauszufinden, ihre Vorstellung von sich selbst als liebende, vertrauende Frau ankratzen würde.

Diese Technik, jemand anderen erfolgreich zu beschuldigen, lenkt Ihre Aufmerksamkeit von dem Gedanken »Hat er mich belogen?« zu der Überlegung »Wo liegen meine Loyalitäten?«. Und sehr häufig stellen wir die Loyalität zu unserem Partner über unser Eigeninteresse, über unseren Selbstschutz.

Einem Kind die Schuld geben

Es ist schlimm genug, wenn Ihr Partner einen anderen Erwachsenen beschuldigt zu lügen oder Ihnen Märchen zu erzählen, weil er, so wird es Ihnen erklärt, noch eine Rechnung offen hat. Doch diese Technik ist ganz besonders heimtückisch, wenn sie auf die Beschuldigung von Kindern hinausläuft. Wenn Ihr Partner Ihnen eine Version der Geschichte erzählt und Ihr Kind eine andere, dann stehen Sie plötzlich zwischen den zwei wichtigsten Menschen in Ihrem Leben.

Schon früh in ihrer Ehe hatte Carols Ehemann Ken sie um eine wunderbare Arbeitsstelle gebracht, indem er über seine Vergangenheit log. Doch Carol war überzeugt, sie könne Ken auf den rechten Weg bringen, obwohl es immer schwieriger wurde, mit ihm zusammenzuleben. Mit der Zeit misshandelte er sie verbal, trank zu viel und blieb oft bis zum Morgengrauen fort. Und dennoch hielt Carol die Stellung.

Ich weiß, dass ich ihn schon viele Male hätte verlassen sollen, doch ich fühlte mich durch meine Kinder so gebunden, und ich hatte auch Angst davor, was eine Scheidung meiner Familie an-

tun würde. Das Fass lief über, als Ken unseren Sohn Jeff auf einen Campingtrip mitnahm und ihn die Nacht über allein in einem Motel ließ. Jeff erzählte es mir, als sie zurückkamen, und als ich Ken fragte, was um Gottes willen er sich dabei gedacht hatte, einen kleinen Jungen allein zu lassen, antwortete er, Jeff lüge! Er sagte, Kinder erfänden immer Geschichten, um Aufmerksamkeit zu erregen, und dass ich doch lieber mal darüber nachdenken sollte, was wichtig sei und wo meine Loyalitäten lägen.

Kinder sind leichte Opfer in solchen Situationen, weil Männer wissen, wie schwer es für ein Kind ist, seine Glaubwürdigkeit gegenüber Erwachsenen durchzusetzen. Ein verantwortungsloser Vater wie Ken hat aus seiner Sicht nichts zu gewinnen und viel zu verlieren, wenn er erwischt wird und sein Verhalten eingesteht. Gibt es eine bessere Art, sein Verhalten zu leugnen, als das Kind der Lüge zu bezichtigen oder ihm vorzuwerfen, erfundene Geschichten zu erzählen?

Glücklicherweise glaubte Carol ihrem Sohn. Wenn sie das nicht getan hätte, hätte sie nicht nur ihn verraten, sondern auch ihre Rolle als Mutter und Beschützerin, genauso wie Ken sie und ihren Sohn durch seine Lügen verraten hatte. Es ist bedrückend, dass manche Frauen, wenn sie vor diese Wahl gestellt werden, den Verrat an ihren Kindern wählen.

Kunstgriff Nummer 5: Märchen erzählen (Anfängerkurs)

Wenn das einfache Abstreiten eines Vergehens gerade nicht passt oder zu unbequem ist, wählen manche Männer einen höchst kreativen Ausweg: Sie erfinden Geschichten. Diese Vernebelungsaktionen müssen nicht besonders kunstvoll sein. Viele Männer halten sich an das Plausible und häufen eine phantasievolle Erklärung auf die andere, sobald ihre Partnerin einen weiteren Aspekt ihrer Lügen entdeckt. Hier heißt die Strategie: *niemals etwas zugeben.* Man hält die Lügenbälle in der Luft, indem man auf jede Frage und auf jede Anschuldigung mit einer Entschuldigung reagiert. Man zwingt die Partnerin, all ihre Aufmerksamkeit der eigenen Detektivarbeit zu widmen, sich ganz auf den zweifellos vorhandenen »rauchenden Revolver« zu konzentrieren, statt innezuhalten und zu überdenken, was das alles für ihre Beziehung bedeutet und ob sie eine solche Beziehung überhaupt noch will.

Als Nora sich immer mehr damit beschäftigte, Beweismittel für die Affäre ihres Mannes mit CG zu finden, gab ihr Mann das Leugnen auf und verlegte sich darauf, ihren Fragen mit erfundenen Erklärungen zu begegnen.

Ein paar Tage lang war alles in Ordnung und dann fing er wieder an, erst sehr spät nach Hause zu kommen. Ich wusste, er trank nicht, also war er auch in keiner Bar hängen geblieben. Und immer hatte er eine Geschichte parat. Er hätte einen Klienten nach der Arbeit treffen müssen – was nicht sehr einleuchtend war, denn in seinem Beruf traf man nie Kunden nach Geschäftsschluss. Er war ein schlechter Lügner, doch das schien ihn nicht weiter zu berühren.

Dann fand ich einen Zigarettenstummel mit Lippenstiftspuren im Aschenbecher des Wagens, obwohl weder er noch ich rauchten. Als ich ihn danach fragte, wurde er zuerst sehr wütend, doch dann fing er an, langatmige und ausweichende Erklärungen abzugeben: »Ach ja, jetzt erinnere ich mich. Ich habe Frau Soundso mitgenommen, weil ihr Auto in der Werkstatt war …« Immer hatte er eine Erklärung, immer eine Geschichte parat.

Kunstgriff Nummer 6: Märchen erzählen (Meisterklasse)

Manche Männer erfinden Geschichten, die so unglaublich sind, dass wir uns einreden, sie müssen wahr sein, selbst wenn wir uns dabei fragen, ob wir richtig gehört haben. Schließlich ist die

Wirklichkeit merkwürdiger als jede Fiktion und der Mann, den Sie lieben, würde niemals von Ihnen erwarten, dass Sie eine so ausgefallene und bizarre Geschichte glaubten, wenn sie nicht wahr wäre, oder?

Nun, in manchen Fällen erwartet er genau das.

Bill wurde immer kühner, da Jan seine bisherigen Lügen so leicht akzeptiert hatte. Er wusste aus den Ehejahren mit ihr, dass sie ihm eigentlich alles glauben würde, was er ihr erzählte. Und Jan ließ sich ihrerseits immer wieder von der Ernsthaftigkeit seiner Erklärungen für höchst verdächtiges Verhalten einlullen, selbst als seine Geschichten immer unlogischer wurden.

Wir machten einen Familienausflug – wir, die ganz normale, glückliche Kleinfamilie, Sie wissen schon. Bill und ich vorn im Auto, die Kinder hinten, ein wunderschöner Tag – das Leben hätte nicht schöner sein können. Ich hatte meine Sonnenbrille vergessen, hatte aber immer eine Ersatzbrille im Handschuhfach. Als ich sie herausholte, fiel mir ein Polaroidfoto auf, das mit der Bildseite nach unten dort lag. Ich nahm es heraus und drehte es um. Es war das Bild einer zierlichen, außerordentlich hübschen Brünetten, ungefähr dreißig Jahre alt, in einem engen Pullover und Jeans. Sie war wirklich eine Schönheit. Doch was um Himmels willen machte ihr Bild in Scotts Wagen? Ich zeigte es ihm.

Zuerst gab er vor, nicht zu wissen, wer das sei, dann sagte er: »Ach du liebe Güte, das ist Carla [seine Exfrau].« Und dann wurde er wirklich kreativ. »Wie ist ihr Bild bloß in mein Auto gekommen? Vielleicht verfolgt sie mich ... Ich habe dir ja gesagt, wie verrückt sie ist, wie besessen von mir ... Wahrscheinlich ist sie mir gefolgt und hat es in den Wagen gelegt, als ich ihn irgendwann in der Auffahrt habe stehen lassen. Ich nehme an, das ist ihre Art, mit mir in Verbindung zu bleiben.«

Nun ja, es hätte ja sein können, oder? Das ergab doch einen Sinn. Eine verwirrte Exfrau kann nicht akzeptieren, dass er nicht mehr zu ihr zurückkommt, also findet sie Wege, in sein neues Leben einzudringen und unsere Beziehung zu stören. Ich war mir sicher, dass Bill mich niemals anlügen und dass er sich ganz sicher nicht mit jemandem treffen würde, mit dem er so viele Probleme gehabt hatte.

Manchmal ist es das Gefühl, unbesiegbar zu sein, das einen Mann dazu verleitet, sich in die ausgefallensten Gefilde des Leugnens zu begeben. Er hat immer die Kontrolle über die Informationen, die er Ihnen weitergibt. Er ist, so denkt er jedenfalls, absolut fähig, eine durchaus glaubwürdige Wirklichkeit zu erfinden, die alle störenden Entdeckungen, die Sie machen, erklärt und entschuldigt.

Der Haken beim Leugnen (Catch-22)

Männer, die ihre Lügen angesichts schwerwiegender Beweise leugnen, versuchen uns davon zu überzeugen, dass:

- Sie nicht gesehen haben, was Sie gesehen haben.
- Sie nicht gehört haben, was Sie gehört haben.
- Sie nicht wissen, was Sie wissen.
- Sie übertreiben/sich etwas einbilden/paranoid sind.
- Sie sie verletzen und die Beziehung zerstören.
- Nicht sie ein Problem haben – sondern Sie.
- Andere Menschen die Beziehung zwischen Ihnen zerstören wollen.

Sie konfrontieren uns mit einer schwierigen Wahl. Wir können uns einreden, wir wären die Schuldigen, wir würden überreagieren oder sogar, dass wir verrückt sind, indem auch wir das Gegebene leugnen. Und wenn uns dieser Selbstbetrug gelingt, besteht die Beziehung weiter wie zuvor und nichts und niemand rüttelt an ihren Grundfesten. Oder aber wir können uns selbst treu bleiben, den Mann, den wir lieben, verärgern und die ganze Beziehung aufs Spiel setzen. Es geht hier um eine selbstzerstörerische Phantasie versus einer harten, sehr schmerzhaften Realität. Und wie wir sehen werden, wählen sehr viele von uns nur zu gern die erste Möglichkeit.

Der Beichter

Das Abstreiten und Leugnen ist nicht jedermanns Stil. Manche finden es zu anstrengend und auch zu problematisch, komplizierte Geschichten zu erfinden und sich die Einzelheiten merken zu müssen. Andere wiederum, die eigentlich grundanständig sind und ein ausgeprägtes Gewissen haben, hassen das Schuldgefühl, das sie dabei überkommt. Sie fühlen sich zutiefst unwohl, weil sie wissen, dass sie uns verletzen und die Beziehung gefährden. Wieder andere wollen uns einfach nur ruhig stellen. Sie wissen, eine Beichte ist ein schnelles Mittel, genau das zu tun.

Manchmal ist eine solche Beichte genau das, was wir uns von ihr erhoffen – ein neuer Anfang, eine Chance, Vertrauen wieder aufzubauen und von neuem zu beginnen. Im zweiten Teil des Buches werden wir Paare kennen lernen, die mit einer solchen Beichte auf diese Art und Weise umgehen. Doch an diesem Punkt ist es sehr wichtig, sich bewusst zu machen, dass Beichten auch sehr verführerisch sein kann. Für viele Männer, die lügen, ist die Beichte nur eine weitere Taktik, um Sie von der Schwere und der Tragweite ihrer Lügen abzulenken. Viel zu oft beichtet der Mann, den Sie lieben, entschuldigt sich – und lügt weiter.

Kunstgriff Nummer 7: »Ich habe etwas Dummes angestellt.«

- »Ich kann dich nicht anlügen. Ja, ich habe es getan. Aber es ist vorbei und es wird nie wieder vorkommen.«
- »Ich hab´s vermasselt. Es tut mir so Leid. Bitte vergib mir.«

- »Du hast ganz Recht, wenn du mich hasst, aber bitte gib mir noch eine Chance.«

Verglichen mit den Männern, die lügen und dann ihre Lügen verschlimmern, indem sie über ihre Lügen lügen, scheint der Beichter einer ganz anderen Gattung anzugehören. Er hat es getan, er gibt es zu. Und nun, so gibt er an, will er alles wieder gutmachen. Wie könnten wir ihm da die Absolution verweigern?

Kathy, die Krankenschwester, hat sich oft vom süßen Klang der Beichten ihres Mannes David einlullen lassen, der sie regelmäßig über finanzielle Angelegenheiten belog.

Kurz nach unserer Heirat fing er an, mit meiner Kreditkarte einzukaufen. Dinge, die nur er brauchte, für seinen Computer und für seine Funkanlage. Zuerst hat er es abgestritten, doch wenn ich ihm die Abrechnung vor die Nase hielt, brach er zusammen und gab zu, dass er es getan hatte. Er behauptete, er hätte sich geschämt, mich direkt um Geld zu bitten. Dann erklärte er mir, er würde jede Woche etwas Geld beiseite legen und mir alles zurückzahlen. Er sagte, er wisse, dass er sich in der Vergangenheit oft unverantwortlich verhalten habe. Doch nun würde er wirklich ein neues Leben beginnen und es käme nie wieder vor. Ich war gerührt und auch sehr stolz auf ihn. Er wollte Ordnung in sein Leben bringen. Das war Musik in meinen Ohren.

Soweit es Kathy betraf, war die Beziehung wieder im Lot. Es gab keine Geheimnisse, das Missverständnis war aufgeklärt worden. Und das Beste daran war, David hatte ihr wirklich sein Herz ausgeschüttet und sie an seinen innersten und schmerzhaftesten Gefühlen teilhaben lassen. Er liebte sie; für sie würde er sich ändern. Wie so vielen Frauen fiel es ihr leicht, die Worte zu glauben, die sie so gerne hören wollte. Leider stimmte Davids Verhalten so gar nicht mit seinen Versprechen überein.

Er sagte mir immer, er würde zur Arbeit fahren, doch eines Tages rief ich ihn dort an, um ihn etwas zu fragen. Die Rezeptionistin erklärte mir, dass er den ganzen Tag über noch nicht aufgetaucht sei. Als er nach Hause kam, sagte ich ihm, ich wüsste, dass er nicht auf seiner Arbeitsstelle gewesen sei. Ich machte ihm klar, wie hintergangen und hereingelegt ich mich fühlte. Er wirkte ganz betroffen und erklärte, er habe so viel um die Ohren, dass er einen Tag lang hätte ausspannen müssen. Da sei er ins Kino gegangen. Wissen Sie – er hat immer alles zugegeben, deshalb dachte ich mir, nun, wenigstens lügt er mich nicht an. Außerdem war er mein bester Freund. Ich konnte ihm immer alles erzählen und er hörte auch wirklich zu.

Wie David herausfand, machte ihn das Beichten, zumindest eine Zeit lang, zum Ehrenmann. Er wusste, dass das Eingeständnis der Wahrheit wunderbar funktionierte, um Kathys Sorgen und Zweifel beizulegen. Sie war zwar böse auf ihn für das, was er getan hatte, doch zumindest, so redete sie sich ein, war er Manns genug, es einzugestehen. Sie übersah dabei vollkommen die Tatsache, dass der einzige Grund, weshalb er beichten musste, darin bestand, dass er sie zuvor angelogen hatte.

Ein neues Kapitel aufschlagen

Wenn ein Mann sich nicht leicht auf Schuldgefühle einlässt, dann wird er erst beichten, wenn er bis über den Hals in Lügen und Täuschungen steckt. Solche Männer sehen in der Beichte oft nur eine Art Genehmigung, weiterhin genau das zu tun, was sie tun wollen.

Allen, Noras Mann, der zuerst seine Seitensprünge mit fast allen verfügbaren Techniken geleugnet hatte, legte sich mit der Zeit ein neues Verhaltensmuster zu:

Nach all dem Abstreiten und den Geschichten fing er nun an zu beichten. »Ja, es ist wahr – ich hatte eine kurze Affäre mit jemandem aus dem Büro, doch es ist vorbei, das schwöre ich, und es wird auch nie wieder vorkommen. Ich liebe dich, ich liebe meinen Sohn – auf keinen Fall will ich ihn oder dich verlieren.« O *Gott, und ich wollte ihm so gerne glauben.*

Soweit es Allen betraf, genügte diese Beichte, um ein neues Kapitel aufzuschlagen. Sie mag die Seele des lügenden Mannes erleichtern – sie macht allerdings das Leben seiner Frau sehr viel schwerer, solange sie zulässt, dass die Beichte an sich bereits den Zweck erfüllt.

Alles war dann etwa drei Tage lang herrlich. Dann allerdings fand ich meist das nächste Indiz. Eine Einkaufsquittung für etwas, das ich nie gekauft hatte – lauter solche Sachen. Es war fast so, als wollte er erwischt werden. Der Kreislauf war immer derselbe. Er betrog mich, ich fand es heraus, und dann lief alles wie üblich. Erst das Leugnen, dann das Eingeständnis, dann die Entschuldigungen und die Versprechen und die Versicherungen, dass er mich liebte und mir ganz ergeben sei.

Kathy und Nora waren allerdings beide auch in einem eigenen Kreislauf der Geständnisse gefangen, der von Schock über Wut bis zur Vergebung und Hoffnung und dann wieder schrecklicher Enttäuschung verlief, wenn sie die nächste Lüge entdeckten.

Wie sie herausfanden, sind Worte nur Worte, und Versprechen, sich zu ändern, sind ohne jede Bedeutung, solange sie nicht von harter, ehrlicher Arbeit an der eigenen Persönlichkeit gestützt werden, die tatsächlich zu einem veränderten Verhaltensmuster führt. Leider glaubten sowohl Kathy als auch Nora, allein die Tatsache, dass ihre Partner ihr Fehlverhalten eingestanden, wären ein solcher Beweis von Charakterstärke. Sie konnten die Lügen hinter diesen Geständnissen nicht mehr erkennen.

Kunstgriff Nummer 8: »Alles nicht so wichtig.«

- »Warum regst du dich so auf/wirst du so hysterisch/so wütend?«
- »Das hat gar nichts zu bedeuten.«
- »Deine Reaktion ist völlig übertrieben.«

Männer, die uns anlügen, können mit Worten und Verhalten den Eindruck vermitteln, dass ein Verrat oder eine bewusste Täuschung relativ belanglos sind – kein Grund zur Aufregung, eigentlich ist nichts passiert. Wir sollten uns doch entspannen, die Lüge als Bagatelle erkennen und kein weiteres Theater darum machen. Manchmal deuten sie auch an, was sie vorhaben, und dann lassen sie ihre Pläne so harmlos erscheinen, dass wir uns fragen, ob wir wirklich das Recht haben, ihm das übel zu nehmen. Männer, die diese Technik einsetzen, sind Meister darin, ihre Handlungen – und unsere Reaktionen darauf – zu verharmlosen und als ganz unwichtig darzustellen, gleichgültig, wie schwerwiegend sie in Wirklichkeit sind.

Als Lee herausfand, dass Barry mit einer anderen Frau zusammenlebte, während er ihr gleichzeitig den Hof machte, war sie schockiert über seine Reaktion, als sie seine Lügen aufdeckte.

Ich war sehr verletzt und wütend, doch ich versuchte, Fassung zu bewahren. Ich sagte ihm, dass ich es wirklich nicht schätzte, angelogen zu werden, vor allem, weil ich selbst ihm gegenüber vollkommen ehrlich gewesen war. Er tat so, als wäre das alles nichts Besonderes – ich glaube, er war wirklich davon überzeugt, er hätte nichts Schlimmes getan. Er rechtfertigte sein Verhalten, indem er behauptete, es gäbe für ihn keine Zukunft mit dieser Frau – dass er sich etwas Besseres, eine andere Beziehung wünschte.

Carols Mann Ken war ebenfalls ein Meister der Verharmlosung, wie er bewies, als Carol ihn mit ihrer Entdeckung konfrontierte, dass er wegen Drogen im Gefängnis gesessen hatte:

Ein Teil von mir war wie gelähmt, der andere Teil war regelrecht mordlüstern. Sobald er nach der Arbeit durch die Tür kam, schrie ich ihn an: »Warum hast du es mir nicht gesagt?!« Ich konnte seine Antwort kaum glauben. Er sagte: »Das war doch nichts Wichtiges. Ich war jung und es war nur Marihuana. Ich habe dir nichts davon erzählt, weil ich Angst hatte, du würdest mich dann für einen Kriminellen halten und mich nicht heiraten, obwohl das alles ja schon so lange her ist.«

Für einen Mann ist die Verharmlosung eine effektive Art und Weise, die persönliche Verantwortung für die Tragweite seiner Handlungen und seiner Lügen von sich zu schieben. Kens Lügen hatten Carol den Job gekostet, den sie liebte, doch für ihn war all die Aufregung einfach übertrieben. Schließlich hatte er nur getan, was alle anderen auch tun, nur hatte er das Pech, dafür verhaftet zu werden. Keinerlei Eingeständnis, dass sein Verhalten schwerwiegende Folgen hatte, keinerlei Eingeständnis, dass er seine Frau angelogen hatte. Einfach nur ein beiläufiges Abtun dieser Tatsachen mit einem: »Alles nicht so wichtig.«

Meine Patientin Pat, die einen gut gehenden Antiquitätenladen besitzt, war wie benommen, als sich diese Technik in ihrer Beziehung mit ihrem Freund Paul manifestierte.

Paul und ich hatten seit etwa fünf Monaten eine feste Beziehung, die uns beiden Spaß machte und sehr erotisch war. Und er war wirklich süß und zärtlich – ein wunderbarer Mann. Ich wusste nicht, ob unsere Beziehung eine Zukunft hatte, doch das machte nichts, denn ich war erst vor kurzem geschieden worden, und ich wollte mich nicht Hals über Kopf in etwas hineinstürzen. Das einzige Abkommen, das wir beide verbindlich getroffen hatten, war, uns nicht mit Dritten einzulassen, solange wir zusammen waren. Er hatte seine Wohnung und ich meine, und wir beide waren eigentlich sehr zufrieden mit diesem Zustand.

Eines Abends erzählte er, eine frühere Freundin würde für zwei Wochen in die Stadt kommen und habe ihn gefragt, ob sie bei ihm wohnen könne. Er versicherte mir, dass ihre Affäre schon lange vorbei sei und ich mir keinerlei Sorgen machen müsste. Es gäbe keine sexuelle Beziehung zwischen ihnen. Ich sagte ihm, mich würde dieses Arrangement nicht gerade begeistern, doch ich war der Meinung, dass ich nicht das Recht hatte, ihn zu bitten, es abzusagen. Außerdem war ich ja die gute, alte Pat – immer musste ich Verständnis haben und Reife zeigen. Ich wollte nicht eifersüchtig oder besitzergreifend wirken.

Die Botschaften, die Paul Pat vermittelte, waren durchaus gemischt. Einerseits hieß es: »Eine alte Freundin wohnt zwei Wochen bei mir«, was sehr wohl Alarmsignale bei Pat auslöste. Andererseits gab es Pauls Versicherungen, dieser Besuch hätte keinen Einfluss auf die Zeit, die er mit Pat verbrachte, und alles würde ganz und gar platonisch ablaufen.

Zwei Wochen lang war alles wie früher. Wir gingen ins Kino, in Restaurants, fuhren zum Strand und hatten herrlichen Sex. Dann, etwa eine Woche nach ihrer Abreise, rief er mich an, und schon als er »Hallo« sagte, wusste ich, dass etwas nicht stimmte. Er erklärte, dass er mit mir unter vier Augen sprechen müsse. Es waren lange zwanzig Minuten, bis er bei mir ankam. Ich dachte die ganze Zeit, o.k., er will wieder mit ihr zusammen sein, ich bin ihm zu unabhängig ... Ich hatte Angst und mir ging es nicht gut. Ich wollte ihn nicht verlieren.

Er macht ein sehr ernstes Gesicht, als er bei mir ankommt. Wir setzen uns auf die Terrasse, er nimmt meine Hand und erklärt mir ganz ruhig, dass er sich bei dieser Frau mit Herpes angesteckt hat. »Aber, aber«, stottere ich, »du hast mir doch gesagt, dass es keine sexuelle Beziehung mehr zwischen euch gibt.« Und er antwortet: »Ich weiß, Schätzchen, und es tut mir so Leid – es ist einfach so passiert.« Wenn er es dabei belassen hätte, wäre es schlimm genug gewesen, doch dann lächelte er sein schiefes Lausbubenlächeln und sagte etwas absolut Unglaubliches! »Aber Schätzchen, du kennst mich doch. Wie könnte ich mit einem hübschen Mädchen im selben Bett schlafen und keinen Sex mit ihr haben? Komm schon! Es gibt keinen Grund, sich jetzt darüber aufzuregen – es kommt alles wieder in Ordnung. Ich war beim Arzt, und der hat mir genau erklärt, was ich tun muss.«

Am liebsten hätte ich ihn erwürgt. Natürlich hatte er mir nicht gesagt, dass sie im selben Bett schlafen würden! Und während der ganzen Zeit hat er auch mit mir geschlafen, und vielleicht hat er mich auch angesteckt. Doch was alles noch viel schlimmer machte, war die nonchalante Art, wie er damit umging. Wollte er damit sagen, ich hätte ihn davon abhalten sollen und dass nicht nur ihn allein die Schuld trifft? Was soll ich denn jetzt tun?

Paul war bereit, seine Beziehung zu Pat wieder aufzunehmen, als wäre nichts geschehen. Es war einfach nicht wichtig für ihn, dass er es versäumt hatte, Pat zu erzählen, dass seine Exfreundin und er im selben Bett schlafen würden.

Als er nicht mehr lügen konnte, beichtete er es, doch er tat dabei so, als wäre das, was geschehen war, fast komisch. Hier war er, der charmante, stets sexbereite Kerl, der einfach nicht anders konnte. Als er sagte: »Du kennst mich doch«, klang das, als unterstellte er Pat, sie hätte wissen müssen, dass etwas Derartiges geschehen würde.

Pat und Paul hatten ein Abkommen getroffen, ihre Beziehung ohne Seitensprünge zu gestalten, und Paul hatte dieses Abkommen gebrochen. Pat mag sich gedacht haben, dass sie nicht das Recht habe, sich darüber aufzuregen, wenn eine alte Freundin bei ihm wohnte. Doch sie hatte absolut das Recht, nicht angelogen zu werden, und konnte von Paul mit Recht ein ernsthafteres Verhalten erwarten. Er beleidigte, schmähte Pat und ihre Beziehung zueinander, als er so tat, als seien die Lügen über die sexuelle Beziehung zu einer anderen und die Geschlechtskrankheit, die er sich dabei zuzog, gar nicht so wichtig.

Männer, die ihr Fehlverhalten verharmlosen und als unwichtig erklären, versuchen, uns ihre Version der Wirklichkeit zu verkaufen, indem sie sich auf genau die Qualitäten verlassen, wegen derer wir uns in sie verliebt haben – Charme, Souveränität, Selbstvertrauen. Und wenn man sie bei einer Lüge erwischt, dann greifen sie auf das zurück, was sie bisher schon hat erfolgreich sein lassen.

Diese Art der Verharmlosung kann einen Menschen buchstäblich in den Wahnsinn treiben. Sie lässt uns an unserer eigenen Wahrnehmungsfähigkeit zweifeln sowie an unserem Recht, wütend zu werden. Wir beginnen dann, uns selbst ständig zu überprüfen. Ist das wirklich eine Überreaktion meinerseits? Mache ich da aus einer Mücke einen Elefanten? Pat war scharfsichtig genug, nicht in diese Falle zu gehen. Doch wie wir in Kapitel 5 sehen werden, fühlen sich viele Frauen, die mit dieser verrückt machenden Technik konfrontiert werden, gezwungen, ihre völlig normalen und angemessenen Reaktionen auf eine Lüge zu rechtfertigen.

Kunstgriff Nummer 9:
»Ja, ich habe es getan, aber du bist schuld.«

- »Du hast mich dazu getrieben.«
- »Ich habe dir nichts davon erzählt, weil du die Wahrheit nicht ertragen kannst.«
- »Ich habe dir nichts davon erzählt, weil du dich dann so aufregst.«

Wenn Sie sich unter Beichten und Geständnissen immer auch Reue vorgestellt haben, dann wird diese Technik Sie überraschen. Ein Geständnis bedeutet nicht immer, dass Ihr Partner sein Herz ausschüttet und um Vergebung bittet. Manche Männer, die man beim Lügen ertappt, reagieren mit gezückten Waffen, was wieder einmal beweist: Angriff ist die beste Verteidigung.

Kathy fand heraus, dass Davids Geständnisse und Versprechen mit der Zeit immer weniger wert waren, als David sie wegen einer Gewohnheit belog, die ihr lebenswichtig war – sein Trinken.

Als wir etwa zwei Jahre verheiratet waren, kam bei mir der Verdacht auf, dass er wieder angefangen hatte zu trinken, doch das stritt er vehement ab. Als ich dann allmählich ganz starke Stimmungsschwankungen an ihm beobachtete, die mir Angst machten, zog ich aus und kam bei meiner Schwester unter. Dann lief eine unserer Katzen weg, und David rief mich an, damit ich ihm bei der Suche helfe. Ich roch Alkohol in seinem Atem und sagte das auch. Er antwortete: »Wenn du mich nicht verlassen hättest, dann müsste ich auch nicht trinken.« Nun ja, ich wusste, dass das die reinste Ausrede war, und trotzdem habe ich mich richtig schuldig gefühlt.

Wie viele Männer, die lügen, drehte David die Realität um 180 Grad, um seine Partnerin davon zu überzeugen, dass sein Verhalten und seine Lügen in Wirklichkeit ihre Schuld waren. David hängte sich das klassische moralische Mäntelchen um – er fand Ausreden, um sein Fehlverhalten zu verdecken: »Das habe ich nur getan, weil ...« Laut David hatte er keine andere Wahl, als Kathy anzulügen. Warum? Weil sie ihn so unglücklich machte. Dies Argument ist nicht sehr logisch, doch es kann die Ursachen ganz auf uns schieben und damit die Aufmerksamkeit von der Lüge und dem Lügner ablenken, was genau der Effekt ist, den er erzielen wollte.

Ken stellte Carol gegenüber ebenfalls die Wirklichkeit auf den Kopf, als ihm bewusst wurde, dass sein Herunterspielen des Gefängnisaufenthaltes Carol nicht beruhigte, vor allem weil sie dadurch eine Arbeitsstelle verloren hatte, an der ihr sehr viel lag. Er wusste, er konnte sich nicht mehr herausreden, und so wechselte er von der Verharmlosung zur Schuldzuweisung.

Das Erste, was er wollte, war mit mir zu schlafen. Das war immer seine Lösung für alle Probleme. Ich erklärte ihm, ich wäre dafür nicht in der Stimmung, und da tat er sehr gekränkt. »Du willst mich also jetzt bestrafen. Siehst du, deshalb müssen Männer manchmal lügen, denn wenn sie die Wahrheit sagen, dann werden die Frauen sauer und verweigern den Sex.«

Hier noch einige weitere, wohl bekannte Beispiele dieser Strategie des »Das habe ich nur getan, weil …« und was sie bedeuten:

- »Ich dachte, dass du nicht damit fertig wirst, wenn ich dir sage, dass ich a) schon mal verheiratet war; b) ein Kind mit einer anderen habe; c) früher Drogen genommen habe; d) beim Finanzamt in der Kreide stehe.« Übersetzung: Ich lüge nur, weil du so schwach bist.
- »Ich kann dir die Wahrheit über unsere finanzielle Situation nicht sagen. Du wirst einfach hysterisch, wenn es ums Geld geht.« Übersetzung: Der einzige Grund, weshalb ich gelogen habe, ist, dass du völlig irrational bist.
- »O.k., ich habe eine Affäre. Was hast du denn erwartet, wenn du so mit deiner Karriere beschäftigt bist?« Übersetzung: Das habe ich nur getan, weil du so egoistisch bist.

Ob ein Mann auf Ihre Fragen und Ihren Verdacht mit Leugnen oder Geständnissen eingeht oder mit einer Mischung aus beidem, seine Ziele sind immer dieselben: Er will, dass Sie seine Erklärungen akzeptieren, dass Sie ihn in Ruhe lassen, die Konfrontation beenden und zum Status quo zurückkehren. Vielleicht wählt er sogar sorgfältig die Techniken, die Sie glauben lassen sollen, eine schwerwiegende Lüge sei ganz harmlos oder ein ganzes Netz von Lügen ein einmaliger Fehltritt. Vielleicht ist er sich manchmal auch wirklich nicht bewusst, wie sehr er Sie manipuliert. Doch sobald er zu den Techniken greift, die in diesem Kapitel angeführt sind, dann können Sie sich einer Sache gewiss sein: Er steckt immer stärker seine Lebensenergien in die Aufrechterhaltung eines zerstörerischen Kreislaufs von Lügen.

3 Warum lügt jemand?

Warum lügt er? Das ist die Frage, die die meisten Frauen verrückt macht. Warum ist es ihm so wichtig, Ihnen bestimmte Wahrheiten vorzuenthalten? Wenn er ein Gewissen hat, warum fühlt er sich nicht schuldig, wenn er lügt? Und zehren diese Lügen nicht immer stärker an seiner emotionalen Energie?

Manchmal sind die Antworten gar nicht so kompliziert. Er lügt vielleicht, weil ihm das einfacher scheint als die Wahrheit zu sagen. Vielleicht auch, weil er unersättlich ist und das haben will, was er begehrt, ohne dafür von Ihnen zur Rechenschaft gezogen zu werden. Manchmal lügt er auch, um den unangenehmen Folgen zu entgehen, die sich ergäben, wenn er Ihnen die Wahrheit über etwas sagt, von dem er weiß, dass es bei Ihnen auf Ablehnung, Aufregung und vor allem Wut stoßen wird.

Doch häufig sind die Gründe für das Lügen komplexer und nur schwer zu ermitteln. Sie können tief in seinem Unterbewusstsein verankert und von allen seinen bisherigen Lebenserfahrungen geprägt sein, von seiner Beziehung zu seinen Eltern und zu anderen wichtigen Menschen in seinem Leben, von all dem, was er über Männer und Frauen gelernt hat und glaubt, und von den vielen Ängsten und Konflikten, die ihn außerhalb seiner bewussten Wahrnehmung steuern.

Ich weiß, wie ungeduldig Sie auf Erklärungen warten. Bevor wir mit dem Forschen beginnen, ist es wichtig, zwei Dinge im Hinterkopf zu behalten: Erstens, dass keine der folgenden Erklärungen als Entschuldigung oder Ausrede für seine Lügen dient. Er hat sich freiwillig dazu entschlossen zu lügen, obwohl ihm viele andere Möglichkeiten zur Verfügung standen. Das heißt nicht, dass er ein Monster oder ein wirklich schlechter Mensch ist, doch er *ist* dafür verantwortlich, denn er beschloss, Sie zu täuschen und zu betrügen. Die Wahrheit zu sagen mag viel beängstigender und viel riskanter sein, doch es ist die einzige Möglichkeit, die Beziehung auf gesünderem Niveau neu zu etablieren. Zweitens, Sie werden nicht immer die Antwort auf die Frage nach dem Warum finden. Ursache und Wirkung entziehen sich uns oft, und so sehr Sie auch glauben mögen, dass eine Erklärung für seine Lügen Sie trösten würde, sie lässt sich nicht immer finden. Sicher ist jedoch, dass ganz bestimmte Motive im Vordergrund stehen und dass wir, je genauer wir hinsehen, desto eher Indizien dafür finden, was dies irritierende und destruktive Verhalten auslöst.

Lügen als Schutz

Die Lügen eines Mannes entspringen einer hoch wirksamen Mixtur aus innerer Haltung, Wahrnehmungen und Bedürfnissen, die sich mit dem überschneidet, wer er ist, woher er stammt und wie sein Leben verläuft. Wenn wir uns das genauer ansehen, was ihn offenbar dazu bringt zu lügen, entdecken wir, dass die meisten seiner Lügen als wichtige Waffe dienen, Gefühle und Ereignisse abzuwehren, die er als bedrohlich oder schmerzhaft empfindet. Die Lügen eines Mannes dienen sowohl dazu, einige seiner mächtigsten Bedürfnisse zu schützen, als auch ihn selbst vor einer Reihe von unangenehmen Gefühlen, Ängsten und Konsequenzen zu bewahren. Die Lüge schützt:

- Das Image, das er vor der Welt, vor Ihnen und vor sich selbst aufrechterhalten will.
- Sein Bedürfnis nach Freiheit und Selbstbestimmung.
- Sein Bedürfnis, alles unter seiner Kontrolle zu haben.

Das Lügen dient auch als Schutz vor ein paar elementaren Ängsten:

- Vor der Angst, dass Sie ihn verlassen, wenn er die Wahrheit sagt.
- Vor der Angst, dass Sie ihn dominieren könnten.
- Vor der Angst, die er gegenüber den schrecklichen »K«s hat: Konflikten, Konfrontationen und Konsequenzen.
- Vor seiner Angst vor Ihrer Wut.

Es ist nicht möglich, die verschiedenen Motivationsstränge sauber voneinander zu trennen, die einen Mann dazu bringen zu lügen. Die Bedürfnisse und die Ängste sind ineinander verwoben. Und bitte denke Sie daran, manche Lügen sind reine Situations- und Gelegenheitslügen: Er wittert eine Chance zu siegen, einen Vorteil zu erhaschen oder sich selbst Ungemach oder Anstrengungen zu ersparen, und er ergreift sie. Doch wenn das Lügen zu einem tief verwurzelten Bestandteil seines Verhaltens wird, dann liegt das meist daran, dass seine Bedürfnisse und seine Ängste eine Verbindung eingegangen sind, die ihm das Lügen nicht nur bequemer, sondern geradezu notwendig erscheinen lassen.

Der Schutz seines Images

Viele Männer, die lügen, schauspielern vor dreierlei Publikum – vor Ihnen, vor der Welt und vor sich selbst. Um ein positives Bild von sich selbst als »wunderbarer Mann« auszustrahlen und aufrechtzuerhalten – ehrbar, aufmerksam, anständig, erfolgreich – und dennoch weiterhin tun und lassen zu können, was er will, muss er oft geradezu meisterhaft mit der Wahrheit jonglieren.

Als Jan, die Graphikerin, Bill von dem überraschenden Anruf Carlas erzählte und ihn fragte, ob es denn wahr sei, dass er bereits zweimal verheiratet gewesen sei, leugnete Bill alles. Und später, als sie Carlas Bild im Handschuhfach seines Autos fand, erfand er eine recht wilde Geschichte als Ausrede.

Die Wahrheit fand ich erst etwa sechs Monate später heraus, als wir ein Haus kauften und die Formulare für den Antrag auf die Hypothek ausfüllten. Bill gab mir die Papiere und sagte, ich sollte meinen Teil ausfüllen, er würde später dann seinen Teil erledigen. Als ich auf der Suche nach Briefmarken in eine seiner Schreibtischschubladen schaute, fand ich den Antrag. Auf einer Seite des Formulars musste man alle früheren Ehen angeben, und siehe da, da stand seine erste Ehe und seine zweite mit »Carla Morton«. Ich kann gar nicht beschreiben, wie ich mich gefühlt habe – übel war mir und alles drehte sich um mich, nichts schien mehr stabil. Er lügt die Hypothekenbank nicht an, denn das wäre illegal, doch mich anzulügen war in Ordnung?? Ich bestand darauf, dass er mir die Wahrheit sagte – die ganze Wahrheit diesmal.

Es war unvermeidlich, dass seine Lügen irgendwann einmal ans Licht kamen. Als Jan seine Lügen entlarvte und das Leugnen nichts mehr nützte, begann Bill auf geschickte Weise, sein Image, sein Selbstbild wieder neu zu erschaffen:

Er legte die Arme um mich und sagte, wie Leid es ihm täte, dass er mir nicht die Wahrheit über Carla gesagt hatte. Ja, sie seien verheiratet gewesen, doch das habe nur wenige Monate gedauert. Er habe nie geplant, sie zu heiraten, und habe es nur getan, weil sie schwanger gewesen sei und ihn angefleht habe, dazu zu stehen und dem Baby einen Namen zu geben. Er erzählte, Carla hätte eine Fehlgeburt gehabt und sei fast verrückt geworden und deshalb länger in einem Krankenhaus wegen ihrer Depressionen behandelt worden. Er habe gewartet, bis es ihr besser gegangen sei und sie durch die Medikamente stabilisiert worden war, bevor er sich von ihr scheiden ließ. Er sagte, er habe mir nichts davon erzählt, weil er Angst gehabt habe, mich zu verlieren. Er habe befürchtet, dass ich eine Ehe mit ihm für zu riskant gehalten und unsere Verlobung aufgelöst hätte, wenn ich gewusst hätte, dass er bereits zweimal verheiratet gewesen war.

Alles, was er sagte, schien mir vollkommen logisch und vernünftig. Er hatte Tränen in den Augen. Als er zu Ende erzählt hatte, hielt ich ihn für den ehrenhaftesten, aufmerksamsten Mann der Welt. Wie viele Männer würden heutzutage noch eine Frau nur heiraten, weil sie schwanger war, und dann noch alle Probleme gemeinsam mit ihr durchstehen? Meiner Meinung nach war er praktisch ein Kandidat für die Heiligsprechung.

Nun, vielleicht nicht ganz. Bill gab sich Mühe, eine fast heroische Erklärung für seine Lügen zu finden, und dadurch gelang es ihm, eine beträchtliche Distanz zwischen sich und die Lügen zu legen. Doch Bills Überzeugung, dass er irgendwie in Jans Augen besser dastehen würde, wenn er lüge und wenn er die erste Lüge durch eine zweite noch verschlimmerte, widerspricht aller Logik.

Ein Schlüssel zu seiner Denkweise ist seine Aussage, er habe befürchtet, Jan zu verlieren, wenn sie die Wahrheit erführe. Viele Männer lügen, um sich in ein besseres Licht zu setzen und nicht zurückgewiesen zu werden. Sie polieren ihr Image auf, indem sie viel von sich und ihrem Leben verbergen, denn sie wollen, dass Sie sich innerlich auf sie einlassen. Sie sind davon überzeugt, die Lügen schon erklären zu können, falls und wenn diese ans Licht kommen.

Jan lieferte noch weitere Erklärungen:

Bill hat immer von seinem guten Aussehen und seinem Charme gelebt. Er war auf dem Uni-Campus der »Große Macher« gewesen, war im College in jedes Amt gewählt worden, für das er sich beworben hat, und die Leute bewunderten ihn und himmelten ihn an – besonders die Frauen. Er war daran gewöhnt, das zu bekommen, was er wollte, ohne viel dafür tun zu müssen.

Doch mir fiel auf, dass er sich immer übermäßig damit beschäftigte, was die Menschen von ihm dachten.

Bills sorgsam aufgebautes Image unterfütterte sein Selbstbewusstsein und war zugleich das Vehikel seines Erfolges. Alles, was dieses Image bedrohte – wie etwa zwei gescheiterte Ehen –, musste unsichtbar bleiben oder, wenn es nötig war, so erklärt werden, dass das Image geschützt war, intakt blieb.

Wahrscheinlich ging Bill davon aus, er würde nicht mehr akzeptiert, wenn er Schwächen zeigte. Was in seinem Kopf vorging, waren Warnungen wie etwa diese:

- Wenn sie wirklich die Wahrheit über mich wüsste, würde sie mich verlassen.
- Wenn ich nicht perfekt bin, wird sie mich nicht lieben.
- Sie wird mir meine Fehler und meine Schwächen niemals verzeihen, also muss ich sie verstecken.

Die Wahrheit ist nicht mein Freund

Jan hörte auf, Bills Lügen romantisch zu verklären, und begann, sie als das zu sehen, was sie waren. Diese Veränderung stürzte ihre Ehe in eine Krise – eine Krise, die beide motivierte, eine Eheberatung aufzusuchen.

Während einer unserer Sitzungen fragte ich Bill, ob er eine Idee habe, woher seine Vorstellung komme, dass die Konsequenzen, wenn er die Wahrheit sagte, schlimmer seien, als wenn er löge.

Es ist merkwürdig, dass ich noch nie daran gedacht habe. Mein Vater hatte so eine echte Routine drauf, als ich ein Kind war: erst locken, dann verraten. Immer wieder hat er mich hereingelegt, indem er mir erklärte, mir würde nichts passieren, wenn ich nur die Wahrheit sagte. Wenn ich dann blöd genug war, ihm zu glauben, machte er eine Kehrtwende und bestrafte mich. Ein

Ereignis ist mir ganz besonders im Gedächtnis geblieben, aber er tat so etwas ständig. Es war an einem Weihnachtsmorgen, ich war etwa zehn Jahre alt. Ich hatte mit meinem nagelneuen Fahrrad eine Schramme an seinem Auto gemacht und betete, dass es ihm nicht auffallen würde. Aber natürlich merkte er es. Er fragte mich, was ich über den Kratzer an der Tür wüsste. Ich stand einfach da, die Hände in den Taschen, und sagte kein Wort. Er sagte: »Sag mir einfach nur die Wahrheit über das, was geschehen ist. Ich bin gar nicht weiter böse, wenn du mir nur die Wahrheit sagst.« Schließlich gab ich zu, dass es mir passiert war, als ich mein Fahrrad aus der Garage holte. Er schwieg einige Zeit, und dann sagte er: »Nun, das Fahrrad ist ungefähr das wert, was die Reparatur kostet, also geht es in den Laden zurück, und vielleicht lernst du daraus, mit den Sachen anderer Leute vorsichtiger umzugehen.« Nun, schließlich bin ich daraus klug geworden und habe mir geschworen, dass mich nie wieder jemand so hereinlegen und so bloßstellen wird.

Als Jan zu Bill gesagt hatte: »Sag mir einfach die Wahrheit«, da konnte sie nicht wissen, dass sie damit bei ihm übermächtige Erinnerungen lebendig werden ließ – Erinnerungen, die die Basis einer ebenso übermächtigen Überzeugung über das bildeten, was geschehen wird, wenn er die Wahrheit sagt. Als Bills Vater ihn erst belog und dann demütigte und bestrafte, zog sein Sohn Schlussfolgerungen daraus, die ihn auch noch als Erwachsenen prägten:

- Die Wahrheit macht mächtige Menschen wütend auf dich.
- Die Wahrheit bewirkt, dass du bestraft wirst.
- Die Wahrheit lässt dich immer in schlechtem Licht erscheinen.
- Vertrau nie jemandem, der dich auffordert, »nur die Wahrheit zu sagen«.
- Du hast nichts zu gewinnen und alles zu verlieren, wenn du Fehler zugibst.
- Die Menschen (wie der Vater), die lügen, haben die Macht.

Als sich Bills Überzeugung, dass eine Lüge die sicherere – und klügere – Entscheidung war, mit seinem Bedürfnis verwebte, immer in einem guten Licht zu erscheinen und als großartiger Kerl gesehen zu werden, hatte die Wahrheit kaum noch eine Chance. Und wären Jan und Bill nicht bereit gewesen, etwas dagegen zu unternehmen, hätte auch ihre Ehe keine mehr gehabt.

Die Lüge: »Alles in Ordnung.«

Die Suche nach einem großartigen Selbstbild oder Image verführt manche Männer zu Lügen über Geld und zu einem Leben über ihre Verhältnisse, um alle Welt damit zu beeindrucken, darunter auch Sie, wie erfolgreich und gewandt sie sind. Wenn eine tiefe Kluft zwischen der Wirklichkeit und dem besteht, was ihr Partner vorgibt zu sein, damit er bewundert wird, dann werden Sie feststellen, dass der größte Teil Ihres Lebens zu einem Kartenhaus wird.

Auch Diane, die Rechtsanwaltsgehilfin, deren Mann Ben sie darüber anlog, dass er seiner Tochter Geld gab, lernte die Lügen nur zu gut kennen, die zum Alltag mit einem Mann gehören, der versucht, sein Image als Erfolgsmensch aufrechtzuerhalten. Ben hatte einen Beruf, der ihn mit vielen sehr reichen Leuten zusammenbrachte:

In diesem Geschäft gibt es so viel Angeberei, ich habe es einfach als Teil des Ganzen hingenommen. Ich habe Ben auf Partys von seinen Geschäften reden hören, als wären sie alle unter Dach und Fach, selbst wenn das noch gar nicht der Fall war. Neulich erst erzählte er Leuten, er würde Eigentumswohnungen in Malibu errichten und Millionen daran verdienen. Ich wusste, er hatte einen Architekten bezahlt, ihm Pläne zu zeichnen, doch noch gehörte ihm nicht einmal das Grundstück. Das waren alles Luftschlösser.

Ben gab gegenüber jedem, der ihm nur zuhörte, mit seinen Grundstücksspekulationen an. So konnte er sich als erfolgreicher Geschäftsmann ausgeben – was ihm, davon war er überzeugt, die Anerkennung und die Bewunderung einbringen würde, nach denen er sich so sehnte. Hinzu kam, wie Diane später erfuhr, dass er sie darüber belog, wohin fast ihr gesamtes Geld entschwunden war. Wie es so oft der Fall ist, musste sie es von einem Dritten erfahren.

Bens Sekretärin hatte gekündigt, nachdem sie fast zehn Jahre für ihn gearbeitet hatte. Etwa eine Woche vor ihrem Abschied rief sie mich an. Sie sagte: »Ich weiß, es geht mich eigentlich nichts an, aber ich muss Ihnen einfach sagen, dass Sie unbedingt Ben fragen sollten, was mit Ihrem Geld geschehen ist.« Das hat mich richtig erschreckt, denn wir haben viele Schulden – wir leben weit über unsere Verhältnisse. Er besteht darauf, immer den neuesten Wagen zu fahren und maßgeschneiderte Anzüge zu tragen, und er ist immer derjenige, der im Restaurant die Rechnung für alle begleicht – Sie kennen den Typ Mann. Und immer versichert er mir, alles sei in Ordnung und es gäbe keinerlei Probleme. Ich fragte sie, was sie damit meine. Sie erklärte mir, Ben hätte überall Grundstücke als Spekulationsobjekte aufgekauft und sich dafür Geld zu einem sehr hohen Zinssatz geliehen. Dass er nun Kredite aufgenommen hätte, um seine Zinsen zu bezahlen und die laufenden Kosten seines Unternehmens zu begleichen. Sie sagte, sie habe seit über einem Monat kein Gehalt mehr bezogen und dass das der Grund für ihre Kündigung sei. Und alles, was er dazu sagt, ist: »Alles in Ordnung.« Mein Gott, Susan. Ich habe nur noch panische Angst.

Natürlich war nicht alles in Ordnung. Bens Welt war ins Schleudern gekommen und drohte außer Kontrolle zu geraten, und Diane war plötzlich mit der Tatsache konfrontiert, dass Bens Angebereien sie an den Rand des Abgrundes gebracht hatten. Ben weigerte sich hartnäckig, ihr gegenüber irgendein Problem zuzugeben, denn das hätte ihn schlecht und schwach aussehen lassen. Immer gut gekleidet und ein hervorragender Redner, wusste Ben, wie er Eindruck machen konnte. Doch ihm war nicht klar, dass die Triebkraft hinter seinen Lügen die tiefe Überzeugung war, dass er niemals einfach nur er selbst sein durfte. Er musste sich ein Image, ein Selbstbild kreieren, das viel zu groß für ihn war. Wie ein kleiner Junge, der sich die Schuhe des Vaters anzieht und so tut, als sei er erwachsen, spielte auch Ben eine Rolle, und er erzählte jede Lügengeschichte, die ihn in dieser Rolle vor sich selbst, vor Diane und vor seinen Freunden und Geschäftspartnern bestätigen würde.

Schubladendenken

Eine ganz andere Art des Image-Managements, der Konstruktion des Selbstbildes vollzieht sich, wenn ein Mann durchaus beruflich erfolgreich ist, doch in seinem Privatleben alles andere als ehrlich. Solche Männer werden zu Experten der Aufspaltung, des Schubladendenkens in ihrem Leben. Ihre Karriere ist eine Schublade, die Ehefrau und die Kinder sind eine zweite, und die andere Frau (oder Frauen) kommen in noch eine andere.

Gwen, eine Ärztin in der Forschung, hatte eine zweijährige Beziehung mit dem medizinischen Direktor des Krankenhauses, in dem sie arbeitete. Peter genießt hohes Ansehen in seinem Beruf für seine mitfühlende Art, seine fachlichen Kenntnisse und seine ethischen Grundsätze.

Was mir wirklich Rätsel aufgab, ist, dass er in jedem Bereich seines Lebens vollkommen ehrenhaft ist – außer in der Beziehung zu seiner Frau. Er ist seit er zwanzig war mit einer Frau verheiratet, die ein paar Jahre älter ist als er, doch sie sieht aus, als sei sie seine Mutter. Als wir begannen, miteinander auszugehen, war er absolut ehrlich über die Grenzen, die unserer Bezie-

hung gesetzt waren. Er erklärte, er würde niemals seine Frau und seine Kinder verlassen. Er sagte auch, dass er seine Frau nicht liebe, aber nie verlassen würde. Also hatte er Affären. Manche davon gingen über mehrere Jahre. Ich war nicht seine erste Affäre, und ich weiß, dass ich nicht seine letzte sein werde, aber ich bin wirklich verrückt nach ihm. Ich habe ihn gefragt: »Wie kannst du so leben?«, und er antwortete: »Ich fühle mich in der Pflicht, mich um diese Menschen zu kümmern. Wenn ich sie verließe, würde es sie am Boden zerstören, und meine Eltern würde es geradezu vernichten – und ich bin berufsmäßig und persönlich nicht der Typ, der Menschen verletzt, die ihm am Herzen liegen. Deshalb verlasse ich sie nicht. Ich arbeite hart und ich bin stolz auf das, was ich erreicht habe, doch ich glaube auch, dass ich das Recht auf eigene Vergnügen und Glück habe.« Ich weiß, ich muss die Beziehung beenden, weil sie für mich eine Sackgasse ist, doch ich verstehe immer noch nicht, wie er so leben kann.

Peter kann so leben, weil er ein Meister des Schubladendenkens ist. Er kann jegliches Schuldgefühl über seine Lügen und Affären ausschalten, indem er diese einfach vom Rest seines Lebens abtrennt. Auf diese Weise ist er in der Lage, sein Image als pflichtbewusster und sorgsamer Sohn, Ehemann und Vater aufrechtzuerhalten, und durch seine Arbeit trägt er ohnehin in signifikanter Weise zum Gemeinwohl bei. Er ist davon überzeugt, dass, solange niemand etwas von seinem Doppelleben erfährt, auch niemand dadurch verletzt wird und dass es keinerlei Auswirkungen auf das Wohlbefinden seiner Familie hat.

Der Goldjunge

Ich erfuhr von Gwen, dass in Peters Leben immer Menschen von ihm abhängig gewesen waren und er sehr an seinem Image als Bollwerk seiner Familie hängt:

Er war immer derjenige, der alles zusammenhielt – er war eine Art Goldjunge. Seine Eltern sind ganz einfache Leute ohne viel Bildung aus dem Mittelwesten, und da ist der Sohn, der immer schon finanzielle Verantwortung übernommen hat, indem er abends nach der Schule gejobbt hat, und plötzlich stellt sich heraus, dass er eine Art Genie ist, jemand, der sich wirklich in seinem Feld einen Namen gemacht hat. Sie erklären ihm immer wieder, wie stolz sie auf ihn sind und wie viel ihnen seine Ehe und die Enkelkinder bedeuten. Er hat ihnen sogar ein Haus gekauft, damit sie in seiner Nähe leben. Doch damals durfte er niemals wirklich Kind sein, durfte nie einfach nur spielen. Es hieß immer Arbeit, Arbeit, Arbeit für ihn und Pflicht, Pflicht, Pflicht.

Meine Diagnose lautet, dass Peter sich in diesem Zwang der Pflichterfüllung, der ihm von klein auf eingetrichtert wurde, gefangen fühlt. Solange er diese Pflichten erfüllt, kann er seine Frau und seine Kinder belügen, weil es die weitaus freundlichere, sanftere Option ist. Wenn er zugeben würde, dass er in seiner Ehe unglücklich ist, dann würde er die ganze Familie durcheinander bringen und zweifellos unübersehbares Unheil anrichten. Außerdem würde er sein eigenes Image als »verantwortungsbewusster Mann« zerstören. Also hat er stattdessen Affären, die ihm genügend Abwechslung und Befriedigung verschaffen und sein Bedürfnis, seine familiäre Situation zu ändern, fast völlig erlahmen lassen. Ja, Peter ist in vielen Bereichen seines Lebens ein sehr verantwortungsbewusster und ehrenwerter Mann, doch als er sich dazu entschloss, ein Doppelleben zu führen, entschloss er sich auch, niemandem wirklich die Treue zu halten, am wenigsten sich selbst.

Es erfordert viel Mut, einem anderen Menschen sein wahres Selbst zu zeigen, doch Männer, die unbedingt ein bestimmtes Image aufrechterhalten wollen, schlagen einen anderen Weg ein. Und indem sie das tun, stellen sie eine Situation her, in welcher sie mit großer Sicherheit nicht für sich selbst geliebt werden und in welcher die Intimität einer Beziehung, auch wenn beide Partner sie wollen, unweigerlich dieser Scharade zum Opfer fällt.

Sein Bedürfnis nach Freiheit und Autonomie: Der innere Kampf um Unabhängigkeit

Der Kern vieler Lügen von Männern besteht aus einem wesentlichen, grundlegenden Widerspruch, der ihre Gefühle Frauen gegenüber sowohl zweideutig als auch verwirrend erscheinen lässt. Sie wollen eine Bindung eingehen und geliebt werden, doch sie wollen auch ihre Autonomie, die völlige Selbstbestimmung. Bei vielen Männern liegen diese Bedürfnisse in einem ständigen Streit miteinander, und ihr Drang, sich stets davon zu überzeugen, dass sie gefühlsmäßig nicht abhängig sind, wird zu einem lebenslangen Kampf, der schmerzhaft für sie und sehr frustrierend für uns Frauen ist.

Dieser Kampf beginnt in der Kindheit, wenn ein kleiner Junge sich von der Mutter lösen und mit dem Vater identifizieren muss, um seine Männlichkeit definieren zu können. Und Mann-Sein heißt, auf eigenen Füßen zu stehen, den Schürzenzipfel der Mutter loszulassen und keineswegs ein »Muttersöhnchen« zu sein. Doch weil die Mutter seine erste Quelle für Nahrung und Trost ist, bleibt der Hunger nach ihrer Nähe bestehen. Diesem Hunger stehen große Ängste und auch Scham entgegen. Ein Mann zu sein bedeutet, dass man sich von der Mutter getrennt hat – und damit auch von allen anderen Frauen.

David, der mit Kathy verheiratet war, von der in Kapitel 1 die Rede war, wuchs in einer Welt von Frauen auf, die ihn wie einen kleinen Prinzen behandelten.

Sein Vater starb, als er noch klein war. Er war nicht nur das jüngste Kind der Familie, sondern auch der einzige Junge. Soweit ich das den Erzählungen seiner Schwestern entnehmen kann, war seine Mutter ihm gegenüber fast ehrerbietig. Alle Kinder hatten kleine Jobs, um sich ihr Taschengeld zu verdienen, doch er war ein eher kränkliches Kind und konnte beispielsweise keine Rasen mähen, weil er eine Allergie hatte. Er konnte auch nicht in einem Imbiss arbeiten, weil seine Hausaufgaben ihm keine Zeit ließen. Alles wurde ihm geschenkt und immer hatte er Frauen um sich, die ihn beschützten. Er war ziemlich verwöhnt und ganz sicher von fast jeglicher Verantwortung abgeschirmt. Was immer er tat, die Frauen konnten darin kein Fehlverhalten seinerseits erkennen, und auch wenn er in seinem späteren Leben etwas anstellte, kam immer jemand vorbei und brachte alles wieder in Ordnung.

Sehen wir uns sein Leben als Erwachsener an.

Frauen waren immer Davids Sicherheitsnetz. Als er Kathy heiratete, erwartete er stark, wenn auch vielleicht unbewusst, dass dieser Zustand aufrechterhalten werden würde.

Immer wieder habe ich neue Rechnungen von seinen Einkaufstouren gefunden. Ich verdiente den Hauptanteil unseres Einkommens, und ich glaube, er erwartete irgendwie, dass all die Rechnungen wie durch Zauberhand einfach bezahlt würden. Wenn ich ihm das vorhielt, dann sagte er etwa: »Ich muss dich nicht jedes Mal um Erlaubnis fragen, wenn ich Geld ausgeben will. Ich kümmere mich schon darum.« Wissen Sie, ich glaube, die Sachen, die er kaufte, verliehen ihm eine Art Status. Er hatte immer Angst, dass die Menschen ihn nicht mögen könnten. Er hielt sich für unzulänglich, minderwertig.

Kathy war sehr hellsichtig, was Davids Kaufräusche betraf. Sie gaben ihm für kurze Zeit das Gefühl, seine eigenen Entscheidungen zu treffen und nicht der Versager zu sein, der zu sein er fürchtete. Kathy, die eine starke, kompetente Frau ist, stürzte David in einen tiefen, inneren Konflikt. Ihr gemeinsames Leben erinnerte ihn ständig daran, dass er sich immer darauf verlassen hatte, dass die Frauen sich um ihn kümmerten. David brauchte Kathy sowohl aus emotionalen wie auch aus finanziellen Gründen. Aber er schämte sich dieser Abhängigkeit und daher fand er Wege, seine Männlichkeit zu beweisen und zugleich herauszustreichen, indem er Dinge kaufte und dann log. Wenn sein Tun entdeckt wurde, reagierte er zuerst trotzig – das war seine Art, gegen die tiefe innere Abhängigkeit von Frauen anzukämpfen, die ihm immer schon das Gefühl gegeben hatte, kein ganzer Mann zu sein.

Wut versus Gehässigkeit

Phil und Helen, ein gut aussehendes Ehepaar Ende 40 mit erwachsenen Kindern, suchten Hilfe, um ihre Ehe zu retten, die drohte, an dem auseinander zu brechen, was Helen »Phils Doppelleben« nannte.

Es ist der verdammte Computer. Er sagte, er bräuchte ihn, um die Akten zu bearbeiten, die er mit nach Hause brachte – das war die erste Lüge. Zuerst habe ich gar nicht gemerkt, was vor sich ging, doch er verbrachte sehr, sehr viel Zeit mit seiner »Arbeit«. Eines Nachts brachte ich ihm eine Tasse Kaffee. Ich konnte kaum glauben, was ich auf dem Monitor sah. Blitzschnell drückte er einige Knöpfe und versuchte, das Fenster verschwinden zu lassen, doch ich hatte es deutlich gesehen, und es war ekelhaft. Er hatte pornographische Schilderungen eingegeben und jemand antwortete ihm. Wie sich herausstellte, hatte er Stunden in diesen Chat-Rooms im Internet verbracht, wahrscheinlich dabei onaniert. Er hat sich furchtbar geschämt und sagte, wenn mich das so stören würde, würde er damit aufhören.

Doch Phil hörte nicht auf. Eines Nachts wachte Helen gegen zwei Uhr früh auf und stellte fest, dass Phil nicht im Bett war. Sie fand ihn vor seinem Computer.

Phil gab zu, dass er sich zutiefst auf die Welt des Online-Sex eingelassen hatte.

Natürlich erregt es mich. Aber es ist doch nicht so, als ob ich ein schmuddeliger Kerl wäre, der sich schmutzige Filme anguckt. Sie stellt mich dar, als wäre ich pervers. Aber ich bin ein verantwortungsbewusster, anständiger Mann. Ich kann doch nicht jede Minute meines Lebens damit verbringen, das zu tun, was sie mir vorschreibt.

Als Helen und Phil mich aufsuchten, hatten sie bereits einen monatelangen Krieg um den Cyber-Sex hinter sich. Und je mehr Helen an Phil herumnörgelte, er solle aufhören, desto stärker war sein Bedürfnis, sich in diesen Chat-Rooms aufzuhalten. Immer wieder versprach er, es zu lassen, doch genauso oft fand sie heraus, das er sein Versprechen nicht hielt.

Er ist so schwach, dass ich das nicht mehr aushalte. Er hat keinerlei Selbstkontrolle. Es ist genauso schlimm wie eine Affäre.

Helen, frustriert und wütend über die Lügen, hatte begonnen, Phil zu beschimpfen, was ihn nur umso heftiger zu dem Verhalten trieb, das sie verhindern wollte. Indem sie Phil als schwach beschrieb und ihm ihre Verachtung zeigte, begab sie sich in die Rolle der »kritischen Mutter«. Doch das aktivierte bei Phil nur den Drang, gegen sie zu rebellieren, um seine Autonomie unter Beweis zu stellen.

Lass dich nicht erwischen

Es gab interessante Parallelen zwischen Phils Beziehung zu seiner Mutter während seiner Teenagerzeit und den Szenen, die sich zwischen ihm und seiner Frau abspielten.

Ich wuchs in einem sehr strengen Baptisten-Haushalt auf – wir waren praktisch jeden Tag in der Kirche. Man könnte wohl sagen, dass meine Mutter die treibende Kraft war. Das Verbot zu tanzen, das Verbot, mit Mädchen auszugehen, bevor man sechzehn war. Sie können sich vorstellen, was geschah, als sie eine Nummer des Penthouse *unter meiner Matratze fand, als ich vierzehn war. Sie war außer sich. Ich wurde in die Kirche geschleppt, um mit dem Pfarrer zu reden, und das war ziemlich demütigend – wahrscheinlich kann ich die Stellen aus der Bibel, in denen es um verschiedene »Abscheulichkeiten« geht und die er mich auswendig lernen ließ, immer noch aufsagen. Ich lernte also, dass es am besten war zu lächeln, mitzumachen und sich niemals erwischen zu lassen. Wenn überhaupt, dann wurden diese Magazine dadurch für mich noch wichtiger ... Danach habe ich noch viel mehr heimlich gemacht als vorher.*

Phil war durch diese Erfahrung mit seiner Mutter und dem Pfarrer zutiefst gekränkt, und er schob sein erwachendes Interesse am Sex in die Heimlichkeit ab. Ich will damit nicht sagen, dass dies der einzige Grund für seine Heimlichtuerei als Erwachsener war, doch es spielte sicherlich eine Rolle. Als Helen, die dazu neigt zu dominieren und andere herabzusetzen, ihn wegen etwas kritisierte, das mit Sex zu tun hatte, nahm sie unwissentlich die Rolle seiner Mutter in seiner Jugendzeit ein – der Frau, vor der man Dinge verstecken und der man trotzen muss.

Wie Phil es ausdrückte:

Ich denke einfach, die spinnt – was soll der Aufstand? Ist das alles, was sie beschäftigt? Es tut ihr doch nicht weh. Und ich habe das Recht auf ein bisschen Entspannung.

Doch der Machtkampf um Phils »Entspannung« belastete die Ehe durchaus. Eine tiefe Kluft hatte sich zwischen den Partnern aufgetan, sie sprachen kaum noch miteinander, geschweige denn, dass sie sich berührten oder miteinander schliefen. Phils

Interesse an Online-Sex mag am Anfang noch harmlos gewesen sein, doch inzwischen hatte es sich bis zu dem Punkt gesteigert, an dem die Phantasie die Wirklichkeit ersetzte und zum Ersatz für eine reale Beziehung geworden war. Nun ging es bei diesem Konflikt nicht mehr nur um die Chat-Rooms. Nun ging es darum, dass Phil beweisen wollte, dass seine Frau nicht die Kontrolle über ihn hatte.

Sie waren in dem Kreislauf gefangen: Phil lügt Helen an, Helen findet das heraus und wird wütend und verletzend, Phil zieht sich zurück, rebelliert und lügt noch mehr.

Die Angst vor der Wut der Frau

Ich erläuterte Phil, dass ihm auch ganz andere Optionen offen standen. Er könnte beispielsweise mit Helen einen Kompromiss aushandeln bezüglich der Zeit, die er in Chat-Rooms verbrachte. Oder wenn er sich absolut durchsetzen wollte, könnte er sich ihr auch offen widersetzen, statt sein Verhalten vor ihr zu verheimlichen und zu lügen. Ich empfahl das nicht als die beste Lösung, doch seine Reaktion auf diese Möglichkeit war bezeichnend.

Phil: Das könnte ich niemals tun.
Susan: Wieso?
Phil: Sie haben sie noch nie gesehen, wenn sie wütend ist.
Susan: Das stimmt – erzählen Sie mir, was dann geschieht.
Phil: Es ist furchtbar – ihr Gesicht wird rot und ihre Augen werden ganz schmal und ... ich weiß nicht ... ich kann einfach nicht damit umgehen ...
Susan: Wenn Helen wütend wird, dann fühle ich mich – beenden Sie doch bitte den Satz.
Phil: Wenn Helen wütend wird, dann fühle ich mich ... hilflos – das ist das beste Wort, das mir einfällt.

Viele Männer, selbst jene, die vorbildlich Macht und Erfolg zu verkörpern scheinen – Phil ist stellvertretender Direktor einer Bank –, werden durch die Wut einer Frau sozusagen in unbekanntes Terrain katapultiert. Wie weit wird sie gehen? Wird sie die Beherrschung verlieren? Wenn sie wütend ist, heißt das, dass sie mich nicht mehr liebt? Und der erschreckendste Gedanke von allen ist: Wenn sie wütend ist, heißt das, dass sie mich verlassen wird?

Phil wollte seinen Cyber-Sex, doch er wollte auch seine Ehe erhalten – und in seinem Verständnis bedeutete Helens Ärger, dass seine Ehe bedroht war. Er war überzeugt, das Lügen war jederzeit einer direkten Konfrontation mit ihr vorzuziehen.

Kathy berichtete von einer ähnlichen Reaktion Davids auf einen ihrer seltenen Ausbrüche der schieren Frustration. Kathy erzählt es so:

Nach all seinen Versprechungen fand ich heraus, dass er meine Unterschrift gefälscht hatte, um eine Kreditkarte zu bekommen, und da verlor ich die Beherrschung. Ich schrie ihn an, nannte ihn einen Penner und drohte, ihn zu verlassen. Er fiel einfach in sich zusammen wie ein geprügelter Hund. Zuvor war er eher angriffslustig gewesen, doch nun brach er einfach zusammen. Er flehte mich an, mich zu beruhigen. Er wirkte ganz erschüttert – und sehr verängstigt.

Ich erzählte Kathy, wie viel Zeit in meinem Leben ich damit verbracht hatte, mich vor der Wut der Männer zu fürchten und so ziemlich alles zu tun, um sie zu vermeiden. Bis ich Therapeutin wurde und die Möglichkeit hatte, in die innere Welt vieler Männer zu blicken, war mir nie der Gedanken gekommen, dass das Gegenteil genauso wahr war. Es war geradezu eine Offenbarung für mich, als ich entdeckte, wie tief diese Angst saß und wie oft Männer lieber lügen, als mit einer wütenden Frau umzugehen.

Gründe für diese Angst

Ganz sicher *sind* manche Frauen angsteinflößend, wenn sie wütend werden. Doch die meisten Frauen haben eher Schwierigkeiten, ihren Zorn auszudrücken, oder sie verrenken sich geradezu, um weiterhin die ruhige und verständige Friedensstifterin zu sein. Die Angst der Männer vor der Wut der Frauen scheint eigentlich unverständlich zu sein.

Einige der Gründe liegen, wie wir bereits gesehen haben, in seinem Verhältnis zu seiner Mutter, der ersten Frau in seinem Leben, sowie in seinen weiteren Erfahrungen mit all den Frauen, die eine wichtige Rolle in der Entwicklung seiner Gefühle und Überzeugungen gespielt haben. Die Angst, verlassen zu werden, der Schmerz, zurückgewiesen oder misshandelt zu werden, Überfürsorglichkeit oder Vernachlässigung, all das formt viele seiner Haltungen gegenüber Frauen. Doch nicht alle. Sehen wir uns einen weiteren möglichen Grund an – einen Grund, den wir leicht übersehen können, wenn wir uns nur auf seine frühen Lebensjahre konzentrieren.

Seit Tausenden von Jahren ist mit all unseren Mythen, Legenden, mit unserer Literatur und Kunst die archetypische Figur der Frau als schützende Lebenskraft, aber auch als rächende Furie verwoben, die denjenigen vernichtet, der sie missachtet. Im Prinzip trägt jeder Mann diese mächtigen Bilder in sich, meist außerhalb seiner bewussten Wahrnehmungen. Wenn jedoch Ereignisse in seinem Leben diese Urbilder lebendig werden lassen, dann reagiert er plötzlich nicht mehr auf die Frau, die vor ihm steht, sondern auf die überlebensgroße Furie, deren Macht über Vulkanausbrüche und Blitzschläge er auf keinen Fall provozieren möchte.

Phil und David sind in dieser Hinsicht keineswegs einzigartig. Viele Männer haben mir erzählt, dass sie sich gegenüber einer wütenden Frau hilflos fühlen, klein und verängstigt. Doch wir wissen, dass diese Gefühle für die meisten Männer nicht akzeptabel sind, also unterdrücken sie sie und suchen nach Verhaltensmustern, die ihnen dabei helfen, sich selbst zu beweisen, dass sie keine Angst haben. Dann sind sie etwa trotzig oder auch unterwürfig, doch das Erstaunlichste ist, wie viele Männer glauben, der beste Weg, dem Zorn einer Frau zu entgehen, bestehe darin, jene Wahrheit zu verbergen, von der sie wissen, dass sie sie ärgern wird oder bereits verärgert hat, und sich in das sichere Land der Lüge zu flüchten.

Der offensichtliche Widerspruch hierbei besteht darin, dass sie sich bei dem Versuch, Ihrem Ärger durch Lügen zu entgehen, dem doppelten Ärger aussetzen, sobald die Lüge als solche erkannt wird. Seine Taten waren wahrscheinlich schon schlimm genug, doch es ist die Tatsache, dass er auch noch lügt, die letztendlich die Wut erzeugt, die er am meisten fürchtet.

Das Bedürfnis, alles unter seiner Kontrolle zu haben

Manchmal scheint es, als sei die Politik des Erstschlags seine einzige Möglichkeit, sowohl mit seiner Furcht vor Ihrer Wut als auch mit dem schwierigen Verhältnis zwischen seinem Bedürfnis nach Ihnen und seiner Ablehnung dieses Bedürfnisses umzugehen. Manche Männer wehren sich gegen die Wut ihrer Partnerin, indem sie dieser mit höchst einschüchternder eigener Wut begegnen und viele Aspekte des Lebens ihrer Partnerin in ihren Kontrollbereich ziehen. Ihrer Meinung nach liegt der einzig mögliche Weg, über Macht *und* Unabhängigkeit zu verfügen, darin, sie Ihnen zu nehmen. Lügen sind für diese Männer einfach nur ein weiteres Mittel, um sich zu beweisen, dass sie der Alpha-Hund sind, dass sie bestimmen, wer bestimmt, und die Entscheidungen darüber treffen, was Sie wissen dürfen oder nicht wissen sollen.

Als Bens Welt immer chaotischer wurde, wurde er zu Hause auch immer tyrannischer. Diane erzählte:

Mein Gehalt habe ich immer auf unser gemeinsames Konto überweisen lassen, weil ich sichergehen wollte, dass immer genug Geld für die Hypotheken und andere überlebenswichtige Ausgaben vorhanden war. Ben bestand darauf, dass er die meisten Rechnungen bezahlte, und es schien mir nicht so wichtig, dass ich mich mit ihm darüber gestritten hätte. Neulich jedoch fand ich einen ganzen Stapel unbezahlter Rechnungen in seiner Sockenschublade, als ich die Wäsche wegräumte. Darunter zwei überfällige Raten für das Haus, von denen er geschworen hatte, er hätte sie bezahlt. Als ich ihn danach fragte, ließ er gleich eine Tirade los – dass ich nichts vom Geschäft verstünde, dass ich meine Nase nicht in diese Angelegenheiten stecken solle –, er würde entscheiden, was bezahlt würde und wann, und dass ich mich an die Dinge halten sollte, von denen ich etwas verstünde. Doch es wurde noch schlimmer. Erinnern Sie sich an diese Grundstücksgeschichte, von der ich Ihnen erzählt habe? Nun, ich fand heraus, dass er den Architekten von unseren Ersparnissen bezahlt hatte, das Land selbst aber nicht erwerben konnte. Und nun besitzen wir also wertlose Pläne für die Summe von $ 20 000.

Ben versuchte, seinen aufwendigen Lebensstil zu finanzieren, doch sein Einkommen konnte nicht mit seinen falschen Geschäftsentscheidungen Schritt halten. Er konnte Notsituationen und Schwächen nicht zugeben. Stattdessen ernannte er sich zum Hüter aller finanziellen Angelegenheiten in der Beziehung, obwohl es Diane war, die ihm immer wieder finanziell aus der Patsche half.

Statt Diane die Wahrheit über das zu sagen, was vor sich ging, damit sie die Probleme gemeinsam hätten angehen können, hielt er seine optimistische Fassade aufrecht und wies zugleich seine Frau in ihre Schranken. Indem er sich als Kontrolleur aufspielte und ihr wichtige Informationen vorenthielt, gönnte er sich für kurze Zeit das Gefühl, Herr im Hause zu sein.

Die dunkelste Seite der Sucht, alles unter eigener Kontrolle zu haben

Carol, die Rechtsanwaltsgehilfin, die einen sehr guten Job verlor, weil ihr Mann Ken über seine aktenkundige Vergangenheit log, wurde ein Opfer von Kens geradezu extremen Versuchen, schon früh in der Ehe zu beweisen, wer der Herr im Haus war:

In unserem ersten gemeinsamen Jahr trank er überhaupt nicht. Er schwor, für immer mit dem Trinken aufgehört zu haben. Doch eines Abends kam einer seiner alten Kumpels aus Drogenzeiten vorbei und er feierte das, indem er sich betrank und bis um drei Uhr früh wegblieb. Als ich ihm sagte, ich könne seine Lügen nicht ertragen und sei außer mir vor Sorge gewesen und er hätte mich anrufen sollen, blickte er mir direkt in die Augen und erwiderte: »Ich bin dir keinerlei Rechenschaft über gar nix schuldig.«

Für Ken bedeutete der Anspruch auf Macht und Kontrolle nicht nur, dass er eine Frau belog, sondern auch, dass er sie beleidigte und demütigte. Dann konnte er sich auf die Brust klopfen wie King Kong und war selbst überzeugt, ein echter Mann zu sein.

Doch bald überschritten Kens verbale Attacken alle Grenzen.

Es war wirklich, als hätte er zwei Persönlichkeiten. Er fing an, richtig bedrohlich zu werden, wenn ich ihn mit seinen Lügen konfrontierte – über sein Trinken, über diese Drogengeschichte –, und dann schrie er mich an, nannte mich eine dumme Schlampe, und wenn ich Glück hatte, dann stürmte er aus dem Haus. Wenn ich kein Glück hatte, dann fing er an, Türen zu schlagen und Sachen zu werfen und mich herumzuschubsen. Ich schwor mir, ihn zu verlassen, doch jedes Mal, wenn ich etwas in dieser Richtung unternahm, geriet er in Panik. Dann sagte er mir, wie Leid es ihm tue und wie glücklich er über unser gemeinsames Baby sei. Dann versprach er, mich immer zu respektieren. Manchmal weinte er dabei und erklärte, dass er ohne mich nicht leben könne. Er holte sogar eine Bibel hervor und schwor einen Eid, dass er mit dem Trinken aufhören würde, nie mehr mit seinen Kumpels herumhängen würde, die ihm so viel Ärger eingebracht hatten, und dass er niemals mehr seine Hand gegen mich erheben würde. Und ich glaubte ihm.

Ich hatte gekündigt, als das Baby zur Welt kam, und ich war finanziell vollkommen von ihm abhängig. Er sorgte für uns. Er hatte immer Arbeit und kümmerte sich gut um uns. Deshalb haben wir uns auch immer wieder vertragen und die Welt war eine Weile wieder in Ordnung. Wissen Sie, damals sprach niemand über solche Sachen. Ich dachte, wenn ich nicht geprügelt oder geschlagen würde, würde ich auch gar nicht richtig misshandelt. Ich dachte nur, dass ich eine gute Ehefrau sein müsste und unbedingt wissen müsste, was ihn glücklich macht, damit er netter zu mir wäre.

In Kens Verhaltensmuster, dem Einsatz psychischer und körperlicher Misshandlung, spiegelt sich deutlich sein Bedürfnis, Carol derart unter Kontrolle zu haben, dass sie zu hilflos und resigniert sein würde, um ihn zu verlassen. Er konnte den Gedanken nicht ertragen, Carol zu verlieren. Doch gleichzeitig ertrug er es nicht, sich eingestehen zu müssen, wie abhängig er von ihr war. Als er seine Lügen mit Drohungen unterstrich, gab ihm das die Illusion der Macht, die Illusion, alles unter seiner Kontrolle zu wissen. Sobald er fürchtete, zu weit gegangen zu sein, beruhigte er sie mit Entschuldigungen und Versprechen. Aber wie bei fast allen gewaltbereiten Männern waren seine Entschuldigungen leere Formeln und seine Liebeserklärungen und Versprechungen waren nichts als Lügen.

Das verknäulte Netz

Ich lebe in Los Angeles, wo die Erde recht solide wirkt. Ihre tieferen Schichten sind jedoch von so vielen Gräben durchzogen, dass man es sich vorstellen kann wie die Schale eines hart gekochten Eis, das man zwischen zwei Händen zerdrückt. Wenn der Druck in den Gräben zu groß wird, bebt die Erde. Tief in der Seele des Mannes, der lügt, verbirgt sich eine ähnliche Landschaft. Er mag von außen ganz solide aussehen, doch es gibt ein Geflecht unsichtbarer Schwächen und Ängste. Wenn etwas sie aktiviert, wird er innerlich wie von einem Erdbeben erschüttert. Er lügt dann lieber, als dass er die Explosion riskierte, die mit Sicherheit folgen würde, wenn er die Wahrheit sagte.

Dem Mann, der lügt und keine kurzen Beine bekommt, erlaubt das Lügen, die gegebene Situation zumindest für eine Weile aufrechtzuerhalten. Vor allem, weil er überzeugt ist, dass das Lügen Sie daran hindert, etwas zu entdecken, was Sie veranlassen würde, die Beziehung zu beenden. Egal, was er tut oder wie schrecklich es in Ihr Leben eingreift, vergessen Sie nie: *das Letzte, was er will, ist, dass Sie ihn verlassen.*

Manchmal ist es auch gerade dieser tiefe Wunsch, letztendlich mit Ihnen verbunden zu bleiben, der zum Auslöser für die Fortsetzung einer Beziehung wird, die von Lügen fast zerstört wurde. Und genau dieser Wunsch unterscheidet viele der Männer, die lügen, von den gefährlichen und destruktiven Männern, die Sie in den nächsten Kapiteln kennen lernen werden – Männer, die unfähig sind, eine echte Beziehung einzugehen, und deren einziges Ziel es ist, Sie zu betrügen und auszunutzen.

4 Der Soziopath

Ein Frosch bereitete sich darauf vor, von einem Ufer des Flusses an das andere zu schwimmen. Gerade als er ins Wasser tauchen wollte, kam ein Skorpion des Wegs und bat den Frosch, ihn auf seinem Rücken mitzunehmen, da er selbst natürlich nicht schwimmen konnte.

»O nein!«, sagte der Frosch. »Wenn ich dich auf meinem Rücken mitnehme, weiß ich genau, was geschehen wird. Sobald wir am anderen Ufer angekommen sein werden, wirst du mich nicht mehr brauchen, und dann stichst du mich und ich werde sterben.«

»Ich gebe dir mein feierliches Versprechen, dass ich das nicht tun werde«, versicherte der Skorpion. »Ich muss unbedingt auf die andere Seite des Flusses gelangen, und ich werde dir immer dankbar für deine Hilfe sein.«

Ängstlich nahm der Frosch den Skorpion beim Wort, ließ ihn auf seinen Rücken klettern und schwamm mit ihm über den Fluss. Sobald sie das Ufer erreicht hatten, stieß der Skorpion seinen Stachel in den Frosch und ließ das Gift fließen. Der Frosch, der in den letzten Zügen lag, blickte verloren den Skorpion an und fragte schwach: »Warum hast du das getan?«

»Weil«, erwiderte der Skorpion, »ich das immer tue.«

Das folgende Kapitel handelt von Skorpionen in Menschengestalt und davon, dass ihr stetiges, gnadenloses Lügen einfach das ist, »was sie immer tun«. Sie belügen die Frau, mit der sie leben, und nebenher so ziemlich jeden, der ihnen begegnet. Sie betrügen wieder und wieder die Frau, mit der sie verheiratet sind, sie bestehlen die Frau, der sie ihre Liebe erklärt haben. Ihr größter Kick, ihr höchstes Gefühl besteht darin, die Frauen, die sie lieben und die ihnen vertrauen, nach Strich und Faden hereinzulegen, und sie tun es ohne auch nur eine Sekunde des Bedenkens oder der Anteilnahme für ihre Opfer. Dieses Kapitel handelt von dem einzigartigen Typ des Lügners, den Sie sofort verlassen müssen. Es handelt von Psycho- oder besser gesagt Soziopathen, Menschen, die sich nicht auf die Regeln der Gesellschaft einlassen wollen oder können (griechisch sozio = Gesellschaft; pathein = leiden; er erkennt gesellschaftliche Regeln schlicht nicht an, sein Leiden ist, dass er sich nicht in sie einfügen möchte oder kann).

Ich weiß, dass Sie diesen Begriff bereits gehört haben, und wahrscheinlich assoziieren Sie damit Kriminelle, prügelnde Ehemänner oder gar Mörder. Natürlich gibt es in diesen Einordnungen viele Soziopathen, doch die meisten Soziopathen treten als vollkommen normale Männer auf – Männer, denen wir in unserem bürgerlichen Umfeld begegnen und in die wir uns häufig verlieben. Leider wissen zu wenige Frauen Bescheid, wer der Soziopath ist, was er will und wie er vorgeht, um sein Ziel zu erreichen.

Der Soziopath unterscheidet sich von allen anderen Männern, die Sie belügen würden. Soziopathen lügen chronisch und ausnahmslos über ihre Vergangenheit, die Gegenwart und die Zukunft. Weil Lügen eine Sucht für sie ist, ihr bester Kick, ein echter Adrenalinstoß, lügen sie selbst dann, wenn die Wahrheit eine viel schönere Geschichte ergäbe. Sie lügen weiter, selbst wenn sie dabei erwischt werden. Die einzige Reue, zu der sie fähig sind, empfinden sie darüber, dass man sie erwischt hat. Sie lügen, weil sie Leute gerne hereinlegen, gerne in die Irre führen und um sich immer wieder selbst zu bestätigen, dass sie klüger sind als all diese leichtgläubigen Esel da draußen, die auf ihre Lügen hereinfallen. »Erwisch mich doch, wenn du das kannst«, das scheint das Motto dieser Männer zu sein.

Es kann auch Ihnen passieren

Vielleicht fragen Sie sich, warum ich dieser Art von Lügnern ein eigenes Kapitel widme. Wahrscheinlich glauben Sie, Sie sind viel zu klug, zu gewitzt, um sich von falschen Phrasen oder einer glatten Fassade einnehmen zu lassen. Sie wissen, dass Sie vorsichtig sind und nicht leichtgläubig, warum also sollte solch ein Lügner es auf Sie absehen? Und ganz abgesehen davon: Ist es nicht ziemlich leicht, solche extremen Persönlichkeiten wie Soziopathen zu erkennen und sie definitiv zu meiden? Und überhaupt, sprechen wir denn nicht von einem winzigen Prozentsatz unter den Männern?

Ich wünschte, ich könnte die letzten beiden Fragen mit einem klaren Ja beantworten, doch das kann ich nicht. Es wäre schön, wenn gemeingefährliche Menschen wie die Männer in diesem Kapitel immer aus klar erkennbaren Gruppen oder Orten stammten und ich Sie vor ihnen schützen könnte, indem ich Ihnen erkläre, was genau Sie meiden müssen. Doch entgegen Ihren Erwartungen entstammen diese Täter nicht immer dem Bodensatz der Gesellschaft. In der Tat handelt es sich bei ihnen ebenso häufig um Ärzte, Anwälte, Lehrer, Männer der Kirche oder Industriemanager wie auch um Klempner, Verkäufer und Busfahrer.

Und ich wünschte mir auch sehr, sie würden nur äußerst selten auftreten. Doch ich kann Ihnen als jemand, der seit über 20 Jahren als Vertrauensperson von Frauen deren Partei ergreift, versichern, dass Millionen von Frauen irgendwann einmal in ihrem Leben eine Beziehung mit einem Soziopathen eingehen. Diese Beziehung mag sehr kurz oder auch länger währen, doch eine erschreckend große Anzahl von Frauen – selbst intelligente, coole, erfolgreiche und psychologisch durchaus geschulte Frauen – verfängt sich in dem unsichtbaren Netz von Betrug und Verrat, das diese Männer spinnen. Sie dürfen keinen Augenblick lang vergessen, dass alle Soziopathen einen Wesenszug gemeinsam haben: die außerordentliche Fähigkeit, die Loyalität und die Hingabe der Frauen zu gewinnen, die sie ausbeuten.

Eine Checkliste für Soziopathen

Ich würde Ihnen gerne hier die charakteristischen Verhaltensmuster von Soziopathen auflisten, sodass wir uns im Klaren darüber sind, worüber wir sprechen. Erstaunlicherweise wird so ziemlich jeder Soziopath die meisten, wenn auch nicht immer alle, der folgenden Verhaltensmuster an den Tag legen. Er ist

- gewandt und überzeugend
- höchst impulsiv, unruhig und schnell gelangweilt, braucht ständig neue Stimulationen und Anregungen
- darin geübt, durch Erklärung seiner Liebe und Zuneigung das zu erreichen, was er will
- ohne jegliches Gefühl der Schuld oder Sorge
- voller geheuchelter Reue und Versprechungen, wenn er beim Lügen erwischt wird
- legt oft glaubhafte Geschäftsideen vor, die großen Gewinn versprechen; er braucht von Ihnen nur soundso viel Geld, um sie umzusetzen
- vollkommen gewissenlos
- gibt vage und widersprüchliche Auskünfte über seine Vergangenheit
- unfähig, aus Erfahrung zu lernen
- gibt immer anderen die Schuld
- unfähig zu einer engen Beziehung, betrügt seine Partnerin häufig
- besteht auf bedingungsloser Unterstützung und bedingungslosem Verständnis. Er begegnet jeglichen Fragen mit dem Vorwurf, dass sie ihm nicht vertrauen und ihn nicht lieben.

Wenn Sie sich die ersten sechs Punkte auf der Liste ansehen, erkennen Sie, dass ein solcher Mann durchaus attraktiv – sogar sehr attraktiv – wirken kann, bis die Schattenseiten seines Wesens sich allmählich auf der Oberfläche abzeichnen. Es ist ihm ein Leichtes, als attraktiver Kerl aufzutreten, der nie um Worte verlegen ist, als ein Mann, der Extremsituationen genießt – vielleicht ist er ein Felsenkletterer, ein Hochalpin-Skiläufer, ein Rennfahrer oder ein Geschäftsmann im Hochrisikobereich. Er formuliert seine Liebe in Worten, die wunderbar klingen, und er scheint sich vollkommen der Aufgabe verschrieben zu haben, Sie glücklich zu machen. Er ist ruhig – keineswegs verschlagen oder raffiniert – und selbstsicher, niemals sorgenvoll oder voller Schuldgefühle. Und wenn sein Verhalten einmal nicht ganz korrekt ist, dann klingt er ehrlich reumütig und verspricht Ihnen genau das, was Sie hören wollen.

Es sind die Risse in der Fassade, die dann ganz allmählich wirklich erschreckend werden. Seine Liebe für Extremsituationen, die das Zusammensein mit ihm so spannend machte, so viel vergnüglicher als mit all den drögen, normalen Männern, die Sie kennen, entpuppt sich als eine impulsive Veranlagung, die ihn völlig gedankenlos agieren lässt. Aus seinen Geschäftsideen wird irgendwie nichts. Er gibt allen anderen die Schuld – und dann macht er genau denselben Fehler wieder. Er ist grausam ohne jegliches Gefühl der Reue. Urplötzlich ist er kalt wie Eis. Sie entdecken seine Affären und die Bedeutung der Löcher in seiner Vorgeschichte, die er Ihnen nie erklärt hat. Sie entdecken seine Betrügereien. Und wenn Sie sich beschweren, dann wirft er Ihnen vor, dass Sie nicht loyal zu ihm stehen.

Wenn Sie auch nur den Funken eines Verdachts haben, Sie könnten gegenwärtig mit solch einem Mann leben, oder wenn Sie noch ganz betäubt sind von einer inzwischen beendeten Beziehung zu so jemandem, dann wird Ihnen die Lektüre dieses Kapitels wahrscheinlich schwer fallen. Es wird womöglich starke Gefühle des Verletztseins, der Wut und der Selbstbezichtigung in Ihnen aufwühlen. Ich möchte Ihnen jedoch dringend raten, tief in Ihrem Inneren den Mut aufzubringen, sich der Wahrheit über das zu stellen, was mit Ihnen geschieht oder was mit Ihnen in einer früheren Beziehung geschehen ist. Die Verhaltensweisen von Soziopathen verstehen zu lernen ist auch eine Art Versicherung dagegen, irgendwann einmal genau auf diesen Typ Mann hereinzufallen. Die Wahrheit steht immer auf Ihrer

Seite, selbst wenn es manchmal schrecklich schwer ist, ihr ins Gesicht zu sehen. Dieses Kapitel ist eine Art Weckruf, der Ihnen gilt.

Der Mann ohne Herz

Es gibt Krankheiten, die den Körper befallen. Und es gibt Krankheiten, die den Geist, die Seele befallen. Der Soziopath leidet unter einer Krankheit, die sein Gewissen angreift und ausschaltet. Der Soziopath hat große Lücken in seiner Konstruktion als zivilisierter Mensch, und doch kann er, wie wir gesehen haben, der beste und romantischste Liebhaber sein, dem Sie je begegnet sind. Allerdings ist er trotz seines Charmes und der Aura von Wagemut und dramatischer Spannung, die ihn oft umgibt, unfähig zu lieben. Er handelt ausschließlich, um sein eigenes Ziel zu erreichen, seine Lüste zu befriedigen ohne Rücksicht auf andere Menschen oder jedwede Umstände. Er lügt, weil es Spaß macht. Sie sind für ihn keine Person, sondern ein Objekt. Ein Mittel zum Zweck.

Erschreckt Sie das? Das will ich hoffen. Denn wenn Sie eine Beziehung zu einem Soziopathen haben, dann mag er mit Ihnen flirten, doch Sie selbst flirten mit der Katastrophe. Meine Freundin Diana, eine kluge, hübsche und gutmütige Frau, verliebte sich in solch einen Mann. Es gelang ihm fast, ihr komfortables und sicheres Leben völlig zu zerstören.

Der Zauberer aus dem Märchen

Diana ist Pressesprecherin einer großen kalifornischen Werbeagentur. Sie hatte, geschieden und mit vier Kindern im Teenageralter, gerade die 50 überschritten, als gemeinsame Freunde sie Hank vorstellten:

Wir waren ein paar Mal miteinander ausgegangen und hatten uns wirklich gut verstanden. Es war so schön, sich wieder richtig zu amüsieren, und deshalb stellte ich ihm auch nicht viele Fragen. Ich wusste nicht genau, was er beruflich machte, doch ich wusste, dass es etwas mit Investments zu tun hatte. Er fuhr einen neuen Wagen und schien sehr großzügig mit seinem Geld umgehen zu können.

Wir kannten uns ungefähr einen Monat, als ich mich am Fuß operieren lassen musste. An dem Tag, an dem ich wieder nach Hause kam, rief er an, um sich nach meinem Wohlbefinden zu erkundigen. Ich erklärte ihm, ich sei sehr müde und ein wenig depressiv. Er fragte, ob er vorbeikommen und mich aufmuntern könne. Ich war entzückt. Endlich jemand, der sich wirklich um mich kümmerte. Mein Herz klopfte, als er mein Schlafzimmer betrat. Und kaum hatte ich mich versehen, saß er auf meiner Bettkante, hielt meine Hand und erklärte mir, dass er sich immer und ewig um mich kümmern wolle – dass ich nicht länger in diesem großen Haus nur mit meinen Kindern leben sollte. Eine innere Stimme warnte mich, alles ginge viel zu schnell, doch in diesem Moment wollte ich nicht auf die Stimme hören. Ich fühlte mich von ihm ungeheuer angezogen, und ich wollte nicht, dass irgendetwas dieses Gefühl störte.

Verführung und Betrug sind die Zwillingseigenschaften des Soziopathen. Sobald er seine Verführungskünste einsetzt, beginnt für die Frau eine Zeit der überwältigenden sexuellen und seelischen Erfüllung – in genau derselben Intensität, wie sie meist den Anfang einer wirklich guten und soliden Beziehung auszeichnet. Wir alle reagieren eher verhalten, wenn wir spüren, dass etwas zu schnell und zu früh daherkommt, denn es kann ein Zeichen dafür sein, dass nicht alles so ist, wie es scheint. Abgesehen von ihrem leichten Unbehagen über die Schnelligkeit der Entwicklung ihrer Beziehung gab es für Diana jedoch keinerlei Anzeichen dafür, dass Hank sehr viel Schlimmeres plante als eine Liebesbeziehung.

Männer wie Hank sind Meister darin, die Frau zu umwerben, die sie sich als Zielobjekt ausgesucht haben. Und sie sind so intensiv bei der Sache, dass die Opfer nur zu gerne ihre Einwände und ihr Unbehagen verdrängen.

In vielen Fällen findet der Soziopath die verwundbare Stelle in der Persönlichkeit der Frau, er entdeckt den kleinen Riss in ihrem emotionalen Gewebe. Diana beispielsweise hatte erst kürzlich eine unangenehme Scheidung durchgestanden und blieb mit vier Kindern allein zurück. Natürlich sehnte sie sich danach, wieder jemanden zu lieben und geliebt zu werden. Und die Operation zog ihr, buchstäblich und im übertragenen Sinn, den Boden unter den Füßen weg. Hank registrierte all das, und es dauerte dann auch nicht lange, bis er handelte.

Er übernachtete immer häufiger bei mir und erklärte, es sei eigentlich albern, zwei Haushalte zu unterhalten, und so bat ich ihn, bei uns einzuziehen. Dann begann er mich über meine Wertpapiere auszufragen und wie viel sie einbrächten. Sie wurden von einer recht konservativen Investmentfirma verwaltet, doch mir war diese Sicherheit sehr lieb. Hank erzählte mir, er hätte vielen Klienten dazu verholfen, ihr Geld in weniger als einem Jahr zu verdoppeln. Das könne er selbstverständlich auch für die Frau, die er liebe, erreichen. Ich sah ihn immer sehr früh aufstehen, um die Börsenkurse zu beobachten, und manchmal saß er stundenlang an seinem Computer. Ständig erzählte er mir, wie viel Geld er gerade für seine Kunden verdient hätte, und deshalb hatte ich keine Bedenken, ihn mein Depot verwalten zu lassen. Ich war verliebt, und nun würde ich obendrein noch reich sein.

Doch nach sechs Monaten, in denen Hank ihr auf ihre Fragen nach ihren Wertpapieren nur vage und ausweichend versichert hatte, dass »alles sehr gut aussah«, wachte Diana eines Morgens auf und sein Schrank war leer und von ihm keine Spur mehr. Voller Panik rief sie das Maklerbüro an, bei dem ihr Depot sich hätte befinden sollen, doch dort informierte man sie, dass es niemals ein Konto unter ihrem Namen gegeben hätte. Hank war weg und mit ihm ihre gesamten Ersparnisse in Höhe von 175 000 Dollar.

Klassische Soziopathen wie Hank hinterlassen immer einen Schweif von gebrochenen Herzen, Betrug und Schulden. Sie nehmen sich, was sie wollen, wann sie es wollen, und sehr oft ziehen sie ohne Vorwarnung weiter, wenn die Frau, mit der sie gelebt haben, Verdacht schöpft oder wenn sie ihr bereits alles abgenommen haben, was sie hatte.

Der Polizei gelang es, Hank ausfindig zu machen, der bereits mit einer anderen Frau lebte, und nach einiger Zeit konnte Diana einen Teil ihres Geldes zurückerhalten. Es wurde ihr von einem neuen Opfer Hanks erstattet, einer reichen Witwe. Sehr viel länger jedoch dauerte es, bis sie ihr Vertrauen und ihr Selbstbewusstsein wiedergefunden hatte. Und immer noch leidet sie unter gebrochenem Herzen, Selbstzweifel und Misstrauen gegen alle und jeden – der Heilungsprozess braucht seine Zeit.

Die besten Schauspieler der Welt

Oberflächlich gesehen war Hank der ideale Mann, weil er, wie alle Soziopathen, genau das verkörperte, was seine Opfer sich ersehnten. Soziopathen wirken so überaus überzeugend, weil sie all ihre Energie darauf verwenden, eine Aura der Intimität herzustellen, eine direkte, ausschließliche Beziehung vorzuspiegeln. Wir beschäftigen uns immer, wenn wir eine Beziehung beginnen, mit einer ganzen Reihe von Fragen und Überlegungen, sie reichen von »Passen wir zusammen?« bis zu »Magst du meine Frisur?«. Doch den Soziopathen interessiert nur die eine Frage: Wie wirke ich? Da er sich keine Gedanken über eine wirkliche, eine tiefe Beziehung machen muss, kann er an seiner Selbstdarstellung feilen, sie vollkommen auf Ihre Wünsche einstellen. Und wenn die Lage es erfordert, dann spielt er eine ganz andere Rolle für sein nächstes Opfer.

Meine Klientin Laurie berichtete mir von einem klassischen Beispiel, wie mühelos ein solcher Mann in seine Rollen und Kostüme schlüpfen kann. Laurie (38) ist Bildhauerin und Dozentin und suchte mich auf, nachdem ihre anderthalbjährige Beziehung zu Michael (39), einem Ehe- und Familienberater, zu Ende gegangen war.

Als wir unsere Beziehung begannen, war er noch verheiratet, doch er versicherte mir, dass er dabei sei, die Scheidung einzureichen. Er erklärte mir, dass nur sein siebenjähriger Sohn ihn noch zögern ließ. Ich dachte, er sei ein wunderbarer Mann, der nur ein paar Probleme hatte, die er lösen müsste, und dann könnten wir miteinander leben. Er hat mir so viel gegeben. Alles, was ich wollte, war jemand, der liebevoll mit mir umging, und Michael stürzte sich geradezu in diese Aufgabe. Er setzte dann diese verständnisvolle Miene auf. Immer wieder verfiel er mir gegenüber in dies Therapeutengehabe. Er zog sich einen dicken Pullover über und ausgebeulte Cordhosen und forderte mich auf, mit ihm über meine Gefühle und Probleme zu sprechen. Wenn ich ihm von den wirklich schmerzhaften Dingen berichtete, die sich in meiner Kindheit zugetragen hatten, dann sagte er Sätze wie: »Das muss ja schrecklich für dich gewesen sein« oder »Du musst ja wirklich zutiefst verletzt worden sein«. Ich fühlte mich ihm so nahe, fühlte mich so bestätigt.

Klingt das nicht herrlich? Ein sensibler, verständnisvoller Mann, der Ihnen wirklich zuhört und Ihren Schmerz versteht. Michael kleidete sich sogar passend zu dieser Rolle. Was also stimmt nicht an diesem Bild? Was nicht stimmt, ist, dass Michael nur diese Rolle gespielt hat, um Laurie in einer chaotischen und zerstörerischen Beziehung festzuhalten. Seine Rolle hatte nichts mit dem zu tun, wer Michael wirklich war. Bei Soziopathen hat das, was man sieht, definitiv *nichts* mit dem zu tun, was man bekommt.

Chaos als Lebenselixier

Was Laurie bekam, waren 18 Monate des Wahnsinns, während derer sie Dinge über Michael herausfand, die sie sich manchmal fragen ließen, ob sie nicht allmählich verrückt wurde.

Weil ich die positiven Seiten unserer Beziehung sehr schätzte, entwickelte ich eine hohe Toleranzschwelle gegenüber seinen Lügen. So erklärte er mir immer wieder, wie sehr er mich liebte und was für ein wunderbares Leben wir zusammen haben würden und was für eine Hexe seine Frau sei, doch dann behauptete er aus heiterem Himmel: »Ich sehe keine Zukunft für uns – du bist nicht jemand, den man heiratet.« Und er zog aus und ging zu seiner Frau zurück! Zwei Monate später rief er an und erklärte, dass er ohne mich nicht leben könne und einen Fehler gemacht habe und mit Karen alles vorbei sei und ob er zu mir zurückkommen dürfe. Natürlich sagte ich ja. So ging es die ganze Zeit, die wir zusammen waren, hin und her. Jedes Mal, wenn ich dachte, wir hätten nun wirklich zueinander gefunden, fand er irgendeinen Grund, warum es zwischen uns nicht funktionierte und kehrte zu Karen zurück. Sein Rhythmus schien bei zwei Monaten zu liegen. Ich fühle mich wie ein Jo-Jo – komm her, geh weg. Ich will dich, ich will dich nicht. Doch das »Ich will dich« habe ich geliebt.

Immer, wenn die Situation zu ruhig wurde für Michael, schaffte er Unruhe. Er sprang zwischen seiner Frau und seiner Geliebten hin und her, log beide an und richtete in beider Leben Verheerungen an, ohne sich je einen Gedanken darüber zu machen, welche Wirkungen sein Verhalten hatte.

Soziopathen ertragen keine stabilen Verhältnisse. Sie sabotieren sie, wann immer sie können. Chaos und Gefahr ist ihr Lebenselixier – ihr Leben muss sich ewig nur einen Schritt vom Abgrund entfernt abspielen. Selten nur kommen sie zur Ruhe und die Täuschung und das Lügen befriedigen ihr schier unstillbares Verlangen nach Erregung, Stimulation.

Nie wusste ich genau, wo und mit wem er sich aufhielt. Eines Abends sagte er, dass er kurz weggehen würde, um »einen Kaffee zu trinken«. Als ich ihm anbot, einen zu machen, sagte er, dass er frische Luft brauche. Er blieb etwa zwei Stunden weg, und als ich ihn später fragte, antwortete er, er sei spazieren gegangen. Und dann sagte er: »Wenn du es genau wissen willst, ich habe eine meiner Patientinnen getroffen. Es ging ihr sehr schlecht, und ich musste mich um sie kümmern.«

Ein paar Wochen später beschwerte sich diese Patientin, nachdem sie sich ihrem Mann anvertraut hatte, bei der Aufsichtsbehörde über Michaels Form des »Sichkümmerns«. Sie hatte vor allem in seinem Versuch bestanden, sie zu überzeugen, Sex mit ihm sei gut gegen ihre Depressionen. Und als die Behörde ihre Untersuchung in die Wege geleitet hatte, meldeten sich mehrere andere Frauen. Wie sich herausstellte, hatte er mit mehreren seiner Patientinnen geschlafen. Als ich ihn fragte, ob das wahr sei, erwiderte er: »Na, klar doch, es hilft ihnen. Ich verstehe gar nicht, wieso sie plötzlich gegen mich sind.« Er erklärte mir, er sei sich ziemlich sicher, dass man ihm nichts anhaben könne, doch selbst wenn man ihm die Lizenz als Therapeut entzöge, habe Karen genügend Geld, um eine Praxis für »alternative« Psychotherapie einzurichten. Als ich es wagte anzudeuten, dass er diesmal vielleicht wirklich zu weit gegangen sei, wurde er wütend und stürmte aus dem Haus.

Das Chaos, das er damit anrichtete, mit zwei Frauen gleichzeitig zu jonglieren, reichte Michael nicht, er brachte noch weitere sexuelle Beziehungen mit Frauen ins Spiel, denen er eigentlich hätte helfen sollen. Er sabotierte sein Berufsleben, doch das kümmerte ihn keinen Deut. Schließlich gab es immer wieder neue Phantasien und immer wieder neue Frauen, die ihn retten oder aufnehmen würden. Michael ging mit jedem, der das Pech hatte, in seinen Lebenskreis zu geraten, vollkommen gnadenlos und ausbeuterisch um. Er erschuf sich und anderen eine Welt, in der nur noch das Chaos regierte. Und als Laurie es wagte zu hinterfragen, was er wirklich tat, verwandelte sich sein Charme in das einzige Gefühl, zu dem Soziopathen fähig sind: blinde Wut. Wie konnte sie es nur wagen, ihn nicht bedingungslos anzuhimmeln und sogar anzudeuten, dass er für sehr vieles verantwortlich sei?

Sexual-Soziopathen

Hank war ein klassischer Schwindler, der Frauen erst betörte und dann finanziell ausnahm. Michael verhielt sich sowohl in seinem Beruf wie in seinem Privatleben zerstörerisch und bewusst irreführend. Doch manche soziopathische Persönlichkeiten sind fähig, ein verantwortungsvolles Berufsleben, manchmal sogar mit exzellenten Fähigkeiten, aufrechtzuerhalten, während sie im Privatleben vollkommen skrupellos sind. Es ist fast, als zögen sie eine vertikale Linie durch ihr Leben, der intellektuelle, verstandesmäßige Teil bleibt stabil, doch der gefühlsmäßige Teil ist geradezu chaotisch.

Wenn der Mann, den Sie lieben, ständig in Konflikt mit dem Gesetz gerät, wenn er mit Drogen handelt, wenn er es sein Leben lang auf keiner Arbeitsstelle länger aushielt und ständig Schulden hat, dann läßt sich relativ einfach feststellen, dass etwas nicht stimmt. Doch wie ist das bei einem Mann, der beruflich erfolgreich ist, der hervorragend für seine Familie sorgt, einem Mann, der allem Augenschein nach seine Familie liebt, dessen schlimmstes Vergehen ein Bußbescheid für zu schnelles

Fahren ist – und der doch kontinuierlich seine Frau mit sehr vielen Geliebten betrügt?

»Für Ihr neues Buch brauchen Sie eigentlich nur mich zu befragen«, erklärte mir die gut aussehende, blonde Frau, als ich sie bei ihrem ersten Termin begrüßte. Sie hieß Ruth und war über eine gemeinsame Freundin zu mir gekommen. Ruth (47) ist eine außerordentlich erfolgreiche Anwältin in der Unterhaltungsbranche, verheiratet mit einem Mann, der ein Partner in derselben Firma und ebenfalls ein angesehener Anwalt ist. Craig war bereits zweimal verheiratet, doch Ruth glaubte, dass sie die Frau sei, die ihn wirklich glücklich machen könnte. Sie unternahmen häufig gemeinsam Vortragsreisen und hielten Seminare ab, und mit ihren zwei wunderbaren Kindern, ihrem großen Haus und aktiven Gesellschaftsleben wirkten sie für Außenstehende wie das Traumpaar schlechthin. Und das hätten sie wohl auch sein können, bis Ruth vor kurzem Craigs Doppelleben entdeckte – und das war eines, das wohl sogar Casanova in den Schatten gestellt hätte.

Ich möchte meiner Ehe noch eine letzte Chance geben. Ich will mir sagen können, dass ich alles getan habe, was man tun konnte, so begann Ruth unter Tränen unser Gespräch. *Alles um mich brach zusammen, als ich einen Kurzbrief vom Juwelier Tiffany in der Post fand, in dem man Craig für den Kauf einer Halskette im Wert von $ 2000 für »seine Frau« dankte. Zuerst leugnete er, überhaupt etwas davon zu wissen und behauptete, sie hätten Rechnungen vertauscht. Als ich ihm anbot, im Geschäft anzurufen und die Sache zu klären, wurde er plötzlich sehr blass und sagte: »Wir müssen miteinander reden.« Schon der Ton seiner Stimme signalisierte mir, dass etwas Schreckliches auf mich zukam. Er beichtete, dass er in den letzten zwei Jahren eine Affäre mit der Frau eines anderen Anwalts der Kanzlei gehabt habe – sie heißt Sandy –, doch nun sei alles absolut vorbei und die Halskette eine Art Friedensangebot gewesen, denn sie sei regelrecht durchgedreht, als er ihr mitteilte, dass er die Affäre beenden wolle.*

Zuerst dachte ich, dass ich auf der Stelle einen Herzanfall haben würde. Mein erster Impuls war, ihm zu sagen, er solle ausziehen, doch dann sagte ich mir, nur mit der Ruhe, Ruth, schütte das Kind nicht mit dem Bade aus, du bist nicht die erste betrogene Ehefrau. Wir kriegen das schon hin. Außerdem war er einverstanden, gemeinsam mit mir eine Therapie zu machen, und schwor, dass er nur mich liebte, und flehte mich an, ihn nicht zu verlassen.

Wenn das die ganze Geschichte gewesen wäre, wäre es schon schlimm genug. Doch am Ende der Sitzung hatte ich erfahren, dass Craig sich gegenüber seiner Sekretärin gebrüstet hatte, er hätte seine früheren Ehefrauen mit »mindestens 25 anderen« betrogen. Und neben seiner hitzigen Affäre mit Sandy hatte er noch eine Affäre mit seiner Sekretärin, einer der Rechtsanwaltsgehilfinnen der Kanzlei, und ließ genau diese Sekretärin, die in ihn verliebt war, die Termine für seine verschiedenen Affären ausmachen. Jeder der Frauen erzählte er, dass er sie heiraten würde. Letztlich war es diese Sekretärin, die Ruth schließlich vom Ausmaß der sexuellen Eskapaden Craigs erzählte. Er gab zu, dass ihr Bericht wahr war und er überdies die Affäre mit Sandy nicht beendet hatte, sondern sie immer noch regelmäßig traf. Ich konnte mich nur noch fragen, welche Art von Vitaminen er wohl einnahm.

In gewisser Weise ist der sexuelle Soziopath der rätselhafteste von allen. Er ist nicht ein Mann, der am Rande der Gesellschaft lebt, sondern er steht gern im Mittelpunkt. Er ist höchst kompetent in einigen Bereichen seines Lebens und doch zutiefst rücksichtslos in intimen Beziehungen. Zwanghafter Betrug ist ein zentraler Bestandteil des Verhaltens sexueller Soziopathen, und doch kann es sein, das dies der *einzige* Teil seiner Welt ist, der aus dem Rahmen fällt. In gewisser Hinsicht könnte man ihn einen partiellen Soziopathen nennen, denn die anderen Teile seines Lebens sind durchaus stabil. Seine Affären sind die Erfüllung seiner Lust am verbotenen Tun. Ständig riskiert er, dass sein

Netz von Lügen entdeckt wird, aber genau die Gefahr und das darauf folgende Chaos sind es, denen er verfallen ist – und er weiß, er macht sich nicht strafbar. Es ist leicht einzusehen, dass er keine enge, liebevolle Beziehung sucht, sondern Menschen, die er manipulieren und täuschen kann.

Nora, die Lehrerin, die ich Ihnen in Kapitel 2 vorstellte, ertrug die Demütigung von Allens offener Affäre mit »CG« – bis sie entdeckte, dass er gleichzeitig ein Verhältnis zu einer weiteren Frau hatte. Dieser Schock schreckte sie auf und sie erkannte deutlich, dass Allen die Frauen in seinem Leben nicht wie Menschen, sondern wie Objekte behandelte, die ihm dazu dienten, seine zwanghafte Sexualität auszuleben:

Ich bin überzeugt, dass es für ihn dasselbe ist, eine attraktive Frau zu sehen und nicht mit ihr zu schlafen, wie für jemand anderen, einen Geldschein auf dem Bürgersteig zu finden und nicht aufzuheben. So mechanisch war es. Und doch musste er es tun.

Nora kam zu ein paar recht interessanten Schlussfolgerungen bezüglich mancher Motive für das zwanghafte Fremdgehen ihres Mannes.

Es war fast, als wolle er unbedingt dabei erwischt werden. Wenn er nicht gewollt hätte, dass ich es herausfinde, hätte er sehr viel vorsichtiger sein müssen. Er hinterließ jede Menge Spuren. Er ist mir psychologisch ein Rätsel. Vielleicht wollte er, dass ich alles herausfinde, um mich dafür zu bestrafen, dass ich nicht so sexy und aufregend bin wie die Frauen, mit denen er seine Affären hatte. Das war eine sehr effektive Art, mir wirklich wehzutun.

Sie könnte Recht haben. Wir können niemals alle Gründe kennen, die jemanden dazu bringen, sich sexuell mit vielen Partnern einzulassen, doch sehr oft scheint dies oberflächliche Verhalten von Wut und Straflust getragen zu werden. Für alle beteiligten

Frauen jedoch ist es demütigend, denn sie werden stets erst zu Objekten gemacht und dann quasi weggeworfen. Und der Partnerin gegenüber ist dies Verhalten geradezu grausam, wenn sie es entdeckt, was sie meist tut.

Wie wurde er, was er ist?

Wir alle haben das große Bedürfnis, die Welt um uns zu verstehen. Dieses Bedürfnis ist besonders ausgeprägt bei den Frauen, die sozusagen am Abgrund stehen, weil sie erkennen müssen, dass sie mit einem Mann leben, der unfähig zu den meisten normalen menschlichen Regungen ist. Das Bedürfnis, die Welt wieder verstehen zu können, ist gerade bei Frauen wie Diana und Laurie, die eine solche Beziehung hinter sich haben, besonders stark.

Man möchte so gerne klare, logische Antworten auf die Frage haben, was einen Menschen zu seinem Verhalten treibt. In Wahrheit jedoch lässt sich menschliches Verhalten in vielen Fällen gar nicht so einfach erklären. Wie ich bereits erwähnte, ist es wichtig, daran zu denken, dass die menschliche Persönlichkeit von vielen verschiedenen Kräften geformt wird. Die alten freudianischen Theorien versuchten, alles menschliche Verhalten, gleichgültig wie bizarr es war, als Ergebnis von Erziehung und Umwelt zu erklären. Dieses Konzept wurde inzwischen durch eine sehr viel umfassendere und wirklichkeitsnähere Sicht ersetzt, wie der Mensch zu dem wird, was er ist, indem man neben der Tatsache, dass jedes Individuum in einem spezifischen Umfeld sozialer Gegebenheiten aufwächst, auch erkennt, dass er einem spezifischen genetischen Programm und Nervensystem unterworfen ist.

Beide Elemente spielen eine Rolle in den Theorien über die Entstehung eines Soziopathen.

Der Soziopath scheint innerlich anders zusammengesetzt zu

sein als wir. Seine innere Welt kommt einem wie ein Schweizer Käse voller Löcher vor. Irgendwie hat sie nie ein Ganzes bilden können, um ein Gewissen entstehen zu lassen. Vielleicht hat er nie eine innige Beziehung zu seinen Eltern aufbauen können, weil sie abwesend waren oder ihn misshandelten. Vielleicht hat man ihn auch zu sehr verwöhnt, ihn jeden Impuls ausagieren lassen, ohne ihn je mit den Konsequenzen zu konfrontieren. Vielleicht kam er auch schon mit einer niedrigen Toleranzschwelle gegenüber Frustrationen zur Welt. Jeder dieser Faktoren kann bei der Entwicklung eines Menschen eine Rolle spielen, der zum Soziopathen wird. Doch wir dürfen dabei nicht vergessen, dass die Forschungen im Bereich des chemischen Aufbaus des Gehirns, der Genetik und der erblichen Charakterveranlagungen uns wahrscheinlich letztendlich die wertvollsten Hinweise zur Erklärung dieses Verhaltens liefern werden, das sich bisher jeglicher Erklärung, jeglicher Logik und Vernunft entzieht. Mit anderen Worten: Es kann sein, dass er einfach so geboren wurde. Hat seine Umgebung eine bestimmte genetische Veranlagung verstärkt oder haben Gene eine Persönlichkeitsentwicklung ausgelöst, die die Eltern sich von dem Kind abwenden ließen? Wahrscheinlich ist es eine unglückselige Kombination von Genen und Umwelt, die den Soziopathen ausmacht.

Das romantische Bild des Mannes, der vom rechten Weg abgekommen ist

Es ist teilweise so schwer, die Fassade von Charme und Überzeugungskraft des Soziopathen zu durchschauen, weil unsere westliche Kultur seit langem vielen soziopathischen Verhaltensweisen ein romantisches Flair verliehen hat. Filme und Bücher sind voller Geschichten über charmante Betrüger, seien es historische oder erfundene Gestalten. Diese Personen werden gewöhnlich dargestellt als im Grunde liebenswerte und anständige Männer, die vom rechten Weg abgekommen sind, weil das Leben ihnen übel mitgespielt hat, weil sie aus einer lieblosen Familie stammen oder gegen eine gleichgültige Gesellschaft rebellierten. Die konkreten Folgen ihrer Handlungen sind immer von ihrer romantischen Aura überdeckt worden.

Laurie sah in ihrem soziopathischen Freund Michael zuerst nur den wunderbaren Kerl, der Opfer einer verrückten Familie war, die nur so strotzte von dunklen Geheimnissen und Lügen.

Eine seiner Schwestern erzählte mir, dass sie und eine andere Schwester von ihrem Großvater sexuell missbraucht worden waren und sie den Verdacht hegte, dass auch Michael missbraucht worden ist. Darüber hinaus gibt es noch einen Onkel, der eine völlig unangebrachte körperliche Beziehung zu seiner Tochter hat. Jeder in der Familie weiß von dem Inzest, doch niemand tut etwas dagegen. Obendrein sind die anderen Familienangehörigen entweder Alkoholiker, drogenabhängig oder gewalttätig. Wie kann jemand aus solch einer Familie ganz normal sein? Doch ich war überzeugt, dass er ein gutes Herz hatte – er war schließlich Therapeut – und das einzig gesunde Familienmitglied war. Wer wollte ihm da schon vorwerfen, dass er manchmal etwas schwierig war?

Michaels Familie hat dem häufig zu oft gebrauchten Begriff der dysfunktionalen oder zerrütteten Familie eine neue Dimension hinzugefügt. Jeder, der in einer Familie mit so vielen schwer gestörten Menschen aufwächst, wird immer große Probleme haben. Doch niemand weiß, warum ein anderes Mitglied dieser Familie zu einem vielleicht verunsicherten, aber verantwortungsbewussten Erwachsenen heranwächst und warum Michael zu einem chronischen Lügner und Sexsüchtigen ohne jedes Gewissen wurde. Natürlich stimmt es, dass Michael viele Hindernisse in den Weg gelegt wurden, aber das rechtfertigt in keiner Weise die Art, wie er bewusst sein Leben gestaltet, auch wenn Laurie fest an die romantische Idee glaubte.

Die Frage, die alles entscheidet: Kann er sich ändern?

»Wenn er doch nur eine Therapie machen würde …«, sagt die Partnerin eines Soziopathen meist voller Sehnsucht.

Ich kann sie verstehen, doch ich weiß, dass ich sie enttäuschen muss: »Es würde nichts bringen.«

Anders als bei neurotischen oder sogar psychotischen Menschen, für die viele effektive Behandlungsmethoden entwickelt worden sind, befindet sich der Soziopath in einer vollkommen anderen diagnostischen Kategorie. Bei ihm gilt der Begriff der Persönlichkeitsstörung. Das heißt, bei ihm ist das asoziale oder gesellschaftsschädigende Verhalten zutiefst in der Persönlichkeitsstruktur verankert, welche sich sehr selten, wenn überhaupt, durch uns bekannte therapeutische Maßnahmen ändern lässt.

Die traditionelle Therapie ist beim Soziopathen vollkommen wirkungslos, weil ihm das entscheidende innere Element fehlt, um Therapie als wirkungsvoll erfahren zu können:

1. Er hat nicht den Leidensdruck, der andere Menschen dazu bringt, sich zu ändern.
2. Er sieht nicht, dass das, was er tut, falsch ist.
3. Er hat keinerlei Zugang zu den eigenen Gefühlen.
4. Er kennt die moralischen oder ethischen Grenzen nicht, deren Übertretung bei anderen Schuldgefühle oder Scham auslösen würden.
5. Er ist überzeugt, dass er schlauer ist als alle anderen.
6. Er wird einen Therapeuten nur aufsuchen, weil ein Richter es angeordnet hat oder weil er damit eine Partnerin beruhigen will, die er noch nicht ablegen möchte. Und er wird nie lange in Therapie bleiben.
7. Er wird nie die Wahrheit sagen, und oft gelingt es ihm außerordentlich gut, den Therapeuten zu täuschen.

In den seltenen Fällen, in denen ein Soziopath einen Therapeuten aufsucht, geschieht dies nur, weil es gerade in seinem Interesse ist, und dann wird er viel Zeit damit verbringen, seine Partnerin und den Therapeuten davon zu überzeugen, dass er sich seiner Fehler sehr wohl bewusst ist.

Nora klammerte sich an den kleinen Funken Hoffnung, dass eine Therapie ihre Ehe retten könnte, obwohl ich ihr erklärt hatte, dass ich in dieser Hinsicht gar nicht optimistisch war. Sie erklärte Allen, sie wolle ihm eine letzte Chance geben, wenn er sie zu einer Sitzung bei mir begleitete – sonst würde sie die Scheidung einreichen. Allen erschien tatsächlich, doch er verhielt sich wie ein Kind, das man beim Stehlen von Bonbons erwischt hatte, statt wie der Mann, der bei vielen Frauen schwere Krisen des Selbstwertgefühls ausgelöst hatte. Als ich herauszufinden versuchte, ob er eine Vorstellung davon hatte, wie viel Schaden seine Affären anrichteten, verlief unser Gespräch so:

Susan: Haben Sie eine Ahnung davon, welche Gefühle Ihr Verhalten bei Ihrer Frau ausgelöst hat?

Allen: Aber sicher. Ich habe die einzige Person in meinem Leben verletzt, die mir etwas bedeutet. Alles, was ich jetzt noch möchte, ist eine einzige Chance, damit ich beweisen kann, dass ich mich ändern kann. Ich bin kein schlechter Kerl, ehrlich. All diese anderen Frauen haben mir gar nichts bedeutet.

Susan: Und welche Veränderungen müssten Sie vornehmen?

Allen: Nun, ist doch klar, ich muss den Reißverschluss meiner Hose zulassen und ein bisschen Willensstärke zeigen.

Nora: Wie stellst du dir das konkret vor? Du hast mir schon so viel versprochen und keines deiner Versprechen gehalten.

Allen: Gib mir doch einmal eine Chance – ich weiß ja, ich muss daran arbeiten, und es wird einige Zeit dauern, doch ich weiß, ich kriege das hin, wenn du mir die Chance dazu gibst. Liebling, du musst mir glauben, ich wollte nie unsere Ehe zerstören.

Susan: Es gibt ein paar klare Anzeichen dafür, dass einige der neuen Medikamente recht wirkungsvoll sind, um impulsives Sexualverhalten unter Kontrolle zu bringen.

Allen: So etwas würde ich nie nehmen. Ich dachte, wir sind hier, um darüber zu reden, wie wir unsere Ehe retten können. Ich *bin ja dafür, wenn wir von Zeit zu Zeit einen Therapeuten aufsuchen. Ich habe einen sehr engen Terminplan, deshalb ginge das nicht regelmäßig, aber ich bin hundertprozentig dabei, ehrlich.*

Allen war voll der falschen Reue, vergoss sogar ein paar Tränen, als er seine Frau um Geduld und Vergebung bat und ihr versicherte, dass er sich ändern würde. Er übernahm keinerlei Verantwortung für sein Verhalten, er spielte es sogar herunter. Als er sich gezwungen sah, sich auf irgendeine Hilfe festzulegen, flüchtete er wieder in Ausreden.

Soziopathen lernen nichts aus ihrer Erfahrung, nicht einmal aus einer Bestrafung. Und wenn eine Beziehung in die Brüche geht, dann wartet die nächste schon an der Ecke. Es gibt nichts, was sie davon abhalten könnte, ihr zerstörerisches Verhalten wieder aufzunehmen.

Drei Wochen nach dieser Sitzung erzählte mir Nora ganz traurig, dass sie die Scheidung eingereicht hatte.

Eine kurze Zeit schien es, als würde er sich ändern, und ich hatte große Hoffnungen, doch vor zwei Tagen ist er mit einer anderen ins Wochenende gefahren, und er hat sich nicht einmal mehr die Mühe gemacht, mich deshalb anzulügen.

Jeder, der behauptet, dass die Beziehung zu einem Soziopathen zu retten sei, weiß entweder nicht, wovon er spricht, oder er lügt. Natürlich ist der Soziopath der Erste, der diese Behauptung aufstellen würde. Doch die traurige Wahrheit ist, dass Nora sogar mit einem Heroinsüchtigen eine bessere Wahl getroffen hätte. Denn zumindest einigen unter ihnen *kann* geholfen werden.

Überleben solo

Für jede Frau, die mit einem Soziopathen lebt, kommt der Moment, in dem sie erkennt, dass sie nicht länger seine Verbündete in einer Welt der bewussten Täuschung sein kann. Manchmal tritt dieser Moment ganz plötzlich auf, wenn ein Ereignis zur endgültigen Krise führt. Das kann die Entdeckung eines leer geräumten Kontos sein, die angeordnete Zwangsversteigerung des gemeinsamen Hauses, obwohl er immer geschworen hatte, die Hypotheken bezahlt zu haben, die Aufdeckung einer Affäre, nachdem er versprochen hatte, treu zu sein, oder das Bekanntwerden krimineller Aktivitäten.

Dieses Kapitel handelt nicht davon, wie man eine angeknackste Beziehung wieder ins Lot bringt, sondern davon, wie man die einzige Person rettet, die man noch retten kann – Sie. Am Anfang des Kapitels erklärte ich Ihnen, dass es einen Typus Mann gibt, den Sie verlassen müssen, und nun wissen Sie schon viel mehr darüber, warum das so ist. Je mehr Sie sich dessen bewusst werden, auf was Sie sich eingelassen haben, desto natürlicher ist es, dass Sie sich mit Schuldgefühlen und dem Gefühl der Demütigung herumschlagen. In der zweiten Hälfte des Buches werde ich Ihnen dabei helfen, die Scherben einzusammeln, und gemeinsam werden wir eine Brücke bauen, die Sie von dieser äußerst schmerzlichen Erfahrung hinüber auf die andere Seite des Abgrundes führt.

5 Wie Frauen sich selbst belügen

Wenn Ihr Partner ein Lügner ist, dann haben Sie und er viel gemeinsam: Sie beide belügen sich selbst.

Es ist nicht schwer zu verstehen, warum Frauen sich so leicht mit Lügen zufrieden geben, wenn Wahrheit und Vertrauen allmählich aus einer Beziehung verschwinden. Keine Frau blickt gerne der Tatsache ins Auge, dass ihr Partner lügt. Um der schmerzlichen Erkenntnis auszuweichen, greifen die meisten Frauen zu genau dem Mittel, das schon ihr Partner einsetzt, und das sogar aus überraschend ähnlichen Gründen. Er verdrängt, um Ihnen die Wahrheit vorzuenthalten. Sie selbst setzen Verdrängung ein, um die Wahrheit vor sich zu verbergen. Wenn seine Lügen ans Licht kommen, dann bringt er Erklärungen, mit denen er sich rechtfertigt. Und genau das tun Sie auch.

Indem Sie sich selbst belügen, spielen Sie eine subtile und doch ausschlaggebende Rolle dabei, die Täuschungen Ihres Partners aufrechtzuerhalten. Wahrscheinlich haben Sie den Eindruck, dass Sie eine passive Rolle spielen – schließlich sind Sie diejenige, die angelogen wird, und nicht diejenige, die sich die bewusste Täuschung ausgedacht hat. Doch im Namen der Liebe, des Vertrauens, der Rettung einer Beziehung und noch einem Dutzend weiterer schön klingender Ideale haben Sie wahrscheinlich im Stillen Ihrem Partner die Signale vermittelt, dass er ruhig weiterlügen kann. Sie müssen nichts anderes tun als wegzusehen oder so zu tun, als sei alles in Ordnung. Das ist leicht – so wie viele auf den ersten Blick wunderbare Kerle wunderbare Lügner sind, sind viele sonst überaus kluge Frauen kluge Rollenspielerinnen. In diesem Kapitel versuche ich, Ihnen dabei zu helfen, die vielen falschen Verhaltensweisen zu erkennen, die Frauen einsetzen, um Männern beim Lügen behilflich zu sein. Bereiten Sie sich bitte auf eine genaue Überprüfung Ihrer Realität vor.

Verdrängung: Blinder Glaube

Verdrängung besteht darin, wie Sie wahrscheinlich wissen, dass man wie die drei Affen nichts Böses hören, sehen oder sprechen möchte und dadurch Tatsachen aus dem Weg geht, die zutiefst beunruhigend sein könnten. Sehr oft ignorieren wir eindeutige Beweise, verbiegen die Wahrheit oder finden andere Wege, all die inneren Stimmen zum Schweigen zu bringen, die uns warnen, dass etwas nicht stimmt.

Wir hängen an unseren falschen Vorstellungen von unseren Männern sowie unseren Beziehungen und sind ungern bereit, sie im Lichte neuer Information zu revidieren, neu einzuschätzen. Wir vertrauen – weil wir vertrauen wollen. Wir beschließen einfach, dass er nicht die Art von Mann ist, der über Folgendes (wählen Sie eines aus) lügen könnte oder würde: Geld/Alkoholkonsum/Spielsucht/Affären/das Verschweigen von Tatsachen – und damit ist die Sache erledigt. Alle Anzeichen, die auf das Gegenteil deuten, werden abgetan, weil sie nicht in die Realität passen, die wir uns so sehr wünschen. Daher ist der Glaube, der bei manchen Frauen geradezu unerschütterlich ist und der besagt: »Das darf nicht wahr sein, weil es mir nicht passieren kann«, die erste Hürde, die eine Lüge überwinden muss, um in unser Bewusstsein vorzudringen.

Selbsttäuschung Nummer 1: Er würde mich nie belügen

Sehr viele Frauen glauben, ihren Partner wirklich gut zu kennen, nur weil sie eine intime Beziehung mit ihm haben. Sie sind davon überzeugt, dass er eine Lüge niemals vor ihnen verbergen könnte – oder das auch nur wollte –, und wenn man sie fragt, woher sie das wissen, dann werden sie wahrscheinlich antworten: »Weil ich weiß, wie er tickt. Er ist einfach nicht fähig, mich anzulügen.« Oder: »Ich weiß es einfach.« Oder: »Weil er mir versichert hat, dass er mich nie anlügen würde, und weil ich ihm glaube.« In manchen Fällen werden sie sicher Recht haben. Doch die Wahrscheinlichkeit ist groß, dass sie sich sehr irren. Kathy gehörte in diese zweite Kategorie.

Wenn Kathy sich an die frühen Phasen ihrer Beziehung mit David erinnert, dann wird ihr klar, wie viele falsche Schlüsse sie aus seinem damaligen Verhalten in einer überschaubaren und strukturierten Situation gezogen hatte: den Meetings der Anonymen Alkoholiker. Ihr war nicht bewusst, wie wenig sie über sein sonstiges Verhalten wusste und wie anders das sein könnte.

Ich dachte, dass ich ihn wirklich gut kannte. Er war so offen und zuvorkommend in unseren Meetings, wie die Treffen bei den Anonymen Alkoholikern heißen, dass ich überzeugt war, ihn durch und durch zu kennen. Es wird dort so viel Wert auf Ehrlichkeit und Eigenverantwortlichkeit gelegt, wodurch ich wirklich glaubte, Lügen würden ihn so anwidern wie mich – und er mich niemals anlügen würde. Wenn ich noch einmal von vorn anfangen könnte, dann würde ich länger warten, bis ich mit ihm zusammenziehen würde. Ich dachte ja, ich sei vorsichtig, aber ich wusste objektiv zu wenig über ihn, denn nachdem ich beschlossen hatte, dass ich ihm vertrauen konnte, nahm ich jedes seiner Worte als bare Münze. Ich habe ihm viel zu schnell vertraut.

Wenn Sie selbst von Grund auf ehrlich sind, vor allem, wenn es um Wichtiges geht, dann neigen Sie dazu, diese Eigenschaft auf andere Menschen zu projizieren und anzunehmen, dass sie genau wie Sie denken, fühlen und sich verhalten werden. Kathy übertrug eine ganze Reihe ihrer eigenen Eigenschaften und Wertvorstellungen auf David und nahm an, er würde sie teilen. Und das tat er auch – bei den Meetings. Doch sobald sie eine enge Beziehung eingegangen waren, legte er ein dramatisch verändertes Verhalten an den Tag.

Unerfahrenheit mit Verrat

Für Anne war es nur natürlich, dass sie das Beste annahm, denn glücklicherweise hatte sie bisher keine anderen Erfahrungen gemacht.

Ich wuchs in einer wunderbaren Familie auf. Wahrscheinlich könnte man sagen, ich habe ein sehr behütetes Leben geführt. Ich hatte Eltern, die sich liebten, und sie gingen einfach großartig mit meinem Bruder und mir um. Ich weiß, das klingt fast zu schön, um wahr zu sein, doch ich kann ganz ehrlich sagen, alles, was ich kannte, war Liebe und Vertrauen. Ich hatte keinerlei Erfahrung mit Verrat und Betrug – sie existierten in meinem Leben einfach nicht. Als ich Randy heiratete, nahm ich an, dass mein Leben so weitergehen würde wie in meiner Kindheit. Ich glaubte wirklich, er würde mich nie über etwas Wichtiges anlügen. Jetzt fühle ich mich, als ob etwas in mir gestorben wäre – all diese herrliche Unschuld …

Es fiel Anne leicht zu vertrauen, es war ganz natürlich für sie, denn sie war es gewohnt – es war das, was sie zu Hause erlebt hatte und somit überall erwartete. Es war, als ob sie das, was ihr in ihrer Beziehung zustieß, nicht in ihr Wertesystem einpassen konnte. Und nun, da sie mit einem fürchterlichen Verrat konfrontiert worden war, musste sie versuchen, ihre ganze Welt neu zu ordnen.

Wie Kathy herausfand, kennt man einen Mann nicht wirklich, bis man nicht für längere Zeit eine Beziehung mit ihm hatte. Und selbst dann kann es sein, dass Fragen, die sich durch sein Verhalten ergeben, gar nicht erst gestellt werden. Für die meisten Frauen ist es sehr wichtig, stets als liebende und vertrauende Partnerinnen wahrgenommen zu werden. Sie glauben, dass ein bisschen Skepsis keinen Platz in einer Liebesbeziehung hat, selbst angesichts konkreter Beweise, dass nicht alles stimmt, was vorgegeben wird. Und manche nehmen wie Anne nicht einmal die Indizien wahr, weil sie einfach nicht daran glauben wollen, dass es notwendig ist, darauf zu achten.

Überprüfung der Wirklichkeit

Setzen Sie nie etwas voraus – informieren Sie sich. Sie müssen Ihren Kopf nicht abschalten, nur weil Ihr Herz engagiert ist. Bedenken Sie: Erst hinter der offiziellen Fassade treten die dunklen Seiten eines Menschen zutage. Enge Beziehungen aktivieren unsere Unsicherheiten und unsere Selbstzweifel, und ein Mann kann sich in Situationen mit anderen Menschen ganz anders verhalten als allein mit Ihnen. Sie müssen begreifen, dass manchmal die größte Lüge, die ein Mann Ihnen erzählt, aus dem Satz besteht: »Nie würde ich dich belügen.« Um jemanden wirklich zu kennen, braucht man Zeit – Monate und nicht Momente. Vertrauen muss man sich verdienen. Verschenken Sie es nicht vorzeitig – und leben Sie Ihre Beziehung nicht mit geschlossenen Augen.

Selbsttäuschung Nr. 2:
Er hat vielleicht andere Frauen belogen, doch mich würde er nie anlügen

Als ich begann, mit Allison therapeutisch zu arbeiten, wollte sie nicht einmal in Erwägung ziehen, dass Scott sie belogen haben könnte. Obwohl einige seiner Freunde sich recht offen über Scotts Affären in seiner vorherigen Ehe ausgelassen und sogar vor ihr Witze darüber gerissen hatten, machte ihr das keine Sorgen. Schließlich war seine erste Frau solch eine Hexe gewesen, dass jeder normale Mann sich einer anderen Frau zugewandt hätte. Und wieso konnte sie das über seine Exfrau wissen? Scott natürlich hatte es ihr erzählt, genauso überzeugend, wie er ihr von seiner Hilfe für einen alkoholkranken Freund erzählt hatte, in der Nacht, als ihre Schwester ihn mit einer Frau in einer Bar sah.

Allison glaubte, ihre Beziehung zu Scott sei so besonders und einmalig, dass er keinesfalls irgendetwas oder irgendjemanden außer ihr hätte brauchen können. Dieser Glaube wurde durch ihr gutes, intensives Sexualleben natürlich bestärkt:

Niemals könnte er mir untreu werden, denn er liebt mich, und unser Sexualleben ist großartig, wunderbar. Ich kenne nicht viele Ehepaare, die so lange zusammen geblieben sind wie wir und immer noch kaum die Hände voneinander lassen können. Das macht man doch einem nicht vor. Warum sollte er also mit einer anderen Frau etwas haben? Oder, um es in seinen eigenen Worten zu sagen: »Warum ein Sandwich kaufen, wenn man ein Bankett zu Hause hat?« Wenn er mir sagte: »Ich liebe dich«, dann wusste ich, dass er das auch meinte. Die Beweise vollzogen sich im Schlafzimmer, in der Küche, auf dem Vordersitz des Autos – wenn das keine Liebe ist, dann weiß ich auch nicht weiter.

Es war wunderbarer, leidenschaftlicher, aufregender Sex, und der kann schnell andere Aspekte der Beziehung überdecken –

solche Kleinigkeiten wie Ehrlichkeit, Respekt, Treue und Charakterstärke. Es gibt wenig, was eine Frau so verwirren kann wie die Entdeckung, dass ihr Partner sie betrügt, obwohl ihre sexuelle Beziehung hervorragend ist.

Überprüfung der Wirklichkeit

Eine phantastische sexuelle Beziehung lässt sich nicht immer mit Treue gleichsetzen. Das alte Klischee, dass Männer ihre Frauen betrügen, weil sie bei ihnen keine sexuelle Erfüllung finden, ist in manchen Fällen sicher wahr, doch in vielen anderen nicht. Wie Allison später herausfand, sind viele Männer fähig, eine intensive sexuelle Beziehung mit ihrer Partnerin zu unterhalten und trotzdem Frauen in Bars aufzugabeln oder auf einer Tagung oder einer Geschäftsreise eine kurze Affäre zu haben. Manche Männer haben eine leidenschaftliche sexuelle Beziehung zu ihrer Frau und eben auch zu einer oder mehreren Geliebten. Die meisten Frauen setzen den Liebesakt mit Liebe gleich. Doch für manche Männer, auch wenn die meisten Frauen das nicht glauben wollen, besteht kaum eine Verbindung zwischen beidem.

»Diesmal ist alles anders.«

Eine Frau, die ein Verhältnis mit einem verheirateten Mann hat, hat automatisch ein Verhältnis mit einem Mann, der lügt. Das bringt schon allein die Situation mit sich, denn er wird mit Sicherheit seine Frau belügen. Fast jede Frau, die sich in einen solchen Mann verliebt, wird sich und allen anderen, die es hören wollen, sagen, dass ihre Situation vollkommen einzigartig sei – dass er sie nicht belügt und er seine Frau verlassen *wird*.

In unserer ersten Sitzung erzählte mir Natalie (38), eine Chefsekretärin, die nur allzu bekannte Geschichte einer langjährigen

Affäre mit einem verheirateten Mann; einer Affäre, die voller Leidenschaft begonnen hatte. Und nun bereitete sie ihr immensen Kummer, Sorgen und verunsicherte sie zutiefst.

Ich hatte eine furchtbare Ehe hinter mir und sehnte mich nach jemandem, der mir wieder das Gefühl gab, attraktiv und begehrenswert zu sein. Genau das tat Larry in jeder Hinsicht. Er ist Wirtschaftsprüfer, daher konnten wir uns oft nachts treffen, während er seiner Frau erzählte, er müsse noch arbeiten. Ich weiß, er belügt sie, doch das ist momentan die einzige Möglichkeit, uns zu treffen. Und weil das, was wir füreinander empfinden, wirklich etwas Besonderes ist, weiß ich, dass er mich niemals anlügen würde. Natürlich hat unsere Beziehung auch viele Nachteile. Zuerst habe ich die gesetzten Schranken akzeptiert, doch während der Wochenenden und in den Ferien fühle ich mich sehr einsam. Ich will mehr. Ich will seine Frau sein. Er erklärte mir, dass er sehr an seinen Kindern hinge, doch seine Ehe sei emotional und sexuell längst tot. Das hat mir viel von dem Schuldgefühl genommen, dass wir uns heimlich treffen und ich möchte, dass er mich heiratet.

In nur wenigen Minuten hatte Natalie mehrere der Elemente beschrieben, die fast immer eine Rolle in der Beziehung zu einem verheirateten Mann spielen:

1. Er besteht darauf, dass er und seine Frau sich nicht mehr lieben und keinerlei Sex mehr haben.
2. Er erzählt seiner Frau, er müsse arbeiten, wenn er seine Geliebte trifft.
3. Er verbringt seine Wochenenden und Ferien nie mit seiner Geliebten. Er verbringt sie mit seiner Familie. Und sie wird wahrscheinlich noch nicht einmal mit Freunden ausgehen, weil sie nicht seinen Anruf verpassen will, der kommt, wenn seine Ehefrau eine Zeit lang aus dem Haus ist.

Dem glauben, was er sagt, statt dem, was er tut

Natalie wollte so gerne glauben, dass Larry seine Frau verlassen und mit ihr zusammenleben würde, dass sie sich fast ausschließlich auf seine Worte konzentrierte und nicht auf sein Handeln. Seine Worte vermittelten ihr, was sie hören wollte, und gaben ihr Hoffnung, an die sie sich klammerte. Sein Verhalten allerdings erzählte eine andere Geschichte, doch die nahm sie nur diffus im Hintergrund wahr.

Wenn ich Druck auf ihn ausübte, machte er mir Versprechungen. »Ich kann mir mein Leben nicht ohne dich vorstellen. Wir werden zusammen sein, wir werden unser Leben gemeinsam leben.« Ich wollte ihm glauben, selbst als er mit der üblichen Ausrede des verheirateten Mannes kam: »Sind die Kinder erst einmal älter, lasse ich mich scheiden.« Ich bat ihn wieder und wieder, mir eine ungefähre Zeitspanne zu nennen, bis er sich von der Familie lösen könne, doch er antwortete: »Ich kann dir noch kein Datum sagen, doch vertrau mir, der Tag wird kommen.« So ging es über vier Jahre, bis ich ihm schließlich ein Ultimatum stellte. Ich wollte so nicht weitermachen. Gestern Abend also, unter Druck von mir, sagte er, dass er zu Hause ausziehen und sich eine eigene Wohnung nehmen würde. Ich bin außer mir vor Freude. Ich habe Angst. Ich bin verwirrt – ich weiß einfach nicht, ob ich das Richtige mache oder nicht.

Geben Sie Acht, was Sie sich wünschen

Ich sagte Natalie, dass ich dieselbe Art von unheimlicher Spannung empfände, wenn ich ihr zuhörte, wie ich es bei Horrorfilmen tat, wenn eine Frau sich allein in einem Haus befindet und einem Geräusch im Keller nachgeht. Allein, ohne Licht, geht sie los. Wenn sie am oberen Absatz der Treppe steht, ertappe ich mich immer wieder dabei, dass ich denke, nein, tu's nicht, geh zurück, du bist in Gefahr!

Für Natalie lauerte die Katastrophe wirklich nur um die Ecke, nicht in Form der für den Horrorfilm typischen Überraschungen, sondern in Form eines aufregenden Mannes, der ihr alles versprach, was sie sich zu wünschen glaubte. Leider wurde sie sowohl von Larry als auch von sich selbst belogen. Als ich Natalie in der folgenden Woche wiedersah, hatte sich ihre Einstellung radikal verändert. Und während sie mir erzählte, was geschehen war, brach sie immer wieder in Tränen aus oder hielt fassungslos inne.

Wir hatten uns um zehn Uhr früh bei einem Makler verabredet, um uns Häuser zeigen zu lassen, die er mieten könnte. Natürlich war ich schon eine Viertelstunde früher da. Und ich wartete ... und wartete. Ich habe wohl über anderthalb Stunden dort gesessen. Immer wieder wurde ich gefragt, ob man mir weiterhelfen könne, und ebenso oft habe ich geantwortet, dass ich auf jemanden wartete. Ich habe jede Zeitschrift durchgelesen, die sie dort ausliegen hatten. Zuerst machte ich mir Sorgen, dass ihm etwas zugestoßen sein könnte, doch dann wurde mir bewusst, dass er einfach nicht auftauchen würde ... dass unsere Pläne einfach nicht existierten. Mir war ganz schlecht. Es durfte einfach nicht wahr sein.

Der Schock und die Fassungslosigkeit, die Natalie beschreibt, ist allen bekannt, die je erleben mussten, wie ein Traum zerplatzte. Und ihr Gefühl, gedemütigt und verraten worden zu sein, wurde noch dadurch gesteigert, weil Larry nicht einmal den Mumm besaß, es ihr direkt zu sagen.

Ich rief ihn in seinem Büro an, doch er ließ mich nicht zu sich durchstellen. Eine ganze Woche lang nahm er keinen meiner Anrufe entgegen. Als ich ihn schließlich sprechen durfte, sagte er: »Es tut mir Leid, aber ich kann das alles jetzt nicht durchziehen.« Und das war´s dann schon.

Natalies einst so leidenschaftliche Affäre endete kläglich. Keine große, dramatische Szene. Nur ein schwaches »Tut mir Leid«, und dann wurde der Hörer aufgelegt.

Überprüfung der Wirklichkeit

Wenn Ihr Geliebter seine Frau anlügt, dann ist es ziemlich wahrscheinlich, dass er auch Sie anlügt. Larry hatte nie vor, seine Familie zu verlassen. Dass er eine gemeinsame Zukunft versprach, war nur ein Mittel, Natalie an sich zu binden. Wie die meisten verheirateten Männer wollte er alles: Ehefrau, Kinder, Eigenheim – und seine Geliebte. Als Natalie an der Verankerung des Seils für diesen Seiltanz rüttelte, sprang er einfach ab.

Natürlich verlassen Männer ihre Ehefrauen und heiraten ihre Geliebte, und ich selbst kenne einige sehr gute Beziehungen, die so begonnen haben. Doch solche Fälle sind in der Tat sehr selten, und die Chancen, dass Ihre Affäre ein solcher ist, werden, je länger Ihre Beziehung dauert, umso geringer. Selbst wenn er seine Familie verlässt, was macht Sie so sicher, dass er nicht genau dasselbe mit Ihnen tun wird?

Lügen Sinn geben

Wenn Verdrängung (seine oder Ihre) nicht mehr aufrechterhalten werden kann und wir uns eingestehen müssen, dass man uns belogen hat, suchen wir geradezu hektisch nach Ausreden, damit wir unser Leben nicht völlig umkrempeln müssen. Also appellieren wir an unsere Vernunft. Wir finden »gute Gründe« für seine Lügen und warum seine Beichten fast immer von *seiner* persönlichen Logik getragen werden. Er erklärt uns, dass er nur deshalb gelogen habe, weil ... Wir selbst sagen uns, dass er nur deshalb gelogen hat, weil ... Wir entschuldigen ihn: Die Lüge war nicht wichtig/Alle lügen/Er ist auch nur ein Mensch/Es steht mir nicht zu, ihn zu verurteilen.

Wenn wir es zulassen, dass seine Lügen in unser Bewusstsein dringen, dann müssen wir darin Platz für eine Reihe sehr erschreckender Möglichkeiten schaffen:

- Er ist nicht der Mann, für den ich ihn hielt.
- Die Beziehung ist außer Kontrolle geraten, und ich weiß nicht mehr, was ich tun soll.
- Vielleicht ist die Beziehung ja bereits zu Ende.

Die meisten Frauen unternehmen fast alles Menschenmögliche, um nicht mit diesen Wahrheiten konfrontiert zu werden. Selbst wenn wir ausrasten, toben und ihn anschreien, wenn wir entdecken, dass er uns belogen hat, werden sich die meisten unter uns, wenn die Aufregung sich wieder gelegt hat, für das vertraute Terrain der Erklärung entscheiden. In der Tat ist der größte Teil der Frauen nur zu gerne bereit, ihren Sinneswahrnehmungen neue Leitungen zu verpassen, einen Kurzschluss zwischen ihrem Instinkt und ihrer Intelligenz herzustellen und sich ganz der Tröstung der Selbsttäuschung hinzugeben.

Doch wir sind nicht blöd. Unsere Erklärungen müssen einen Sinn ergeben, sonst funktionieren sie einfach nicht. Wenn Ihnen die eigenen Erklärungen und Rechtfertigungen so teuer sind, dass Sie ohne sie nicht auskommen, dann sollten Sie hier mit dem Lesen aufhören. Denn ich werde im Folgenden einige Löcher in die Rechtfertigungen knipsen, die Sie davon abhalten, aus eigener Kraft zu handeln. Und wenn diese Rechtfertigungen einmal ein Loch haben, lassen sie sich niemals wieder richtig einsetzen.

Selbsttäuschung Nummer 3:
Ja, er lügt, doch er liebt mich und das ist alles, was zählt

Viele Frauen sind so hungrig nach Liebe und emotionaler Sicherheit, dass sie vergessen, wie Liebe eigentlich aussehen sollte und dass die Worte »Ich liebe dich« manchmal auch eine Lüge sein können. Die Wirklichkeit wird greifbarer, wenn wir uns ansehen, wie leicht es manchen der Frauen fiel, die Sie bereits kennen gelernt haben, Worten wie »Ich liebe dich« eine viel zu große Bedeutung beizumessen, obwohl ihre Partner sich keineswegs liebevoll verhalten haben:

- Jan glaubt, die Tatsache, dass Bill ihr seine zweite Ehe verschwieg, beweist, wie sehr er sie liebt. Warum? Weil er das sagt. »Er hat mich nur angelogen, weil er befürchtete, ich würde ihn zurückweisen, wenn ich von Carla erführe. Sie wissen nicht, wie sehr es mich berührt hat, als er sagte: ›Ich hatte Angst, dich zu verlieren.‹«
- Kathy betrachtet David als ihren besten Freund und als die große Liebe ihres Lebens, obwohl er ihre finanzielle Sicherheit bedroht, ihr Selbstvertrauen unterminiert und das eine Versprechen brach, auf dem ihre Beziehung basierte – dass er nicht mehr trinken würde. Warum? Weil er sich bei ihr entschuldigte und sagte: »Ich liebe dich.«
- Natalie erträgt vier lange Jahre der Einsamkeit und der Frustration mit ihrem verheirateten Geliebten. Warum? Weil er ihr sagt: »Ich liebe dich.« Und ihr verspricht, dass sie eine gemeinsame Zukunft haben werden.
- Carol nimmt Ken immer wieder bei sich auf, selbst nachdem er sie misshandelt hat. Warum? »Er bereut zutiefst, was er getan hat, und hat solche Angst, mich zu verlieren. Ich weiß, er hat auch eine dunkle Seite, doch sehe ich auch seine gute Seite. Ich sehe in seinen Augen, wie sehr er mich liebt, wenn er mir sagt: ›Ich liebe dich.‹«

Liebe definieren

Wenn Sie die Männer, die Ihnen in diesem Buch bisher begegnet sind, fragen, ob sie ihre Partnerinnen lieben, wird die Antwort unweigerlich lauten: »Natürlich.« Und die meisten unter ihnen, mit Ausnahme der Soziopathen, glauben zweifellos, dass sie es tun. Doch um wirklich zu begreifen, was sie unter Liebe verstehen, ist es unerlässlich, sich genauer anzusehen, was sie *tun*.

Liebe hat viele Gesichter, je nachdem, wer sie beschreibt. Sie setzt sich zusammen aus dem subjektiven Gefühl, die Gegenwart des anderen zu genießen, aus Anziehungskraft, aus Bedürfnis, Begehren und sexueller Leidenschaft. Ganz sicher werden einige oder alle der hier beschriebenen Männer diese Regungen verspüren. Doch diese Gefühle allein reichen nicht aus, um wahre Liebe zu definieren. Aus diesen Gefühlen muss sich auch konsequenterweise ergeben, wie man die Partnerin *behandelt* – indem man bewusst zu ihrem emotionalen und geistigen Wohlbefinden beiträgt. Liebe kann niemals betrügen oder täuschen. Liebe sollte Ihnen niemals das Gefühl geben, dass Sie dumm sind, hereingelegt wurden, oder Sie wütend machen. Ohne liebevolles Miteinander wird Liebe zu einem leeren Begriff, der viel zu oft von Männern gebraucht wird, die lügen, um die Wut oder das Misstrauen ihrer Partnerin zu besänftigen.

Überprüfung der Wirklichkeit

Liebe ist ein Verb, kein Substantiv. Sie beschreibt eine Aktivität. Liebe ist nicht nur ein Gefühl der Leidenschaft und der Verliebtheit. Sie ist ein *Verhalten*. Wenn ein Mann Sie anlügt, dann *behandelt* er Sie schlecht und wenig liebevoll. Er zeigt keinerlei Respekt vor Ihnen oder Ihrer Beziehung. Und die Worte »Ich liebe dich« können dieses Defizit nicht beheben. Darüber sollten Sie sich keine Illusionen machen.

Selbsttäuschung Nr. 4:
Sicher, er lügt, doch er ist ein Opfer der Umstände

Der arme Kerl! Er lügt nur, weil er: eine schreckliche Kindheit hatte / seine Mutter starb, als er erst acht war / sein Vater Alkoholiker war / seine Eltern kein Geld hatten, als er klein war, und die anderen Kinder sich über seine ärmliche Kleidung lustig machten / sein Chef ein Idiot ist und er im Job unter wahnsinnigem Druck steht / seine Exfrau eine rachsüchtige Megäre ist, die ihm bis heute das Leben schwer macht. Natürlich lügt er! Wer würde das nicht tun, bei so vielen Problemen?

Was Sie gerade gelesen haben, ist eine Litanei von unangebrachtem Mitleid. Im Namen des Mitgefühls öffnen viele Frauen weit ihr Herz und verdrängen selbst häufiges Belogenwerden, sogar wenn es schwerwiegende negative Konsequenzen für ihr Leben hat. Angeleitet und bestens vorbereitet von einem Mann, der lügt, kennen sie jedes Detail der Traumata und der Pressionen – uralte und neue –, denen er ausgesetzt ist, und sie drapieren sie so, dass sie seine Lügen rechtfertigen. Diese Frauen können ihn schließlich sehr viel besser schützen und verteidigen als sich selbst.

Diane, die Rechtsanwaltsgehilfin, glaubte nur zu gerne, dass die Lügen ihres Mannes Ben sich durch die schwierigen Umstände seiner Kindheit erklären ließen.

Seine Eltern trennten sich gleich nach seiner Geburt und er wurde von seinen sehr armen Großeltern aufgezogen. Er erträgt es nicht, Familienfotos um sich zu haben. Ich glaube, sie würden zu viele schmerzliche Erinnerungen wecken. Und das kann ich gut verstehen, auch meine Familie war keineswegs die Idealfamilie aus der Werbung. Schon deshalb ist es erstaunlich, wie weit er es gebracht hat. Und ich verstehe auch vollkommen, warum er glaubt, so viel für Peggy tun zu müssen – er möchte der gute Vater sein, den er selbst nie hatte. Und wenn er unbedingt auftreten will, als sei er ein Krösus, und wenn er ab und zu einmal über die Stränge schlagen muss ... die Geschäftswelt ist beinhart ... Ich wünschte mir nur, dass er mir gegenüber offener, ehrlicher wäre.

Mitleid ist ein gutes, wichtiges Gefühl, Unterstützung des Partners ebenso, doch Diane verdreht diese Eigenschaften, sodass sie zum Selbstbetrug werden. Ihr Mitleiden an Bens alten und neuen Schwierigkeiten ist stärker als ihr Ärger darüber, dass er sie betrügt und täuscht. Sie gibt seinem eigentlich kranken Verhalten positive Namen – aus der Tatsache, dass er sie anschreit, wenn sie über Geld reden möchte, wird ein »Über-die-Stränge-Schlagen«. Wenn sie aufhören würde, Entschuldigungen für ihn zu finden, dann müsste sie sich der Tatsache stellen, dass er sie wiederholt angelogen hat, große Mengen ihres Geldes verspekuliert hat, ohne ihr davon zu erzählen, und nicht bereit ist, die Verantwortung für die ernsthaften finanziellen Schwierigkeiten, in denen sie sich befinden, zu übernehmen. Dann müsste sie von sich aus handeln – was sehr viele Frauen am liebsten vermeiden. Stattdessen wünscht sie sich ganz passiv, dass er »ihr gegenüber offener, ehrlicher wäre«. Das Wünschen allein jedoch führt nicht dazu, dass sich alles wie durch Zauberhand ändert.

Für manche Frauen gibt es keine größere Befriedigung, als einen Partner zu unterstützen, dem das Leben übel mitgespielt hat und der sich viel Mühe gibt, dies Leben zu verändern, vor allem, wenn sie selbst eine schwierige Kindheit und Jugend erlebt haben.

Es überraschte mich nicht, als ich erfuhr, dass Diane als Kind von ihrer Mutter körperlich und verbal misshandelt worden war. Sie überidentifizierte sich mit Bens Schwierigkeiten und bot ihm die Fürsorge und das Mitleid, nach denen sie selbst sich immer gesehnt hatte, wie sie mir erzählte. Wenn sie Ben so verständnisvoll und nachgiebig entgegenkam, dann baute sie sich stellvertretend selbst mit auf, indem sie ihn so behandelte, wie sie es sich immer gewünscht hatte, selbst behandelt zu werden.

Doch während sie sozusagen die Rolle der heiligen Diane übernahm, schuf sie gleichzeitig das perfekte Klima dafür, dass Ben sich weiterhin so verhalten konnte, wie er es tat.

Überprüfung der Wirklichkeit

Viele Menschen durchleben eine schwierige Kindheit und lügen dennoch nicht permanent. Dass er Sie anlügt, wird seine Kindheit nicht besser machen, und wenn Sie ihm ständig alles verzeihen, ändert sich nicht die Ihre. Ihre Haltung trägt auch nicht dazu bei, Stress oder übermäßigen Druck abzubauen – im Gegenteil, sie schafft nur neue Spannungen. Ihre Haltung wird nicht zur Verbesserung seines Selbstbildes beitragen. Verständnis und Vergebung ohne gleichzeitiges, effektives Handeln erlauben ihm nur, Sie weiterhin anzulügen, denn das Lügen kostet ihn nichts. Es wäre schön, wenn Diane ihr nur allzu bereites Mitgefühl so weit ausdehnen könnte, dass es auch sie selbst mit einbezöge.

Selbsttäuschung Nr. 5:
Sicher, er lügt, doch ich werde ihm das abgewöhnen

Nah verwandt mit der Selbsttäuschung: »Sicher, er lügt, doch er ist ein Opfer der Umstände« ist die Selbsttäuschung: »Sicher, er lügt, doch ich kann ihn ändern«.

Manche Frauen betrachten die Lügen ihres Partners als Herausforderung. Es stört sie, aber sie verlieren nicht den Mut, wenn Lügen auftauchen. Sie sind überzeugt, über all die Liebe und auch die Fähigkeiten zu verfügen, um den verirrten Liebsten wieder auf den rechten Weg zu führen. Sie sind in die Person verliebt, die er sein könnte.

Kathy litt unter dieser falschen Annahme:

Ich bat ihn immer wieder: »Sag mir die Wahrheit. Lass uns die Situation einfach klären.« Wissen Sie, mein Leben lang war ich überzeugt, dass ich alles unter Kontrolle hatte, Krisen jederzeit meistern konnte. Schon in der Familie war ich die Schlichterin, die Therapeutin, die Heilerin. Mit den Patienten im Krankenhaus kann ich phantastisch arbeiten, also müsste ich doch sicherlich jemandem helfen können, den ich liebe. Ich konnte es zuerst gar nicht glauben, dass seine Lügerei stärker war als ich. Immer habe ich geglaubt, wenn ich A und B und C tue, dann würden D und E und F automatisch folgen ... doch es war nicht so. Es hat mich völlig fertig gemacht, nach Hause zu kommen, und nicht zu wissen, was mich erwartete.

Kathy wuchs in einer so genannten instabilen Familie auf. Ihre Eltern ließen sich scheiden, als sie zehn Jahre alt war. Dann begann ihre Mutter stark zu trinken. Kathy, wie so viele Kinder alkoholischer Eltern, wurde zur Krankenschwester und Haushälterin ihrer Mutter – sie versorgte den Haushalt, wenn ihre Mutter zu betrunken war, um sich zu kümmern. Obwohl sie dadurch nicht am Leben einer normalen Kindheit teilnehmen konnte, gab es dennoch eine gewisse Befriedigung für sie in diesem unglückseligen Rollentausch: Kathy wurde immer von ihrer Mutter und anderen Familienmitgliedern für ihre Reife und ihre Selbstlosigkeit gelobt. Das wurde zu einem wichtigen Bestandteil ihrer Identität und beeinflusste stark ihre Berufswahl.

In ihrem Selbstbild versteht sich Kathy hauptsächlich als Vermittlerin und Heilerin. Als Krankenschwester hatte sie gesehen, wie ihre Talente tatsächliche positive Änderungen im Leben anderer Menschen bewirkten, und das ließ sie darauf vertrauen, dass sie sie auch in ihrer Ehe einsetzen könnte. Doch David ist ganz anders. Er redet gerne und gut, und er weiß, wie er das Spiel »Lass uns darüber reden« so spielen kann, dass sich konkret nichts ändert. Er muss nur sagen: »Ich weiß, ich habe da einen Fehler gemacht«, und Kathy denkt, sie hätte ihn bekehrt – er ist geläutert.

Menschen, die auf Ausgleich und Harmonie geeicht sind, nehmen immer an, dass sie als Erwachsene das heilen könnten, was ihnen als Kind bei den Eltern nicht gelungen ist. Doch Kathy wird David ebenso wenig verändern können wie damals ihre Mutter.

Überprüfung der Wirklichkeit

Wenn wir uns verzweifelt danach sehnen, eine Beziehung aufrechtzuerhalten, werden wir uns immer ausschließlich auf die Zeichen und Worte unseres Partners konzentrieren, die uns auch nur die geringste Hoffnung geben, dass er sich ändern wird. Doch Wörter sind nur Wörter. Solange sie nicht mit Änderungen des Verhaltens verbunden sind, sind sie wertlos, so fand Kathy heraus.

Der Einzige, der ihm helfen, ihn retten oder ändern kann, ist er selbst. Die Verantwortung dafür muss ganz eindeutig ihm zugeschrieben werden. Sie selbst mögen smart, effektiv, sogar einflussreich sein, doch es gibt niemanden, der einflussreich genug wäre, einen anderen Menschen zu ändern.

Selbsttäuschung Nr. 6:
Er lügt, aber es ist meine Schuld

Es fällt Frauen häufig schwer, den Mann, den sie lieben, mit Lügen in Verbindung zu bringen. Wenn er sie wirklich so betrogen hat, wie eine Ahnung sie vermuten lässt, dann wäre der Schmerz über eine solche dunkle Seite an ihm unerträglich. Und während sie wie besessen nach einfacheren, akzeptableren Erklärungen für das suchen, was mit ihnen geschieht, greifen sie oft auf ein zwar tröstliches, doch besonders heimtückisches Argument zurück: »Es muss meine Schuld sein.« Sobald aber eine Frau in die

Falle geht und sich selbst die Schuld an den Lügen ihres Partners gibt, verzerrt sie damit ihr Wahrnehmungsvermögen und sie verdreht die Wirklichkeit.

Als David Kathy mitteilte, dass er ihretwegen wieder zur Flasche griff, vergaß sie spontan alles, was sie bei den Anonymen Alkoholikern über Eigenverantwortlichkeit gelernt hatte:

Vielleicht hat er ja Recht, vielleicht habe ich ihn ja im Stich gelassen, ihn nicht deutlich genug vorgewarnt, dass ich ihn verlassen würde. Wahrscheinlich hätte ich das alles ganz anders und sehr viel besser angehen müssen ... Er braucht mich so sehr, ich hätte bleiben und gemeinsam mit ihm die Probleme bewältigen sollen ... Vielleicht war ich ja wirklich der Grund, dass er wieder anfing zu trinken.

Es ist wahrscheinlich nicht so einfach zu verstehen, warum es ein größerer Selbstschutz für Kathy war, sich selbst die Schuld für seine Lügen zu geben, statt ihn dafür verantwortlich zu machen. Bedauerlicherweise sind viele Frauen nur zu gerne bereit, sich Asche aufs Haupt zu streuen, wenn es ihnen nur ermöglicht, ihre Beziehung fortzusetzen.

Kathy versuchte, sich selbst – und mich – zu überzeugen, dass David wieder angefangen hatte zu trinken, weil sie eine schlechte Ehefrau war, die auf grausame und gedankenlose Weise ihren Mann verlassen hatte. Viele Frauen fallen auf diese nur zu vertrauten Spekulationen des »hätte sollen, hätte können« zurück, um sich selbst zu überzeugen, dass der Mann ganz in Ordnung und alle Schuld bei ihnen zu suchen ist, denn *sie* haben sich in der Situation falsch verhalten. »Vielleicht hätte ich doch besser dies als jenes getan«, lautet ihre Überlegung, oder: »Vielleicht habe ich hü gerufen, wenn es hott hätte sein müssen.« Kathys Bedürfnis, David von jeglicher Verantwortung für sein Handeln freizusprechen, überlagert die Tatsache, dass sie ihn verließ, weil sein Verhalten so unberechenbar und so erschreckend geworden war.

Zu den üblichen Argumenten, sich selbst die Schuld zu geben, zählen etwa:

- Er log nur, weil ich ihn zu stark kontrolliere.
- Er log nur, weil ich schlecht mit Problemen umgehen kann.
- Er log nur, weil ich so unsicher bin – er tat es nur, um mich zu beschützen.
- Er hatte nur eine Affäre, weil ich zu dick/zu dünn bin/ihn nicht genug unterstütze/nicht aufregend genug bin/ihm nicht genug Sex biete/zu kritisch bin/eine Nörglerin bin/mich ständig beschwere.

Ihnen selbst fallen wahrscheinlich noch viele andere Argumente ein.

Selbstbezichtigung und Abhängigkeit

Obwohl Kathy in vielen Bereichen ihres Lebens kompetent und unabhängig war, hatte sie David und dessen eng verbundener Familie gegenüber eine starke emotionale Abhängigkeit entwickelt:

Ich bin gerne verheiratet. Ich möchte nicht mehr als Single leben. Ich möchte seine Familie nicht verlieren – vor allem nicht seine Mutter. Sie und ich sind uns näher als meine eigene Mutter es mir je war. Ich würde alles tun, um mir das zu erhalten.

Und dazu gehört, dass sie sich die Schuld an Davids Lügen gibt.

Damit sie herausfinden konnte, warum sie die Wirklichkeit auf den Kopf stellte, bat ich Kathy, sich ein kleines Mädchen vorzustellen, dessen Eltern sich ihm gegenüber verletzend verhalten. Um emotional überleben zu können, entwickelt dieses Kind ungeheure Kräfte, nur um zu vermeiden, die Eltern als irgendwie böse sehen zu müssen. Wenn es die Wahrheit über deren Verhalten zulassen würde, wäre es einer unerträglichen

Angst ausgesetzt, denn es ist vollkommen von ihnen abhängig. Und wenn die Eltern wirklich böse wären, dann würde es nicht überleben. Also muss es sie als gut ansehen. Und daher argumentiert das Kind folgendermaßen: »Wenn ich mich schlecht fühle oder wenn mir Schlechtes geschieht, dann ist das so, weil ich schlecht bin.« Indem es sich selbst zum Grund dessen macht, was ihm zustößt, bringt das Kind Ordnung in ein chaotisches Universum. Es ist viel weniger erschreckend für das Kind zu glauben, dass es selbst schlecht ist, als zugeben zu müssen, dass diese mächtigen, großen Menschen, auf die es so verzweifelt angewiesen ist, ihm Böses wollen.

Für viele Frauen ist die Bereitschaft, an ihre Schuld an den Lügen des Partners zu glauben, häufig die exakte Wiederholung dieses frühen Versuchs des seelischen Überlebens, diesmal als Erwachsene. Und wenn man dazu noch die Beschuldigungen des Partners addiert – seine Behauptungen, dass er nur log, weil den Frauen etwas fehlte –, dann kann die Selbstbezichtigung für Frauen leicht zu einem integralen Bestandteil der Beziehung selbst werden.

Wenn Sie vor sich selbst zugeben können, dass er derjenige ist, der etwas Schlimmes getan hat, dann ist Ihre Welt kein sicherer Ort mehr und nichts von dem, auf das Sie sich bisher verlassen haben, hat noch Gültigkeit. Doch wenn Sie sich selbst bezichtigen, dann können Sie all Ihre Energien dazu verwenden, Ihre eigenen Unzulänglichkeiten auszumerzen und weiterhin mit dem Partner gemeinsame Sache zu machen und alle Verantwortung auf Sie zu schieben.

Seine Lügen, ihr heimliches Einverständnis

Nora war wütend über Allens wiederholte Seitensprünge, doch sie sah sich immer noch als den eigentlichen Grund, weshalb er log. Das Ergebnis war, dass sie seine Angriffe auf ihre Sexualität ohne jeglichen Zweifel an deren Richtigkeit hinnahm.

Ich versuchte es mit einer ganzen Reihe von Erklärungen, nur um mich ein wenig besser zu fühlen – zum Beispiel »Ich bin nicht gut im Bett – wenn ich eine aufregendere Frau wäre, dann müsste er sich nicht anderweitig umsehen ...« Und wissen Sie, ich hatte ein Kleinkind zu Hause, ich war oft so müde und gebe zu, dass ich mich nicht immer sehr sexy gefühlt habe, doch wahrscheinlich hätte ich es ihm einfach vorspielen sollen.

Indem sie sich selbst die Schuld an Allens zwanghaften Seitensprüngen gab, signalisierte Nora ihr heimliches Einverständnis in einer Weise, die es ihm geradezu erlaubte, seiner Sexsucht nachzugeben, genau wie Kathys heimliches Einverständnis es David erlaubte, weiterhin zu trinken und verantwortungslos mit Geld umzugehen.

Wenn Allen unglücklich über sein und Noras Sexualleben war, dann standen ihm viele andere Möglichkeiten offen außer Lügen und Sex mit so vielen Frauen wie nur möglich. Ich fragte Nora, ob sie je lange genug in ihren Selbstbezichtigungen für Allens Verhalten innegehalten habe, um die Möglichkeit in Erwägung zu ziehen, dass Allen ein lausiger Liebhaber sein könnte. Zwanghaft Sexbesessene sind es oft, da Sex für sie selten ein Akt der Liebe, sondern fast immer nur ein Ventil ist, um äußeren Druck und innere Ängste abzubauen. Es mag sein, dass Nora eigene Sexualprobleme hatte, doch Allens Probleme auf diesem Gebiet waren sehr viel schwerwiegender, viel zerstörerischer und in der heutigen Zeit der sexuell übertragbaren Krankheiten sehr viel gefährlicher.

Heimliches Einverständnis bringt eine gefährliche Dynamik in die Beziehung zu einem Mann, der lügt. Es signalisiert, dass Sie zur Mitwirkenden seiner Lügen geworden sind. Es signalisiert auch, dass Sie Ihr eigenes Recht aufgegeben haben, die Wirklichkeit zu sehen und zu deuten, und stattdessen seine Version akzeptieren. Wenn diese Version darauf abzielt, dass irgendein Fehler in Ihrer Persönlichkeit ihn dazu zwingt zu lügen, und wenn Sie das als Wahrheit akzeptieren, dann werden Sie zur aktiven Komplizin seiner Lügen.

Überprüfung der Wirklichkeit

Dass er lügt, hängt nicht davon ab, wer Sie sind oder was Sie tun. Seine Lügen sind nicht Ihre Schuld. Es ist seine Entscheidung und sein Problem, und wenn er diese Entscheidung in der Beziehung mit Ihnen trifft, dann wird er sie auch in jeder anderen Beziehung mit jeder anderen Frau treffen. Das heißt nicht, dass Sie der Engel wären und er der Teufel. Es heißt allerdings, dass er, wenn er gewisse Dinge an Ihnen nicht mag, viele Möglichkeiten hat, das anzusprechen – ohne zu lügen. Wenn es sexuelle Probleme zwischen Ihnen gibt, dann gibt es viele Alternativen, um dem abzuhelfen. Nichts wird sich ändern, bis Sie ihn nicht für seine Lügen verantwortlich machen und zur Rechenschaft ziehen – und aufhören, sich selbst die Schuld zu geben.

Die Lügen, die wir uns selbst erzählen, nur um die Wahrheit über unsere Partner nicht sehen zu müssen, hören sich für uns gar nicht wie Lügen an. Sie wirken wie tröstliche Argumente, vertraut und wahr. Wir wiederholen sie wie ein Mantra und hängen an ihnen wie an einer kindlichen Schmusedecke, hoffen, uns damit zu beruhigen und das Gefühl wiederherzustellen, dass die Welt ein Ort ist, in dem wir uns zurechtfinden, der funktioniert, wie wir es uns wünschten.

Selbsttäuschungen sind falsche Freunde, bei denen wir nach Trost und Schutz suchen – und für kurze Zeit fühlen wir uns wirklich besser. Doch wir können die Wahrheit nur begrenzt verdrängen. Unser Selbstbetrug macht seine Lügen nie ungeschehen, und je länger wir versuchen, so zu tun als ob, desto tiefer werden unsere Wunden, wie wir sehen werden.

6 Was Lügen uns antun

Mit den Lügen eines geliebten Menschen zu leben verändert uns im Kern unseres Wesens. Es beeinflusst unsere Gedanken, unsere Gefühle, unser Verhalten, unsere Beziehungen zu den anderen Menschen in unserem Leben – und unsere Selbstachtung. Die Veränderungen unseres Wesens können schon mit den Lügen anfangen, die wir uns selbst erzählen, um unseren Verdacht und unsere Ängste zu verharmlosen, oder mit all den Arrangements, die wir treffen, um mit Lügen leben zu können. Doch so sicher wie ein steter Tropfen den härtesten Stein aushöhlt, werden die Entscheidungen, die wir treffen, um den Schmerz zu verdrängen oder abzumildern, mit steter Kraft die Grundmauern unseres Wohlbefindens zersetzen.

Wir werden depressiv. Wir wollen zurückschlagen. Wir erkennen die Person, die wir lieben, nicht wieder. Wir erkennen uns selbst nicht wieder. Wir legen Verhaltensweisen an den Tag, die wir unter anderen Umständen strikt abgelehnt hätten, und wir sind bis zur Lähmung gefangen in einem Krieg zwischen unseren stärksten Gefühlen. Selbstverachtung überflutet uns, ob wir es zugeben oder nicht. Wir fühlen uns dumm, missbraucht, hereingelegt und beschämt.

In unserem Inneren brüllen die negativen Gedanken und die schmerzlichen Gefühle geradezu, und wir halten das für die direkteste Auswirkung der Lügen des Partners, der wir häufig auch die meiste Aufmerksamkeit widmen. Durch das sehr reale Drama unserer Wut und unserer Trauer abgelenkt, bemerken wir kaum noch die anderen, wirklich wichtigen Veränderungen in unserem Leben. Diese Veränderungen ergeben sich nicht über

Nacht, doch sie sind definitiv ein Teil der schädlichen Nebenwirkungen, die ein Leben mit ständiger Täuschung, mit Verrat mit sich bringt.

Als Folge seiner Lügen können Sie:

- sich von den Menschen entfremden, die Ihnen nahe stehen und die wissen, dass er lügt
- seine Komplizin bei seinen Lügen werden, um ihn zu schützen
- versuchen, sich durch unüberlegte Racheakte zu wehren
- bitter und einsiedlerisch werden
- immer toleranter gegenüber Lügen werden
- Ihren Kindern die Botschaft einprägen, dass Männer lügen dürfen und Frauen das ertragen müssen.

Niemand beschließt bewusst, sich wie oben angeführt zu verhalten. Doch solange Frauen weiterhin auf die Lügen ihres Partners nur reagieren statt zu handeln, werden sie fast immer den besten Teil ihrer selbst verlieren. Lassen Sie uns genauer ansehen, wie das geschieht.

Unser Partner lügt, wir töten den Boten

Über viele hundert Jahre wurden Botschaften durch Boten zugestellt. Wenn die Nachricht gut war, wurde der Bote belohnt. Häufig fanden sich diese armen Seelen allerdings in der unangenehmen Position, einem König oder einer anderen mächtigen Person schlechte Nachrichten überbringen zu müssen. Der König geriet üblicherweise in Wut, wenn er von solch tragischen Vorkommnissen erfuhr wie Tod, einer verlorenen wichtigen Schlacht oder eines Krieges, von einem Komplott gegen ihn oder von anderen Formen des Verrats und des Treuebruchs – dann suchte er nach einem Sündenbock, den er für sein Unglück verantwortlich machen konnte. Und wer eignete sich besser dazu als die Person, die er als Grund seiner Wut vor sich sah: der Bote. Wenn es ihn nicht gäbe, wüsste der König ja gar nichts von diesen unglückseligen Ereignissen und könnte weiterhin so leben wie zuvor. Gab es denn eine bessere Lösung, als den Boten schlechter Nachrichten zu verbannen – oder ihn zu töten?

Die Idee, den Boten zu töten, verschwand keineswegs mit dem Einzug moderner Technologien. Im übertragenen Sinne ist diese Idee ein recht lebendiger Teil unseres gegenwärtigen Lebens. Wir sind immer noch sehr viel schneller bereit, auf die Person wütend zu werden, die uns die schlechte Nachricht überbringt, als auf die Person, die das Problem erst erschaffen hat.

Allison reagierte geradezu dramatisch, als ihre Schwester Erica ihr mitteilte, dass sie Scott in einer Bar mit einer anderen Frau gesehen hatte:

Ich rief Erica am nächsten Tag an und sagte ihr, sie sollte sich um ihre eigenen Probleme kümmern. Ich sagte, dass sie jemanden gesehen haben musste, der aussah wie Scott. Sie erwiderte, sie habe ganz in seiner Nähe gesessen, ohne von ihm gesehen worden zu sein, und dass sie sich keineswegs geirrt habe. Und dann sagte sie: »Schätzchen – wie lange willst du noch zulassen, dass er dir das antut?« Plötzlich verlor ich die Kontrolle. Ich schrie sie an: »Du weißt gar nichts über das, was zwischen uns ist. Wie kannst du es wagen, unsere Ehe infrage zu stellen?« Ich sagte ihr, ich wollte sie nicht mehr sehen oder von ihr hören, bis sie sich entschuldigt hätte. Also wirklich, sie war doch angeblich meine beste Freundin, und nun ging sie auf Scott los und verletzte mich da, wo es am meisten wehtat. Ich hatte wirklich das Gefühl, dass sie mich verraten hatte.

Für Frauen wie Allison, die sehr stark verdrängen, ist es eine wesentliche Notwendigkeit, selbst unübersehbare Zeichen, die darauf hinweisen, dass Lügen ihre Beziehung schwer belasten, einfach auszublenden.

Wenn sie ihre rosarote Brille aufhatte, dann konnte sie selbst die unverschämteste Lüge einfach verschwinden lassen. Ihre Schwester Erica machte sich Sorgen, und weil ihr Allisons partielle Blindheit gegenüber Scotts Verhalten fehlte, war sie wesentlich besser in der Lage, seine Lügen als das zu erkennen, was sie waren.

Doch das versetzte Erica in eine unhaltbare Situation. Sollte sie schweigen und hoffen, dass Allison letztendlich selbst die Wahrheit herausfand? Oder sollte sie riskieren, sich Allison zur Feindin zu machen, indem sie zur modernen Version des Boten mit den schlechten Nachrichten wurde? Das ist ein Dilemma, mit dem alle konfrontiert sind, die ehrlich versuchen, Frauen zu schützen oder ihnen klarzumachen, was wirklich in ihrem Leben vor sich geht. Und je stärker die Verdrängung bei den Betroffenen ist, desto weniger wollen sie die Wahrheit hören. Das Ergebnis ist, dass viele Frauen sich von wichtigen Menschen zurückziehen, die ihnen das sagen, was sie selbst noch nicht bereit sind zu hören.

Die Intensität von Allisons Abwehrmechanismen deutet stark darauf hin, dass sie einige echte Zweifel hegte, wer ihr nun die Wahrheit sagte. Doch manchmal kann es vorkommen, dass wir die Wahrheit fast wie einen Angriff empfinden, selbst wenn wir insgeheim immer stärker ahnen, was wirklich los ist. Es war viel leichter für Allison, sich von ihrer Schwester verraten zu fühlen, die ihr die Wahrheit sagte, als die Möglichkeit ins Auge zu fassen, dass Scott derjenige war, der sie in Wirklichkeit betrogen hatte. Und genau wie der König, der seinen Ärger und seine Wut auf den Boten übertrug, übertrug Allison ihre Enttäuschung auf ihre Schwester.

Wir gegen sie

In Dianes Fall war es die Mutter, die zeitweilig in die Verbannung geschickt wurde. Diane wusste sehr wohl um die Lügen Bens über seine Geschäfte und ihre wackelige finanzielle Lage, sie wollte nur nicht, dass jemand anderes ihr davon berichtete. Sie wollte einfach nicht alle Hoffnungen aufgeben.

Ich lebte nur noch von Versprechungen. Es wurde immer schwerer und schwerer. Meine Mutter hatte diese irritierende Angewohnheit, mich über alles auszufragen – ich weiß, dass sie sich Sorgen machte –, und deshalb erzählte ich ihr von diesem wirklich wichtigen Projekt, an dem er arbeitete, dem Projekt, von dem er mir versichert hatte, dass es uns für immer finanzielle Sicherheit verschaffen würde. Ich glaube, ich wollte damit nicht nur ihr, sondern auch mir selbst Mut machen. Sie schwieg etwa eine Minute und dann sagte sie zu mir: »Aber ich höre jetzt diese Gerüchte schon seit über einem Jahr.« Sie sagte, dass sie und mein Vater einige Makler über dieses Projekt befragt hätten und sie erklärt hätten, dass Ben niemals die Baugenehmigung bekommen würde, die er brauchte, und sich mehrere große Baufirmen aus diesen Gründen von dem Projekt zurückgezogen hätten. Ben hatte mir erzählt, die Baugenehmigung sei so gut wie erteilt. Dann sagte meine Mutter: »Sag mir die Wahrheit – verdient er überhaupt Geld, oder unterstützt du ihn?« Es war einfach nur eine Frage, doch ich hörte sie wie eine Verurteilung meiner Entscheidungen, meines Lebens, meiner Ehe. Ich fühlte mich wie gehäutet – alle meine Nervenenden waren wie zerfasert –, ich konnte einfach nicht mehr klar denken. Warum musste meine Mutter mir dies antun? Ich sagte ihr, dass ich nicht weiter mit ihr sprechen könne und dass sie mich nicht wieder anrufen solle, bis sie nicht meinem Mann gegenüber etwas Respekt zeigen könne.

Wenn Ihre Umgebung zunehmend chaotisch wird und Sie versuchen, die Menschen um Sie herum zu überzeugen, dass alles in Ordnung ist oder bald sein wird, dann verlangen Sie damit von ihnen, dass sie entweder auf Ihre Selbsttäuschung eingehen oder aber wegbleiben. Sie wollen dann gar nicht mehr, dass Außenstehende mit ihrer eigenen Realitätswahrnehmung Ihre Version infrage stellen, und deshalb vermeiden Sie es oft, sich den Menschen gegenüber, die Ihnen am nächsten stehen, zu öffnen – manchmal hören Sie einfach auf, diese Menschen überhaupt zu treffen. Die einzigen Gesprächspartner, mit denen Sie gut auskommen, sind diejenigen, die Ihnen nicht widersprechen, die Ihnen sagen, was Sie hören wollen.

Selbst wenn Sie weiterhin bestimmte Freunde oder Familienmitglieder treffen, haben Sie doch meist aufgehört, ihnen Ihre Sorgen zu erzählen oder sie um ihre Meinung zu bitten. Sie sagen sich selbst, dass sowieso niemand versteht, was wirklich los ist. Niemand kennt ihn, wie Sie ihn kennen. Und dann beginnen Sie, Geheimnisse zu hüten.

Je mehr Sie verbergen, desto weniger Wahrheit und Nähe lassen Sie zu. Scham, aggressive Rechtfertigungsstrategien und Zorn nehmen nun den Platz ein, den früher Nähe eingenommen hat. Jeder, der Ihren Selbsttäuschungen nicht folgt, kann ganz plötzlich von Ihnen erfahren, dass es für ihn keinen Platz mehr in Ihrem Leben gibt.

Keineswegs möchte ich damit sagen, dass Sie Einmischungen oder Bespitzelungen von wem auch immer tolerieren sollten. Und schon gar nicht will ich damit sagen, Sie sollen automatisch alles glauben, was man Ihnen erzählt. Wir alle wissen, dass es manche Menschen in unserem Leben gibt, deren Motive und Ziele nicht völlig selbstlos sind. Doch wenn der Bote bisher immer vertrauenswürdig war, dann schulden Sie es sich selbst, zumindest nachzuprüfen, ob das, was er berichtet, wahr ist, egal wie erschreckend die Botschaft Ihnen vorkommen mag. Hier geht es nicht um eine Frage der Loyalität – es geht um Ihr Überleben, um Ihren Selbstschutz.

Lügen via Stellverteter

Es ist keineswegs ungewöhnlich, dass ein Mann, der lügt, seine Partnerin in den Balanceakt mit einbezieht, den er betreibt, um den Folgen seines Tuns möglichst immer einen Schritt voraus zu sein. Das gilt besonders dann, wenn seine Lügen Geld, Abwesenheit vom Arbeitsplatz und Sucht betreffen. Weil Sie selbst nicht mehr Herrin der Situation sind, ist es wahrscheinlich, dass Sie sich bewusst, wenn auch gegen Ihren Willen, zur Komplizin seiner Lügen machen.

Diane erzählte mir, dass es ihre Aufgabe war, mit Gläubigern umzugehen, weil Ben sie so lange mit Zahlungsversprechen hingehalten hatte, dass er jegliche Glaubwürdigkeit verloren hatte.

Als es immer enger für uns wurde, ließ er mich mit den Leuten umgehen, denen wir Geld schuldeten. Es hieß dann: »Sag ihnen, dass ich nicht da bin«, obwohl er neben mir saß, oder »Sag ihnen, der Scheck ist in der Post«, wenn das nicht der Fall war, oder »Sag ihnen, ich rufe zurück«. Jetzt log ich also schon für ihn, und ich hasste es. Doch er überredete mich, dass ich mehr Zeit für uns herausschlagen könnte als er, denn die Leute wären für gewöhnlich Frauen gegenüber zuvorkommender. Ein paar Mal brach ich schier zusammen und weinte am Telefon – ich fühlte mich so erniedrigt, so billig.

Je weniger Glaubwürdigkeit Ihr Partner hat, desto mehr ist er auf Ihre angewiesen. Und bevor Sie sich versehen, lügen Sie vielleicht nicht nur Fremde an, sondern auch die Menschen, die Ihnen am Herzen liegen.

Diane geriet in Panik, als sie von ihrer Sparkasse die Mitteilung erhielt, dass ihr Haus zwangsversteigert würde. Das war nur wenige Monate, nachdem sie entdeckt hatte, dass Ben die Zahlungsaufforderungen für die Hypotheken einfach in seinen Schreibtisch gestopft hatte:

Ich konnte einfach nicht glauben, wie lässig er damit umging. Er sagte: »Deine Mutter hat Kohle – sie kann uns helfen, bis die Sache in Santa Barbara geritzt ist – das sind noch zwei Wochen. Sag ihr, dass ich ihr 20 Prozent Zinsen zahle.« Ich wusste, dass das Geschäft in Santa Barbara äußerst spekulativ war, und ich hatte seit Wochen, seit diesem letzten Anruf, nicht mehr mit meiner Mutter gesprochen, und nun sollte ich sie auf Knien um Hilfe bitten. Aber ich sah keinen Ausweg – ich konnte nicht zulassen, dass wir unser Haus verloren, und ich glaubte wohl immer noch, dass er uns irgendwie aus dem ganzen Schlamassel wieder herausreißen würde.

Der Abend bei meiner Mutter war einer der schlimmsten meines Lebens. Ich tat so, als sei ich wirklich begeistert von dem Geschäft, das Ben plante – ich wiederholte genau, was er mir aufgetragen hatte. Ich zeigte ihr die Pläne der Architekten, die projizierten Gewinnaufstellungen und versicherte ihr, wir hätten es fast schon geschafft. Vor mir selbst rechtfertigte ich das, indem ich mir sagte, dass eine kleine Lüge nicht so schlimm sei wie der Verlust des Hauses. Sie jedoch schüttelte nur den Kopf und sagte: »Ich möchte nichts darüber hören. Beleidige bitte nicht meine Intelligenz, indem du mir Bens Augenwischereien auftischst. Ich kann verstehen, dass er dich vorgeschickt hat, statt selbst zu kommen – er weiß, was ich ihm gesagt hätte. Wenn du Hypothekenraten nachzahlen musst, gebe ich dir das Geld. Ich will keine Zinsen dafür – es ist ein Geschenk, kein Darlehen. Du hast schon genug Schulden am Hals. Es wird dir nicht gefallen, aber eines möchte ich dir sagen: Ich mache mir große Sorgen um dich. Ben geht meiner Meinung nach verschwenderisch und unverantwortlich mit Geld um, und er zieht dich da hinein. Jetzt hat er dich schon so weit, dass du für ihn lügst.«

In dem finanziellen Albtraum, in den er sie gestürzt hatte, begann Bens grandiose Fassade zu bröckeln. Der Mann, der seiner Frau unzweideutig mitgeteilt hatte, dass er für die Finanzen zuständig sein würde und dass sie nichts davon verstünde, erwartete nun von ihr, dass sie ihm aus der Patsche half. Und Diane verlor immer stärker nicht nur ihren guten Namen, sondern auch ihre Selbstachtung, je länger sie für ihn log.

Gegen alle Regeln verstoßen

Auch Kathy verstieß gegen viele ihrer Prinzipien und Wertvorstellungen, wenn sie sich von David überreden ließ, ihn krankzumelden, wenn er zu verkatert war, um zu arbeiten.

Meine Güte, ich weiß alles über Hilfe zur Selbsthilfe und dass man den anderen die Konsequenzen seines Verhaltens ausbaden lassen sollte, doch in der Theorie ist es ganz anders, als wenn man selbst damit konfrontiert ist. Mir blieben eigentlich nur zwei Optionen: anzurufen oder sicher zu sein, dass David gekündigt wird. Auf der abstrakten Ebene klingt es ganz leicht. Doch ich wusste, wenn ich es nicht täte, würde er seine Stelle verlieren und sich noch mehr in sich selbst zurückziehen, noch depressiver werden und wahrscheinlich den ganzen Tag im Haus herumsitzen. Ich verstieß gegen alle Regeln. Ich rief meinen Sponsor von AA nicht an, ich ging zu keinem Meeting mehr, ich log für ihn. Er schwor, dass es das letzte Mal sei, aber das war es natürlich nicht.

Für einen Alkoholiker zu lügen war nichts Neues für Kathy. Sie hatte es schon für ihre Mutter getan. Sie war erst zehn, als man ihr auftrug, den Chef ihrer Mutter anzurufen, wenn sie besonders stark getrunken hatte, und ihm zu sagen, dass sie eine Grippe habe und einige Tage nicht arbeiten könne. Für jemanden zu lügen, den man liebt, wurde zur natürlichsten Sache der Welt. Und genauso wie Kathy als Kind davon überzeugt war, dass sie damit ihrer Mutter liebevoll und loyal entgegenkam, dachte die erwachsene Kathy, dass sie ihrem Ehemann einen Liebesdienst erwies.

Kathys gesunder Menschenverstand sagte ihr, dass sie damit nicht nur sich selbst, sondern auch David schadete. Doch sobald David bewusst auf ihr Mitleid abzielte, setzte er damit Erfahrungen und Gefühle aus ihrer Kindheit frei, und sie fiel in das Muster der Fürsorge und des Lügens für andere zurück.

Wut und Rache

- »Ich werd's ihm zeigen!«
- »Was glaubt er wohl, wer er ist!«
- »Wie kann er es wagen, mich so zum Narren zu machen!«
- »Wenn er das kann, kann ich es auch!«
- »Ich möchte ihn nie wiedersehen, solange ich lebe!«

Wahrscheinlich wird nichts anderes in Ihrem Leben je eine solche Wut in Ihnen auslösen wie die bewussten Täuschungen Ihres Partners. Wenn die Wahrheit Ihnen endlich förmlich gegen das Schienbein tritt, verlieren die Beruhigungspillen Verdrängung und Erklärung ihre Wirkung, und der Schmerz lässt Sie schier aufbrüllen. In diesem Moment sind Gefühle und Impulse stärker und schneller als Ihr Verstand, und Sie handeln, leider viel zu häufig, auch demnach.

Allison hatte sich standhaft geweigert zu glauben, dass Scott sie je betrügen könnte, bis sie ihn in heftiger Umarmung mit seiner Assistentin in seinem Wagen erblickte:

Ich sah sein Auto auf einem Parkplatz in der Nähe seines Büros in Beverly Hills, und ich fuhr langsamer, um zu sehen, ob er vielleicht gerade einen Spaziergang nach dem Mittagessen machte. Dann erkannte ich, dass er noch in seinem Auto saß – mit ihr. Noch nie in meinem Leben war ich so verletzt, so gelähmt, so wütend. Im Nachhinein wundert es mich, dass ich seinen Wagen nicht angefahren habe. Ich weiß nicht mehr, wie ich nach Hause gekommen bin – alles verschwamm mir vor den Augen. Mir liefen die Tränen übers Gesicht. Ich warf mich aufs Bett und heulte und schrie und hämmerte auf die Matratze. Ich wusste, dass ich mich an diesem Bastard rächen musste. Nein, ich würde nicht einfach sein bemitleidenswertes Opfer sein. Ich zitterte vor Wut – ich hatte das Gefühl, gleich in eine Million Stücke zu zerspringen. Noch nie in meinem Leben hatte ich mich so gefühlt.

Es ist verständlich, dass Allison von rasender Wut gepackt wurde, doch die Intensität dieses Zorns schockierte sie. Sie hatte ihre Frustration und ihr Misstrauen so lange unterdrückt, dass sie sozusagen explodierten, als sie sie nicht länger leugnen konnte. Sie fühlte sich wie von sich selbst abgeschnitten, und sie hatte Angst, vollständig die Kontrolle über sich zu verlieren. Immer wieder tauchte vor ihr das Bild auf, wie Scott die andere Frau umarmt, und sie fühlte sich hilflos, als Opfer – und das war ein Selbstbild, das sie gar nicht mochte. Irrigerweise glaubte sie, am ehesten die Kontrolle über sich zurückgewinnen zu können, wenn sie sich an der Person rächte, die sie betrogen hatte.

Ich wusste, dass es mir besser gehen würde, wenn ich einfach etwas tat. Ich nahm seine geliebte Briefmarkensammlung und goss kalten Kaffee darüber. Dann stopfte ich seine Kleidung in Müllsäcke. Seine Bilder, CDs, seine Sachen aus dem Badezimmerschrank – ich wollte absolut alles, was ihm gehörte, aus meinem Leben entfernen. Dann verließ ich das Haus und ging ins Kino. Ich genoss den Gedanken, dass er nach Hause kommen und dieses Desaster vorfinden würde.

Allison war wie ein Wirbelsturm, sie versuchte, Scott so tief zu verletzen, wie er sie verletzt hatte. Die Vorstellung, ihn am Boden zu zerstören, pumpte sie mit Adrenalin auf und ließ sie für kurze Zeit ihren Schmerz vergessen. Mit diesen Racheakten schuf Allison sich die Illusion, dass sie selbst Macht und Kraft besaß.

Auge um Auge

Wenn der Verrat auf der sexuellen Ebene geschieht wie in Allisons Fall, reagieren manche Frauen, indem sie sich impulsiv auf eine Retourkutschen-Affäre einlassen. Wenn er mir das antun kann, kann ich es ihm antun, lautet ihre Überlegung.

Nachdem sie ihre Wut an Scotts Hab und Gut ausgelassen hatte, fand Allison, dass er noch nicht genug bestraft war:

Ich war entschlossen, einen unserer unverheirateten Freunde anzurufen, von dem ich wusste, dass er an mir interessiert war. Ich wollte mich betrinken und mit ihm schlafen und dann dafür sorgen, dass Scott davon erfuhr – das würde ihn wirklich treffen. Auge um Auge, nicht wahr? Doch ein letzter Funken Verstand kämpfte sich durch all diese wirren Überlegungen, und mir wurde klar, dass wenn ich ihn verletze, sich nichts daran ändern würde, wie ich mich selbst fühlte. Ich habe eine Freundin, die das getan hat, was ich vorhatte, und hinterher hat sie sich noch sehr viel schlechter gefühlt.

Natürlich ging es Allisons Freundin noch schlechter danach. Rache tröstet uns nicht, baut uns nicht auf. Rache zwingt uns, uns ganz auf die Reaktionen des Partners zu konzentrieren – auf *seinen* Schmerz, *seine* Gegenaktionen, auf die Lektion, die Sie *ihm* erteilen. Allison und ich ließen uns gemeinsam ein anderes Ziel einfallen – das Ziel einer Heilung *für sie*.

Die enge Verbindung von Wut und Trauer

Auch wenn Ben sie nicht mit anderen Frauen betrog, war Diane nicht weniger am Boden zerstört, als die Bank ihr eine Reihe von ungedeckten Schecks zurückschickte. Es stellte sich heraus, dass Ben das Geld für die Hypotheken, das Dianes Mutter ihnen gegeben hatte, verbraucht hatte, um seine Option auf das riskante Grundstücksgeschäft in Santa Barbara zu erneuern:

Wie konnte ich nur so blind gewesen sein? Ich hatte das Geld von meiner Mutter auf unser gemeinsames Konto eingezahlt und der Bank am nächsten Tag einen Scheck über die ausstehenden Hypotheken geschickt. Doch er war auf der Bank gewesen, noch bevor der Scheck eingelöst werden konnte, und hatte das Geld abgehoben. Jetzt bin ich mir nicht einmal mehr sicher, ob die Bank uns die Zeit lässt, selbst unser Haus zu verkaufen. Ich habe unendlich viel in dies Haus gesteckt, Susan. Ich bin nicht dumm, und ich habe Erfolg bei meiner Arbeit, doch er muss mich für die letzte Idiotin halten. Mal bin ich entsetzlich wütend auf ihn, dann wieder auf mich selbst. Ich breche ständig in Tränen aus, und ich weiß wirklich nicht, ob ich das alles überstehe. Wie konnte er uns das antun? Was mache ich mit all dieser Wut? Wie kann ich ihm das heimzahlen?

Affären sind nicht die einzige Art des Betruges, der Ihnen das Gefühl gibt, dass Ihr Leben auseinander bricht. Jegliche Art der arglistigen Täuschung ist eine Beleidigung Ihrer Intelligenz und Ihrer Würde. Diane sprach deutlich über die enge Beziehung von Wut und Trauer, als sie beschrieb, wie sie zwischen beidem hin und her gerissen wurde. Zusätzlich zu ihrer Wut auf Ben und ihren Selbstvorwürfen, dass sie es hatte so weit kommen lassen, war sie auch zutiefst verletzt und verängstigt. Sie weinte nicht nur über den möglichen Verlust des Hauses, sondern auch über all die anderen Verluste – Verlust des Vertrauens, der Stabilität, des Respektes und ganz sicher der Liebe –, die das Lügen bewirkt.

Doch wie Allison gelang es schließlich auch Diane, sich auf die Änderungen zu konzentrieren, die sie tatsächlich vornehmen konnte, und dadurch ihrem Leben eine neue Richtung zu geben.

Schütten Sie das Badewasser aus, doch retten Sie das Kind

Es liegt in der menschlichen Natur, zurückschlagen zu wollen, wenn man verletzt wurde, und ich plädiere keineswegs dafür, dass Sie nicht wütend werden sollten. Doch wenn Sie sich nur noch von Ihren zornigen Impulsen leiten lassen, während Ihre Wunden noch frisch sind, dann kann es sein, dass Sie Dinge sagen oder tun, die irreparable Schäden anrichten.

Natürlich sind Sie wütend. Sie müssten ein Roboter sein, wenn dem nicht so wäre. Doch der Impuls, sofort die Scheidung einzureichen, mit jemand anderem ins Bett zu gehen, seine Kleider zu verbrennen oder die Schlösser auszutauschen, damit er nicht mehr hereinkommt, kann mit ungeheurer Wucht auf Sie zurückschlagen, wenn Sie ihn ausagieren.

Wut und Rache sind eigentlich nichts anderes als die andere Seite der Medaille von Verdrängung und Entschuldigung. Sie verleihen Ihnen ein Gefühl der Macht, doch nur, weil es aktive, statt passive Gefühle sind. Sie glauben, dass Sie damit handeln, statt nur auf das zu reagieren, was er tut, doch in Wirklichkeit dient keine der beiden Haltungen Ihrem Interesse, noch können sie der Nährboden sein für gesundes, selbstbewusstes Verhalten, das Ihrem Leben eine neue, bessere Richtung geben könnte. Stattdessen bedingen Wut und Trauer einander wie in einer Endlosschleife.

Selbst in Situationen wie der Allisons, in denen Ihr Herz und Ihre Seele ganz direkt angegriffen werden, ist es wichtig, tief durchzuatmen und sich Zeit zu nehmen, Ihre Beziehung genau zu überdenken, bevor Sie wichtige Entscheidungen treffen. Es mag immer noch sein, dass es etwas gibt, das zu retten sich lohnt.

Durch Eifersucht gedemütigt

Allison war Scott gegenüber viel zu nachsichtig gewesen. Noch lange nachdem man ihr Informationen zugespielt hatte, dass Scott sie betrog, leugnete sie, dass er sie je hintergehen könnte. Doch sobald sie herausfand, dass es tatsächlich eine andere Frau gab, verfiel sie ins andere Extrem:

Die Dinge beruhigten sich, und wir leben eigentlich wieder ganz normal miteinander. Aber ich muss Ihnen gestehen, dass mich ständig der Gedanke verfolgt, was wäre, wenn es wieder passierte. Ich glaube nicht, dass ich nochmals solch eine Situation überleben könnte. Jetzt bin ich immer und überall misstrauisch. Wenn er eine Frau anlächelt, werde ich wütend. Allmählich werde ich zu einer Art Furie – genau das, was ich immer gehasst habe. Wenn er telefoniert, gehe ich ins Schlafzimmer und höre am Telefon von dort aus mit. Ich überprüfe seine Hemden, durchsuche all seine Taschen ... Neulich war ich wirklich auf dem Tiefpunkt angekommen. Ich durchsuchte plötzlich die Mülltonnen, ich weiß nicht, wonach – einer Hotelrechnung, irgendetwas –, und dabei steckte ich meine Hand in eine Tüte mit fettigen Hühnchenknochen. Noch nie in meinem Leben habe ich mich so gedemütigt gefühlt. Wahrscheinlich werde ich ihn als Nächstes heimlich verfolgen.

Bei ihrem verzweifelten Versuch, absolut sicherzugehen, nicht wieder getäuscht zu werden, wurde Allison zum Detektiv, glaubte irgendwie, mit übertriebenem Misstrauen verhindern zu können, dass solch eine grausame Situation ihr nochmals zustoßen könne. Doch so wie Wut und Rache die völlig nutzlosen Gegenstücke zu Verdrängung und Entschuldigung sind, ist exzessives Misstrauen das nutzlose Gegenstück zur Nachsichtigkeit. Wenn er Sie betrügen will, dann wird er einen Weg finden, egal wie oft Sie seine Brieftasche kontrollieren. Ihr Übereifer wird ihn nie davon abhalten, es wieder zu tun, und dass Sie sich selbst zum

Spion machen, trägt nur dazu bei, dass Sie sich beschämt und herabgesetzt fühlen.

Was seine Lügen den Kindern antun

Wenn Sie Kinder haben, dann hat Ihre Beziehung zu einem Lügner einen genauso tiefen Einfluss auf deren Leben wie auf Ihres. Wenn Sie durch Ihr Verhalten vermitteln, dass für Sie Ehrlichkeit keine große Rolle spielt, werden Ihre Kinder diese Botschaft übernehmen. Was Sie ihnen sagen, ist nicht halb so wichtig wie das, was Sie tun. Sie können Ihren Kindern erklären, dass sie immer die Wahrheit sagen sollen und dass man nicht lügt, doch wenn sie feststellen, dass Sie selbst Entschuldigungen oder Erklärungen erfinden, um einen Mann zu schützen, der lügt, dann erfahren sie, was Ihnen wirklich wichtig ist. Lassen Sie mich erklären, was ich meine.

In Kapitel 1 stellte ich Ihnen eine junge Frau namens Paula vor, deren Mann, John, ihr versprochen hatte, ihr sexuell niemals etwas zuzumuten, was sie nicht wollte, und der sie, sobald sie verheiratet waren, dennoch zu oralem Sex zwang. John hatte ihr vor der Heirat noch ein anderes Versprechen gemacht, das er auf eine besonders sadistische Weise brach:

Eines der Dinge, die mich überzeugten, dass er der richtige Mann für mich war, war seine verständnisvolle und Mut machende Art, mit der Tatsache umzugehen, dass ich vergewaltigt worden war. Er versicherte mir, dass er immer für mich da sein würde, dass ich ihm alles erzählen könne, dass ich ihm absolut vertrauen könne. Er erklärte, dass er sich eher den Arm abschneiden würde, als diesen Vorfall je gegen mich zu verwenden. Er weiß, dass ich Sie aufsuche und versuche, Hilfe zu finden, doch neuerdings bringt er immer wieder meine Vergangenheit aufs Tapet. Er sagt dann Sachen wie: »Ich konnte ja nicht wis-

sen, dass ich jemanden heirate, der beschädigt ist. Das bist du nämlich, beschädigte Ware.« Ich bettelte ihn an, Geduld mit mir zu haben. O Gott, Susan, warum nur kann ich ihm diesen einen Gefallen nicht tun?

Ich erklärte Paula, dass eine viel bessere Frage hieße: »Warum ist John so gemein und eklig zu mir?« Es ging in diesem Konflikt überhaupt nicht um Sex. Es ging um Johns Verhalten. Wie konnte er es wagen, Paulas traumatische Erfahrung wie einen Baseballschläger zu benutzen, um sich durchzusetzen, nachdem er versprochen hatte, genau das niemals zu tun? Und warum ließ Paula es zu, dass John sie anlog und beleidigte, um dann den Schluss daraus zu ziehen, dass das alles nur geschah, weil etwas Schreckliches mit ihr nicht stimmte?

Paula hatte, als sie aufwuchs, zusehen müssen, wie ihre Mutter über Jahre hinweg Lügen und Misshandlungen erduldete. Sie hatte zugesehen, wie ihre Mutter in die Rolle des Opfers abglitt und durch Religion und Familie daran gehindert wurde, das zu ändern. Sie müssen wissen, dass Carol und Ken die Eltern von Paula sind; hier behandelte ich zwei Generationen von Frauen, die Lügner geheiratet hatten.

Carol hat nie zu Paula gesagt: »Es ist nichts Besonderes, wenn dein Mann dich belügt, das muss man ertragen.« Das musste sie auch gar nicht. Ihr eigenes Verhalten hat Paula diese Botschaft klar und unmissverständlich vermittelt.

Das war Carols Erbe an die Tochter – eine Tochter, die sie wirklich liebte und die sie immer zu schützen suchte. Carol war, mit den besten Vorsätzen der Welt, zum Rollenmodell für eine ungesunde, selbstzerstörerische Passivität und Duldsamkeit geworden, das sich vollkommen auf die Tochter übertrug. Glücklicherweise konnte dieser Kreislauf schließlich unterbrochen werden, wie Sie in der zweiten Hälfte des Buches sehen werden.

Die falsche Lektion erteilen

So lange Ihre Kinder in einer Welt aufwachsen, die durch die Lügen Ihres Partners definiert wird, so lange besteht die Gefahr, dass Ihre Kinder auf eine Art und Weise in dieses Lügennetz hineingezogen werden, die Sie sich niemals vorgestellt hätten. Erinnern Sie sich an Laurie, die Bildhauerin, die eine Beziehung mit einem soziopathischen Therapeuten hatte und mir erzählte, dass sie eine hohe Toleranz gegenüber Michaels Lügen entwickelt hätte? Ich fragte sie, ob sie eine Idee hätte, warum sie solch eigentlich unakzeptables Verhalten tolerieren konnte:

Nun, mein Vater, den ich über alles geliebt habe, war ein chronischer Lügner. Obendrein ist er ein süchtiger Spieler, deshalb wurde auch immer über Geld gelogen. Er ist ein Gebrauchtwagenverkäufer, und er verdiente ganz gut, doch er verjubelte alles auf dem Pferderennplatz. Einen Tag waren wir reich, am nächsten arm. Immer machte er wilde Versprechungen über all das, was er für mich und meinen Bruder tun würde – Privatschulen, neue Autos. Nichts davon ist je eingetreten, ganz klar, doch er war so charmant und es machte so viel Spaß, einfach nur in seiner Nähe zu sein, dass ich ihm verzeihen konnte, dass er mich eigentlich nur permanent enttäuscht hat. Meine Mutter war ständig wütend auf ihn, und als Kind hatte ich richtig Mitleid mit ihm, er war ja mit so einer Furie verheiratet. Es gab damals vieles, was ich nicht wusste.

Laurie entdeckte bald, dass ihr charmanter Vater nicht nur in Geldangelegenheiten log, und diese Entdeckung zerstörte für immer die Welt ihrer Jugend.

Ich hatte die Schule für ein paar Stunden geschwänzt und war mit meinem Freund zu McDonald's in der Nähe gegangen. Ich hatte Angst, dass uns jemand sehen könnte, deshalb saßen wir ganz hinten in einer Ecke, wir flirteten und unterhielten uns gut. Als wir das Lokal verließen, um in die Schule zurückzugehen, sah ich in der gegenüberliegenden Ecke ein schon etwas älteres Paar, das sich küsste. Die Frau war rothaarig, trug zu viel Make-up und einen zu engen Pullover. Der Mann kam mir bekannt vor. Dann sah ich, dass es mein Vater war! Er blickte auf und sah mir kurz in die Augen. Er lächelte verstohlen und wandte sich dann ab. Mein Herz klopfte so schnell, dass ich fürchtete, es würde mir aus der Brust springen. Mir war schwindlig, alles um mich schien sich zu drehen. Mein Gott, das war mein Vater und er hatte eine Freundin.

Mein Vater sagte nie ein Wort darüber, dass er mich gesehen hatte, und ich erzählte niemandem, dass ich ihn gesehen hatte. Ich hatte das Gefühl, ein wirklich schmutziges Geheimnis zu wahren. Natürlich wollte ich meiner Mutter nichts darüber erzählen, denn sie regte sich sowieso schon so oft über ihn auf, und ich wollte nicht der Grund für noch mehr Krach zwischen ihnen sein. Doch gleichzeitig hatte ich das Gefühl, dass ich sie hinterging. Ich fühlte mich so schuldig!

Weil sie etwas sah, was sie nicht hätte sehen sollen, und weil sie in eine stumme Komplizenschaft mit ihrem Vater hineingezogen wurde, war Laurie gezwungen, die Mutter zu hintergehen – eine schreckliche Bürde für einen jungen Menschen.

Lauries Vater sprach sie nicht direkt auf das Ereignis an, doch sie wusste, dass sie sein Geheimnis wahren musste oder riskierten, seine Zuneigung zu verlieren. Andere Väter fordern ganz offen die Komplizenschaft ihrer Kinder ein und machen sie damit zu Mitspielern in einem Drama, in dem sie gar keinen Platz haben dürften. Einige meiner Klientinnen, die in Familien mit tief greifenden Geheimnissen und Lügen aufwuchsen, berichteten, dass die Väter ihnen sogar offen von ihren Affären erzählten. Schon als Mädchen wurde ihnen dann eingebläut:

- »Sag deiner Mutter nichts – es würde sie umbringen.«
- »Sag deiner Mutter nichts – es würde die Familie zerstören.«
- »Sag deiner Mutter nichts, denn dann verlässt sie mich wahrscheinlich, und du würdest mich nie wiedersehen.«

Welche Jugendliche würde sich nicht innerlich zerrissen fühlen durch die widersprüchlichen Loyalitäten, die solche Aufforderungen zur Geheimhaltung ihnen aufzwingen? In vieler Hinsicht ähnelt ein solcher Zwang dem Inzest. Ihr Kind wird in eine Rolle gezwungen, der es geistig und emotional nicht gewachsen ist. Ihm wird eingeredet, dass es dafür verantwortlich ist, die Familie zusammenzuhalten, indem es schweigt. Und es ist überzeugt, dass die Katastrophe über alle hereinbricht, wenn es sich nicht an das Schweigegebot hält, und dass es seine Schuld ist, wenn die Familie auseinander bricht.

Die Welt eines Kindes gerät völlig durcheinander, wenn es zum Hüter der Lügen des Vaters gemacht wird. Lauries Vater hat sich wahrscheinlich weder schuldig noch verantwortlich für sein Verhalten gefühlt, doch Laurie tat es sicherlich, als er sie zur Mitwisserin machte. Laurie wuchs mit der Überzeugung auf, dass sie nicht das Recht hatte, einen Mann mit seinen Lügen zu konfrontieren, und dass die einzige Möglichkeit, eine solche Situation zu überleben, darin bestand, wegzusehen. Ich erklärte Laurie, dass sie diese ungesunden Verhaltensmuster nur dann überwinden könne, wenn sie eine hohe Intoleranz gegenüber Lügen entwickelte.

Sie sind die ersten und wichtigsten Lehrer Ihrer Kinder hinsichtlich aller Formen von Beziehungen. Wenn Sie weiterhin die Lügen Ihres Partners akzeptieren, um die Fassade einer stabilen Familie aufrechtzuerhalten, dann setzen Sie damit auch einen psychologischen Mechanismus in Gang, der die Toleranz von Lügen auch in der nächsten Generation festschreibt.

Der Verlust Ihres wahren Selbst

Lügen schaden allen. Sie schaden den Menschen, die Sie lieben, doch vor allem schaden sie Ihnen selbst. Ihre emotionale, geistige und körperliche Gesundheit leidet darunter. Sie stellen fest, dass Sie Wesenszüge entwickeln, die Ihnen vollkommen fremd sind. Etwa, dass Sie härter, hoffnungsloser, gänzlich pessimistisch werden. Sie leben mit Stress und Spannungen, die jeglichen Aspekt Ihres Wohlbefindens massiv angreifen. Vielleicht glauben Sie wie Carol, die beste Möglichkeit, damit umzugehen, bestehe darin, sich nicht zu widersetzen, doch sehen Sie selbst, was es sie gekostet hat:

Ich musste mir ständig selbst einreden, dass alles wieder in Ordnung kommen würde. Ich bin Mormonin, und noch nie hat es in meiner Familie eine Scheidung gegeben. Doch ich wurde allmählich zu einer ganz anderen Person als die Frau, die ich war, als wir heirateten. Ich hatte viel von meiner geistigen Energie verloren, von meinem Vertrauen in die Menschen, von meinem Selbstbewusstsein – meine besten Seiten.

Carol beschreibt hier das tiefe Verlustgefühl und die Leere, die entstehen, wenn Sie Teile Ihres Selbst aufgeben, um eine Beziehung aufrechtzuerhalten. Wenn Sie dem betrügerischen Verhalten Ihres Partners gar nichts entgegensetzen, dann tritt eine grundlegende Wandlung Ihrer Persönlichkeit und Ihrer emotionalen Gesundheit ein. Ihre Stimmungen bewegen sich nur noch auf neue Tiefpunkte zu. Und während Ihr Respekt gegenüber sich selbst immer schwächer wird, werden Depressionen und Hoffnungslosigkeit zu Ihren ständigen Begleitern.

Nichts bleibt, wie es war

Vielleicht glauben Sie wie Carol, dass man am besten über die Runden kommt, indem man alles so akzeptiert, wie es ist. Das mag eine Zeit lang sogar so sein. Ich weiß, dass jede Frau, die mit einem Partner lebt, der lügt, an der Vorstellung festhält, dass er ihr eines Tages alles beichten wird, sich für die Verletzungen, die er ihr zugefügt hat, entschuldigen wird, um Vergebung betteln und schnurstracks in eine Therapie rennen wird.

Doch wie alles ungesunde Verhalten verschwindet auch das Lügen nicht einfach urplötzlich, im Gegenteil, meist wird es mit der Zeit noch schlimmer. Ihr Partner wird sich noch stärker auf dies Verhaltensmuster zurückziehen und immer weniger bereit sein, sich zu ändern. Und Ihnen selbst wird bewusst werden, dass Sie immer mehr von Ihrem Respekt gegenüber sich selbst und Ihrer Würde aufgeben.

Doch Ihr wirkliches Selbst ist nicht gänzlich verschwunden. Gemeinsam können wir es wieder aufspüren und damit beginnen, die Wunden zu heilen, die bewusste Täuschung und Betrug Ihnen zugefügt haben. Zugleich werden Sie die einzigen Verhaltensstrategien kennen lernen, die die schmerzlichen Beziehungsmuster drastisch verändern können und damit auch Ihr Leben. Es ist an der Zeit, dem Lügen ein Ende zu bereiten.

Teil 2
Die Wunden heilen

In diesem Teil des Buches möchte ich Ihnen einige wirkungsvolle Techniken vermitteln, um mit den Lügen Ihres Partners umzugehen, gleichgültig, ob Sie gerade die erste Lüge entdeckt haben oder ob Sie schon seit Jahren belogen werden. Ich werde Ihnen zeigen, wie Sie zu einem klaren, rationalen Standpunkt zurückfinden können, von dem aus Sie die Entscheidungen treffen können, die in Ihrem besten Interesse sind. Ich werde Ihnen genau erklären, was Sie sagen müssen, wenn Sie Ihren Partner bei einer Lüge ertappen, und ich werde Ihnen genaue Regieanweisungen geben, wie Sie mit seinem breiten Repertoire an Bitten, Erklärungen und Kritik umgehen sollten. Sie werden lernen, wie man mit Worten und Verhalten gleichzeitig sagt: »Das Lügen muss aufhören!«

Zugleich werde ich Ihnen die effektivsten Methoden nahe bringen, die ich kenne, um Ihre inneren Spannungen abzubauen. Ich werde Sie bei dem Lernprozess begleiten, wie Sie mit Ihrer Angst und Ihrer Wut umgehen können, indem wir das Schreiben, die Vorstellungskraft und Rituale einsetzen. Und dann werde ich Ihnen dabei helfen, über den Verlust des Vertrauens zu trauern und Ihre Wunden zu verbinden.

Wie Sie gesehen haben, hilft das Leugnen und das Verdrängen Ihnen nicht weiter, Erklärungen helfen Ihnen nicht weiter und das Ausleben Ihrer Wut hilft Ihnen nicht weiter, auch wenn es Ihnen kurzzeitig das Gefühl gibt, endlich die Situation unter Ihrer Kontrolle zu haben. Was Ihnen weiterhilft, ist die Verbindung von Gefühlsarbeit und Verhaltensstrategien, die Ihnen ermöglicht, den Partner mit seinen Lügen zu konfrontieren, zu entscheiden, was Sie und was Sie nicht akzeptieren, und möglichst das Fundament für eine sehr viel ehrlichere Beziehung zu legen.

In den Fällen, in denen Lügen die größte Zerstörung anrichten, werde ich Ihnen helfen, sorgsam zu entscheiden, ob es gesünder für Sie ist, die Beziehung zu einem Mann, der lügt, aufrechtzuerhalten oder sie zu beenden. Wenn Sie bei ihm bleiben, helfe ich Ihnen bei dem Versuch, den Lügen ein Ende zu bereiten und eine neue Beziehung aufzubauen, die auf Ehrlichkeit und Respekt basiert. Wenn Sie, nachdem Sie alle Möglichkeiten ausgelotet haben, feststellen, dass Ihre emotionale Gesundheit gefährdet ist, wenn Sie in der Beziehung bleiben, dann werde ich Ihnen durch die schwere Zeit der Trennung beistehen.

Bitte tun Sie mehr als nur zu lesen, wenn Sie sich auf diese schwere Arbeit an Ihrer Beziehung einlassen. Verpflichten Sie sich, die beschriebenen Übungen in Ihr Leben zu übernehmen, sobald sich dafür eine Gelegenheit ergibt. Einige der Kommunikationstechniken und die Art und Weise, wie Sie Ihre Gefühle in den Griff bekommen können, mögen Ihnen zuerst sehr fremd erscheinen. Doch ich weiß aus meiner eigenen Erfahrung sowie aus meiner Arbeit mit Hunderten von Frauen in Situationen, die der Ihren sehr ähnlich sind, dass diese Übungen in der Wiederholung leichter und bequemer werden. Sie sind effektiv und funktionieren obendrein auch bei anderen Menschen in Ihrem Leben, die Sie anlügen.

Sie können diese Verhaltensstrategien sofort und eigenständig lernen, doch ich weiß, dass es Zeiten gibt, in denen Angst, Depressionen und Panik, die der Entdeckung, dass der Partner Sie belügt, folgen, so stark sind, dass es nur vernünftig ist, in diesen Zeiten auch konkrete Hilfe von außen zu suchen. Keine der Übungen sollte eine Therapie oder Selbsthilfegruppen ersetzen, sie sollen nur ein wichtiges Begleitprogramm für eventuell andere Formen der Therapie, die Sie wählen, darstellen.

Während Sie neue Wörter, neue Ideen und neue Verhaltensweisen in sich aufnehmen, werden Sie feststellen, dass Ihr Leben sich im guten Sinne verändert. Es wird nicht immer leicht sein, doch ich verspreche Ihnen, dass jede Veränderung, die Sie durchmachen, große Auswirkungen auf Ihr Leben hat und Sie ein ganzes Stück näher an Ihr Ziel, die Beziehung, die Sie wollen und verdienen, bringen wird.

Vergessen Sie nie: Wenn es darum geht, Ihr Leben besser zu gestalten, dann ist die Tat Ihr Freund, Passivität Ihr Feind. Lassen Sie uns also damit anfangen.

7 Der Augenblick der Wahrheit

In dem Moment, in dem Sie beschließen, mit den Lügen Ihres Partners direkt umzugehen, werden Sie wahrscheinlich so stark wie nie zuvor von Verunsicherung, Wut, Angst und purem Herzeleid übermannt werden. Ob seine Lügerei nun vollkommen neu oder lange bekannt ist, der Gedanke, endlich eine Entscheidung treffen oder handeln zu müssen, mag Ihnen überwältigend, geradezu unfassbar erscheinen. Die Beziehung – und die Welt, wie Sie sie kannten – hat sich für immer verändert.

- Wenn Sie seine Lügerei gerade erst entdeckt haben, sind Sie wahrscheinlich so verletzt, dass Sie glauben, Ihre Kräfte reichen nur noch dazu aus, die Gefühlsstürme zu ertragen und abzuwarten, dass sie vorübergehen. Ich weiß, dass Sie Panik empfinden und nicht wissen, was Sie als Nächstes tun sollten.
- Wenn es in Ihrer Lebensgeschichte viele Lügen gab und Sie gelernt haben, Ihre Gefühle zu verbergen, dann werden Sie feststellen, dass Ihre Wut sich längst in Depressionen und Bitterkeit verwandelt hat. Vielleicht haben Sie dadurch für kurze Zeit das Gefühl, wieder Boden unter den Füßen zu haben, doch Sie leben eigentlich immer in der Anspannung, wann die nächste Lüge auftaucht, der nächste Schock Sie und Ihre Welt erschüttert. Darüber hinaus vergeuden Sie wahrscheinlich ungeheure Energien damit, die Wut, die Sie verspüren, wenn Sie über seinen Betrug nachdenken, zu ignorieren.
- Wenn Sie die Beziehung zu einem Lügner aufgekündigt haben, dann fühlen Sie sich verletzlich und sehr unsicher, wie Sie in Zukunft vermeiden können, dass man Sie wieder belügt. Sie wissen einfach nicht, wie Sie ein Mittelmaß zwischen

Zutrauen und Misstrauen finden sollen. Der alte Schmerz und die alte Wut sind scheinbar vergessen, doch dann, gerade wenn Sie denken, dass Sie darüber hinweg sind, flammen sie mit ungeheurer Macht wieder auf. Sie sind fest entschlossen, dass eine neue Beziehung ganz anders sein wird, doch Sie wissen immer noch nicht, wie Sie sich wirksam schützen können. Und wahrscheinlich schleppen Sie immer viele schmerzhafte Selbstvorwürfe mit sich herum.

Wie auch immer Ihre persönliche Lebenssituation aussieht, in welchem Stadium des Umgangs mit einem Lügner Sie sich auch befinden, ich hoffe sehr, dass Sie sich selbst in die Pflicht nehmen, so aktiv und mutig zu sein, wie es nötig ist, um alte Wunden zu verarbeiten und ein besseres Leben zu beginnen.

Der allererste Schritt

Beginnen wir gleich mit dem Anfang: Sie befinden sich inmitten eines emotionalen Wechselbades. Das ist kein guter Zeitpunkt, um wichtige Entscheidungen zu treffen. Es ist auch kein guter Zeitpunkt, um sich die Erklärungen und Entschuldigungen Ihres Partners anzuhören oder zu versuchen, sie einzuschätzen, zu analysieren. Und ganz sicher ist es kein guter Zeitpunkt, um festzustellen, ob die Beziehung weiterhin aufrechterhalten werden kann. Ihre Gefühle sind so überstrapaziert, dass Sie Informationen, die Sie verarbeiten, verzerren und begrenzen – selbst in den Momenten, wo Sie sich ganz ruhig fühlen und überzeugt sind, ganz rational zu denken. Das alles allerdings gilt nicht für eine Beziehung mit einem Soziopathen, denn dann ist der Abbruch der Beziehung die einzige Entscheidung, die Sie treffen müssen, und die sollten Sie sofort treffen.

Wenn es sich in Ihrem Fall um eine langjährige Beziehung handelt, dann sollten Sie sich genauer ansehen, wie Sie bisher reagiert haben und welches Verhalten Ihnen nicht weitergeholfen hat, aber auch überlegen, wie und inwiefern Sie Ihre Hälfte der Interaktion zwischen Ihnen und dem Partner ändern könnten.

Am besten beschließen Sie auf der Stelle, sich selbst eine Art Auszeit über die nächsten sieben Tage zu gewähren. Das ist die Zeit, in der Sie zu der Entschiedenheit und der Kraft finden können, um mit dieser Krisensituation umzugehen. Ich weiß, dass Sie das dringende Bedürfnis haben, sofort zu handeln, doch wir wollen dieses Bedürfnis ganz auf Ihre Heilung ausrichten, weg von der Frage, wie man mit dem Partner fertig wird. Und damit liegt sehr viel Arbeit vor uns.

Fünf Schritte zum Umgang mit den Lügen des Liebsten

Wie es bei den meisten Frauen der Fall ist, hat Ihnen wahrscheinlich niemand beigebracht, wie man den Schmerz, die Verwirrung und das Chaos übersteht, in die die Lügen eines geliebten Menschen Sie stürzen. Doch die fünf Schritte, durch die ich Sie in diesem sowie im nächsten Kapitel führen werde, bieten eine außerordentlich effektive Struktur, um sich dem, was Ihnen zugefügt wurde, mit Würde und einem echten Gefühl der eigenen Stärke zu stellen. Ich führe die einzelnen Schritte hier kurz an, es ist sozusagen die Landkarte für den Weg, den wir zurücklegen werden. Denken Sie sich die fünf Schritte wie eine Heilsalbe für die Wunden, die der Verrat und die bewussten Täuschungen Ihnen zugefügt haben.

1. *Erschaffen Sie* sich eine Umgebung, die Ihnen erlaubt, sich ganz auf sich selbst zu konzentrieren.
2. *Zentrum*: Finden Sie einen stillen Punkt in sich selbst, der es Ihnen ermöglicht, klar und ruhig nachzudenken.
3. *Konfrontation*: Sagen Sie Ihrem Partner, was Sie entdeckt haben, wie Sie sich dabei fühlen und was Sie nun von ihm erwarten.

4. *Stellen Sie Bedingungen*: Sobald Sie sich entschieden haben, was Sie wollen, was Sie und was Sie nicht akzeptieren werden und welches Ihre Bedingungen für ein Weiterbestehen der Beziehung sind, teilen Sie das Ihrem Partner mit.
5. *Nehmen Sie Kontakt auf* zu Familienmitgliedern, Freunden oder, wenn nötig, zu Therapeuten, die Sie unterstützen. Ganz besonders möchte ich auf die heilende Wirkung von Freundschaften unter Frauen hinweisen.

Wenn Sie diese fünf Schritte gegangen sind, dann werden Sie wesentlich besser in der Lage sein zu entscheiden, was Sie als Nächstes unternehmen werden und ob Ihre Beziehung tatsächlich noch zu retten ist.

Die richtige Umgebung schaffen

Ich empfehle dringend, dass Sie sich für einige Zeit in dieser ersten Woche räumlich von Ihrem Partner trennen, um damit den ungeheuren Druck, der auf Ihnen lastet, etwas zu verringern. Sie müssen sich auf sich selbst konzentrieren und sollten sich erst wieder mit ihm auseinander setzen, wenn Sie Ihr Gleichgewicht wieder gefunden haben. Ich möchte, dass Sie als Erstes zu ihm sagen:

Ich brauche jetzt etwas Zeit für mich, um nachzudenken. Ich wäre dankbar, wenn du für eine Woche woanders unterkommen könntest, oder zumindest für ein paar Tage, so lange, bis ich mich in der Lage fühle, über das zu sprechen, was vorgefallen ist.

Selbst wenn Sie bereits vor Tagen oder Wochen entdeckt haben, dass er Sie belügt, möchte ich dennoch, dass Sie ihn mit diesen Worten konfrontieren. Sie kehren damit nämlich sofort das bestehende Machtverhältnis um und sind selbst aktiv statt passiv.

Ihr Partner wird gar nicht glücklich über Ihre Bitte sein. Vielleicht macht sie ihm auch große Angst. Auf alle Fälle jedoch bedeutet sie, dass er Unbequemlichkeiten ausgesetzt sein wird und er seine alltägliche Routine ändern muss. Es kann sein, dass er all seine Überredungskünste aufbietet, um Sie davon zu überzeugen, dass Sie diese Krise gemeinsam bewältigen können. Wenn er Ihnen von Zimmer zu Zimmer folgt und weint, bettelt oder Sie unter Druck setzt, mit ihm zu sprechen, bleiben Sie eisern und erklären Sie ihm, dass Sie mit ihm reden werden, wenn Sie dazu bereit und fähig sind. Vergessen Sie nie: Nicht seine, sondern Ihre Wünsche stehen im Vordergrund. Er selbst hat schon eine ganze Weile nur das getan, was er wollte.

Wenn Sie nicht mit Ihrem Partner zusammenleben, ist es für Sie sehr viel leichter, sich die in dieser Zeit notwendige Umgebung zu erschaffen. Wenn Sie verheiratet sind oder mit dem Partner zusammenleben und dieser ist nicht willens oder in der Lage, anderswo unterzukommen, dann sollten Sie es tun. Es ist sehr schwer, mit dem Heilungsprozess zu beginnen, wenn Sie sich mit Ihrem Partner ständig auseinander setzen müssen oder wenn er alles daransetzt, Ihre Sympathien zurückzuerobern. Wenn Sie Kinder haben, kompliziert das die Sache, das weiß ich, aber versuchen sollten Sie es auf jeden Fall. Es ist von ausschlaggebender Wichtigkeit, dass Sie Luft zum Atmen haben, während Sie die Situation überdenken und Ihr Leben neu definieren.

Wenn weder Sie noch Ihr Partner für kurze Zeit ausziehen können, dann sollten Sie sich zumindest so viele Stunden des Alleinseins arrangieren wie nur irgend möglich.

Ob er weiterhin mit Ihnen lebt oder nicht, auf alle Fälle müssen Sie Ihren Tagesablauf so verändern, dass Sie Zeit für sich haben. Ich weiß, dass das nicht immer leicht ist, doch vielleicht kämen folgende Möglichkeiten infrage:

- Nehmen Sie sich eine Woche oder zumindest einige Tage Urlaub.

- Wenn Sie sich nicht einmal einen ganzen Tag frei nehmen können, dann eben einen Nachmittag oder eine lange Mittagspause. Nehmen Sie sich die Zeit, wo immer es Ihnen möglich ist.

Wie Sie sehen, besteht der allererste Schritt darin, so weit nur irgend möglich klar Schiff zu machen und sich dadurch die Zeit und die emotionale Umgebung zu verschaffen, die Sie brauchen. Setzen Sie sich jetzt gleich mit Ihrem Kalender hin und tragen Sie die Zeiten ein – mindestens zwei Stunden täglich –, die Sie ganz sich selbst und Ihrem Wohl widmen werden. Und in dieser Zeit bitte weder fernsehen noch telefonieren.

Was sagen Sie Ihren Kindern?

Ich weiß, es ist schwer, an so viele Dinge gleichzeitig zu denken, wenn man selbst von der Situation überwältigt ist, doch wenn Sie Kinder haben, dann müssen Sie sich entscheiden, wie Sie ihnen durch diese schwere Zeit helfen können. Wenn sie noch recht klein sind, dann wäre es wohl am besten, wenn sie zumindest in den ersten Tagen dieser Woche bei den Großeltern, anderen Verwandten oder Freunden bleiben könnten. Kleinkinder fordern, wie Sie wissen, einen ungeheuren Einsatz an körperlicher und emotionaler Energie, und Sie selbst verfügen augenblicklich über kaum genug Kraft, den Tag zu überstehen.

Sind Ihre Kinder älter und müssen wegen der Schule oder aus anderen wichtigen Gründen bei Ihnen bleiben, dann müssen Sie ihnen erklären, warum es Ihnen nicht gut geht. Die Art der Information, die Sie Ihren Kindern zu diesem Zeitpunkt geben, hängt natürlich stark von ihrem Alter ab. Doch wenn sie bereits vier oder fünf Jahr alt sind, dann sollten Sie ihnen eine Erklärung bieten. Kinder sind unglaublich intuitiv und hellsichtig. Sie saugen die Spannungen zwischen den Eltern auf wie ein Schwamm, und sie haben das Recht auf eine Erklärung, die sie verstehen lässt, dass es Ihnen nicht gut geht und dass Sie Zeit für sich brauchen.

Jans Kinder waren zehn und zwölf Jahre alt, als sie über den Hypothekenantrag die Wahrheit über Bills zweite Exehefrau erfuhr. Zuerst dachte sie, dass sie ihr Entsetzen vor den Kindern verbergen könnte:

Wissen Sie, die Kinder müssen ja nicht wissen, was los ist. Sie sind so mit ihren Freunden und ihren Unternehmungen beschäftigt, dass sie wahrscheinlich gar nichts merken werden. Die Sache ist zwischen Bill und mir, und ich sehe keinen Grund, sie da mit hereinzuziehen. Sie kennen ihn ja noch gar nicht so lange, und ich möchte, dass sie ein gutes Verhältnis zu ihm haben.

Ich erklärte Jan, dass sie keineswegs in die Details ihrer Entdeckung gehen müsste, doch dass sie sich irre, wenn sie dachte, sie könne so tun, als sei alles in Ordnung. Gemeinsam erarbeiteten wir eine angemessene Erklärung für die Kinder, und eine Woche später erzählte sie mir, wie dankbar sie sei, dass ich sie dazu gedrängt hatte:

Zuerst dachte ich, Sie verlangen von mir, etwas zu tun, was ich nicht wollte, doch dann wurde mir klar, dass ich die Dinge ja verändern wollte und dass ich keine Geheimnisse mehr wollte oder diese ewigen Verstellungen. Es raubt mir einfach zu viel Kraft. Und deshalb erzählte ich ihnen, dass es einige Probleme zwischen Bill und mir gebe, die aber absolut nichts mit ihnen zu tun hätten. Ich erklärte ihnen, dass ich gekränkt sei und sehr wütend auf Bill, doch dass mir eine Therapeutin helfen würde, eine gute Lösung zu finden. Ich sagte auch, dass sie mich wahrscheinlich manchmal weinen sehen würden und dass das nichts bedeutete – sie müssten mir da nicht helfen, das würde ich schon allein hinkriegen. Das Erste, was sie mich fragten, war, ob Bill und ich uns scheiden lassen würden. Ich erwiderte, ich nähme das nicht an, doch ich könne auch nichts versprechen.

Und dann sagte meine ältere Tochter etwas, was mich tief berührte. Sie sagte: »Danke, Mom, dass du uns das gesagt hast. Wir wussten, dass etwas nicht stimmte, aber wir wussten nicht, was. Hoffentlich kommt alles wieder in Ordnung, aber die Hauptsache ist, dass es dir gut geht.« Sie ist zwölf und klingt wie kurz vor ihrem vierzigsten Geburtstag.

Jan machte ihren Kindern ein großes Geschenk – das Geschenk der Wahrheit. Indem sie deren Wahrnehmung bestätigte, dass es Probleme zwischen ihr und Bill gab, und indem sie ihnen versicherte, dass es nicht an ihnen lag (das ist das Erste, was Kinder annehmen), konnte sie sie aus dem Netz wirrer Spekulationen befreien, in das Kinder sich verstricken, wenn man ihnen nicht wenigstens ein Minimum an Informationen darüber gibt, was sich zwischen den Eltern abspielt. Und sie machte noch etwas, das besonders schön war. Sie ließ ihre Kinder wissen, dass sie die Verantwortung in dieser Angelegenheit trug, dass es ihre Aufgabe war, mit ihren Gefühlen und der Situation zwischen ihr und dem Stiefvater zurechtzukommen, und nicht die der Kinder. Sie ließ sie nicht Partei ergreifen, und sie ließ sie auch nicht einfach in der Mitte der Auseinandersetzung stehen.

Wenn Sie, von Gefühlsstürmen gebeutelt, versuchen, so zu tun, als sei alles in Ordnung, verwirren und erschrecken Sie Ihre Kinder, weil Sie ihnen nicht nur das Vertrauen in die eigene Wahrnehmung rauben, sondern auch das in Ihre eigene Wahrhaftigkeit.

Sie können Jans Erklärung als Grundstruktur betrachten, um auch Ihren Kindern Ihre Gefühle mitzuteilen. Wenn Ihre Kinder älter sind, liegt es in Ihrer Entscheidung, wie viele Details Sie ihnen mitteilen wollen, insbesondere, wenn Ihre Kinder erwachsen sind. Doch selbst dann ist es immer noch wichtig, sie nicht mit hineinzuziehen oder gar von ihnen zu verlangen, die Krisensituation an Ihrer statt zu beenden. Sie würden sich nur hilflos und inkompetent vorkommen.

Der Umgang mit anderen Menschen

Die Entscheidung, wie Sie mit den anderen Menschen in Ihrem Leben umgehen, ist ein wichtiger Bestandteil bei der Schaffung einer heilsamen Umgebung.

Ich rate dringend, dass Sie sich in dieser ersten Woche ganz auf sich selbst verlassen und den Kontakt zu Freunden und Familie minimal halten. Ihre eigenen Gedanken und Gefühle wollen Ihnen so viel sagen, dass es sicher besser ist, sich nicht durch andere ablenken zu lassen.

Ganz realistisch weiß ich, dass Sie sich nach dem, was Ihnen zugestoßen ist, allein und isoliert fühlen und dass Sie eine große Sehnsucht haben, sich von anderen trösten zu lassen, doch meiner Erfahrung nach werden andere Leute, und seien sie noch so gutwillig, Sie mit widersprüchlichen Ratschlägen geradezu bombardieren. Wenn jemand, der Ihnen nahe steht, anruft und Sie sehen möchte, wäre es hilfreich, wenn Sie sich etwa so äußerten:

Ich muss gerade mit einer sehr schwierigen Situation fertig werden, und ich brauche einfach etwas Zeit, um meine Fassung wiederzugewinnen. Ich werde dich ganz bald anrufen, doch im Augenblick brauche ich ein paar Tage einfach nur für mich.

Wenn Ihnen das nicht so ganz recht ist und Sie wirklich jemanden sehen oder sprechen wollen, dann sollten Sie sich einige Regeln zurechtlegen. Etwa:

Ich bin dankbar, dass du dir Sorgen machst, aber ich will einfach nur, dass du mir zuhörst / mich festhältst / mich weinen lässt / mich erzählen lässt. Ich will nicht, dass du mein Problem löst, und ich möchte mir eigentlich auch keine Ratschläge anhören. Es ist meine Aufgabe, damit fertig zu werden, und genau das tue ich gerade.

Und wenn Sie Ihrer Gefühlslandschaft und Ihrer emotionalen Umgebung auf diese Weise eine Struktur gegeben haben, sind Sie bereit für den nächsten Schritt.

Einen ruhigen Punkt in sich selbst finden

Wenn Sie je Aufnahmen gesehen haben, die aus dem Auge eines Wirbelsturms heraus gemacht wurden, dann haben Sie ein gutes Bild von der Art von Veränderung, die Sie jetzt vollziehen müssen, um mit dem umzugehen, was Ihnen geschehen ist.

Um das Auge des Sturms herum toben die zerstörerischen Winde, die alles, was ihnen in den Weg kommt, niederreißen und nur noch Trümmer herumwirbeln. Das Auge selbst jedoch ist eine vollkommen ruhige Zone, die sich wie der Lichtkegel eines Spots übers Land bewegt und die Zerstörungen der Winde ausleuchtet.

Ich weiß, dass Begriffe wie *Ruhe* oder *Zentrum* Ihnen ganz unwirklich vorkommen inmitten des Sturms der Gefühle, den die Lügen Ihres Partners ausgelöst haben. Es ist völlig normal und menschlich, von den wirbelnden Gefühlen mitgerissen zu werden, die um die Lügen kreisen. Sie sind überwältigt von Panik und Wut – wie um alles in der Welt sollten Sie da die Ruhe bewahren? Wahrscheinlich sind Sie bereits mehrmals explodiert und haben ihm Ihre Meinung lauthals um die Ohren gehauen.

Keine Sorge, das war eine nur zu menschliche Reaktion. Doch Sie wollen nicht in diesem explosionsgefährdeten Bereich der ungeschützten Gefühle stecken bleiben. Sie wollen einen klaren Blick auf das werfen können, was geschehen ist, und sich vorbereiten auf das, was Sie als Nächstes tun müssen. Ihre Gefühle und die wertvollen Informationen, die sie Ihnen vermitteln, stehen Ihnen weiterhin zur Verfügung, doch nun wollen Sie in der Lage sein, auch mit klarem Verstand über alles nachzudenken.

So vereinfachend es klingt, ich möchte, dass Sie kurz innehalten und ein paar Mal tief Atem holen. Und nun nehmen Sie drei wirklich wichtige Fakten tief in Ihr Bewusstsein auf. Die folgenden Aussagen gelten für jede Situation, in der Sie herausfinden, dass man Sie angelogen hat, und ich empfehle, sie immer dann mehrmals laut aufzusagen, wenn Sie sich beruhigen müssen:

- Ich habe das Recht auf meine Gefühle.
- Ich werde überleben.
- Ich muss keine Entscheidungen treffen, bis ich nicht dazu bereit bin.

Worte haben viel Macht, und die Wirkung des Zu-sich-selbst-Sprechens kann gar nicht überschätzt werden.

Lassen Sie diese drei einfachen Sätze in dieser ersten Woche zu Ihrem Mantra werden.

Darüber hinaus sollten Sie Ihrem Partner unzweideutig mitteilen, dass Sie sich nicht unter Druck setzen lassen, voreilig Antworten zu geben oder Entscheidungen zu treffen, nur weil er verzweifelt ist oder von Ihnen wissen will, was Sie zu tun gedenken. Verteidigen Sie sich nicht und erklären Sie sich auch nicht.

Sagen Sie ihm einfach:

- »Es tut mir Leid, dass es dir nicht gut geht, aber ich brauche Zeit, um über alles nachzudenken.«
- »Ich wusste, dass es dir nicht gefallen wird, aber so ist es nun einmal.«
- »Ich weiß, dass es dir nicht gut geht, doch ich werde mir so viel Zeit nehmen, wie ich brauche, bevor ich entscheide, wie es weitergeht.«

Ich empfehle Ihnen mit Nachdruck, sich so stark körperlich zu verausgaben, wie es nur möglich ist. Sie müssen einfach die wichtigen Endorphine produzieren, die Ihre Stimmung heben werden. Die Lügen eines Partners können Sie lähmen bis zur Depression, und die Versuchung ist groß, sich einfach ins Bett zu legen und die Decke über den Kopf zu ziehen. Doch das wäre das Schlimmste, was Sie tun könnten. Gehen Sie aus dem Haus und laufen Sie, und wenn es nur eine Viertelstunde ist. Wenn Sie ein Sportstudio besuchen, attackieren Sie dort den Sandsack. Und während Sie Ihre Körperkräfte einsetzen, sagen Sie sich die Beruhigungssätze vor. Körperliche Betätigung hat immer einen Rhythmus, und Sie können tatsächlich die Worte Ihren Gefühlen und Ihrem Körper rhythmisch ebenso einprägen wie rational Ihrem Verstand.

Wut: Das beängstigende Gefühl

Ein wesentlicher Bestandteil Ihrer Suche nach einem Zentrum besteht darin, dass Sie mit Ihrer Wut auf Ihren Partner richtig umgehen. Das können Sie erreichen, indem Sie sich erst einmal ansehen, wie Sie bisher mit Ihrer Wut umgegangen sind. Wenn einer Frau bewusst wird, dass man sie angelogen hat, reagiert sie generell auf zwei Weisen – indem sie nach außen hin agiert oder nach innen. Das Agieren nach außen ist der Versuch, sich vor emotionalem Schmerz zu schützen, indem man ihn für kurze Zeit mit bestimmten Verhaltensweisen betäubt, die meist rachsüchtig und selbstzerstörerisch sind. Das Agieren nach innen ist nichts anderes, als dass wir den Schmerz gegen uns selbst kehren. Die meisten Frauen neigen zu einer der beiden Varianten, doch viele pendeln auch zwischen beiden, bis sie eine effektivere Art der Reaktion kennen lernen.

Agieren nach außen

Lassen Sie uns diese Haltung zuerst ins Visier nehmen.

Wenn Sie dazu neigen, nach außen zu agieren, dann kann Ihre Wut dazu führen, dass Sie:

- Dinge zerstören, die ihm wichtig sind (sein Auto, seine Erbstücke)

- Seine Frau über die Affäre unterrichten, wenn er verheiratet ist
- Seinen Arbeitsplatz aufsuchen und eine Szene machen
- Jeden anrufen, der Ihnen einfällt, und erzählen, was für ein Schweinehund er ist
- Sofort die Scheidung einreichen.

Als Allison Scotts Affäre entdeckte und seine Briefmarkensammlung zerstörte und seine Kleidung in den Müll stopfte, verwandelte sie ihren Schmerz in dramatische, überdrehte Aktionen, die ihr für einen Moment das Gefühl gaben, nicht alle Kontrolle verloren zu haben, und sie von ihrer Verzweiflung ablenkten:

Ich will gar nicht leugnen, dass ich eine Art wahnsinniger Schadenfreude dabei empfunden habe. Doch jetzt beschämt mich das. Und das Schlimmste dabei ist, dass ich ihm immer noch so wehtun will, wie er mir wehgetan hat. Nichts hat sich geändert und ich fühle mich schrecklich.

Nach außen agieren kann Ihnen einen emotionalen Kater bereiten, ein Schuldgefühl hinterlassen, das Ihre Situation noch schlimmer macht. Wie ich Allison zeigen konnte, ist es möglich, seine Wut loszuwerden, ohne sie zu steigern oder durch spätere Verzweiflung noch schlimmer zu machen.

Allison hatte Scott viel mitzuteilen, deshalb bat ich sie, einen leeren Stuhl als seinen Stellvertreter zu betrachten, und ermutigte sie, ihn in deutlichen Worten wissen zu lassen, wie wütend sie war. Und sie brach in einen Schwall von Ich-hasse-dichs aus, dem viele Tränen folgten.

Allison: Ich hasse ihn jetzt, doch ich habe noch nicht alle Hoffnungen aufgegeben …
Susan: Im Augenblick ist die erste Frage in Ihrem Kopf: »Wie kann ich ihm am meisten schaden?« Gibt es eine andere Frage, die Ihnen einfällt und die sich stärker auf Sie selbst konzentriert?

Allison: Ja, zum Beispiel: »Wie konnte er mir das antun?« Was ich sagen will, ist, ich habe geradezu diese Schichten von Wut in mir. Ich will gar nicht so tun, als wäre das nicht so. Und ich weiß einfach nicht, wie ich diese laute Stimme abstellen soll, die da immer schreit: »Das nimmst du nicht hin! Wehr' dich!«
Susan: Wie wäre es, wenn Sie sich fragten, was das Effektivste ist, das Sie momentan für sich selbst tun können? Wie fühlen Sie sich dabei?
Allison: Ich weiß nicht recht – er ist einfach noch nicht genug bestraft worden …
Susan: Sagen Sie das ein paar Mal laut vor sich hin: »Was ist das Effektivste, das ich momentan für mich selbst tun kann?«

Allison tat genau das und sah ein, dass es eine beruhigende Wirkung hatte, ihre Konzentration von der Rache an Scott auf ihr eigenes Wohlbefinden zu lenken, und das vermittelte ihr den Schimmer einer Hoffnung, den sie diese vielen dunklen Tage über vermisst hatte. Ein leerer Stuhl steht immer herum, an dem Sie Ihre Gefühle auslassen können, doch sollten Sie nie vergessen, diese entscheidende Frage zu stellen: Was kann ich in diesem Augenblick für mich selbst tun? Sie sollten die Antworten, die Ihnen einfallen, notieren – sie werden Ihnen dabei helfen, so weit wieder ruhig zu werden, dass Sie auf Ihre innere Stimme hören können, und sie werden sich als wichtige Richtlinien entpuppen, wenn Sie weiterhin auf sich selbst konzentriert bleiben.

Nach innen agieren

Allison hatte keine Schwierigkeiten, ihre Wut herauszulassen, doch viele Frauen haben große Angst vor diesem Gefühl. Als ich die Wörter Zorn und Wut im Lexikon nachschlug, war ich unangenehm überrascht, dass die meisten Definitionen dieser Begriffe, auch wenn sie »starke Gefühle« oder »Reaktion auf Verletzung« anführten, sich auf Verlust der Kontrolle oder, schlimmer noch, auf Wahnsinn bezogen. Da ist es kein Wunder, dass so viele Frauen Wut verleugnen oder unterdrücken – wer will schon als gefährliche Irre dastehen?

Ich habe oft beobachten können, wie erschreckend es für Frauen ist, offen mit ihrer eigenen Wut umzugehen, insbesondere wenn diese sich auf einen geliebten Partner richtet. Über die Jahre habe ich unter anderem folgende Aussagen gehört:

- »Da werde ich doch verrückt.«
- »Da schade ich doch jemandem.«
- »Da zerplatze ich in tausend Stücke.«
- »Da sehe ich ja furchtbar aus.«
- »Niemand mag wütende Frauen.«

Und doch muss die Wut ein Ventil finden – man kann sie nicht einfach in sich wegschließen. Wenn man sie nicht in die Welt draußen entlässt, dann lagert sie sich in unserer inneren Welt ab. Und Sie glauben nicht, wie viel Schaden sie dort anrichten kann!

Frauen, die ihre Wut *nicht* ausagieren, wenden diese Gefühle gegen sich selbst. Dann tritt meist Folgendes ein:

- All ihre Gedanken kreisen obsessiv um das Lügen, als könnten sie, wenn sie alles ständig vor ihrem inneren Auge wieder ablaufen ließen, einen Zugang oder eine Antwort finden – vor allem auch auf die Frage, was sie selbst getan haben, um die bewusste Täuschung zu bewirken.
- Schlaf- und Essstörungen treten ein.
- Depressionen oder starke, diffuse Ängste treten auf.
- Körperliche Beschwerden treten auf.
- Sie trinken oder essen zu viel.
- Es fällt ihnen schwer, sich zu konzentrieren oder wie gewohnt zu funktionieren.
- Sie werden reizbar.
- Sie brechen ständig in Tränen aus.

Sie wissen sicher, was ich damit beschreiben will. Wenn Sie Ihren Schmerz und Ihren Ärger herunterspielen, mag das nützlich sein, um Konfrontationen und unangenehme Zusammentreffen mit Ihrem Partner zu vermeiden, doch der Preis dafür ist viel zu hoch.

Dianes Mann, Ben, hatte sie beide mit seinen riskanten Geschäften so gut wie ruiniert, und beide sahen, dass ihnen der Offenbarungseid bevorstand. Diane war verzweifelt, doch sie hatte ihre Wut fest im Griff:

Ich trug ständig eine Sonnenbrille, weil meine Augen so rot und verquollen waren. Ich möchte über die Sache reden, aber ich weiß nicht, was ich dazu sagen soll, besonders nicht meiner Mutter gegenüber. Ich glaube nicht, dass ich die wissenden Blicke und die Ich-hab-es-ja-gesagt-Bemerkungen ertragen kann. Wahrscheinlich ist es besser, das alles still zu ertragen ... aber ich bin ständig völlig erschöpft. Die ganze Nacht drehe und wende ich mich im Bett und mache mir Sorgen. Ich fühle mich wie die größte Idiotin auf Erden – wie konnte ich es zulassen, dass er mir das antat?

Diane kämpfte gegen Depression und Selbstvorwürfe, und sie wusste überhaupt nicht mehr, wie sie mit der Situation fertig werden sollte. Doch sie litt nicht schweigend vor sich hin – sie ist in die Therapie gekommen, weil sie wusste, dass sie Hilfe und Unterstützung brauchte. Während Allison lernen musste, mit der kochenden Wut umzugehen, die in ihr brodelte, musste Diane erst ihre Wut anerkennen und nach außen tragen, die sie ganz gegen sich selbst gerichtet hatte.

Ich inszenierte ein Rollenspiel, in dem ich die Rolle von Ben übernahm. Ich ermutigte Diana, zehn Sätze mit den Worten zu beginnen: »Wie konntest du es wagen« und dann den restlichen Satz zu ergänzen. Ich weiß aus Erfahrung, dass diese fünf Wörter bei Frauen, die Angst vor ihrer eigenen Wut haben, als starke Katalysatoren wirken, die ihnen schnell und effektiv helfen, mit ihrem Zorn in Verbindung zu treten.

Ich versicherte Diane, dass sie sich in einem geschützten

Raum befände und dass ich sie auf keinen Fall drängen würde, ihre Grenzen zu überschreiten. Ich erklärte ihr, dass allein sie die Kontrolle über das Geschehen hatte und dass sie jederzeit aufhören konnte. Und dasselbe gilt für Sie. Wenn Sie diese Übungen allein durchführen, dann können Sie den leeren Stuhl einsetzen, wie ich es bei Allison tat, oder Sie können einen Brief schreiben, der mit »Wie konntest du es wagen« beginnt und den Sie später lesen können oder auch nicht, ihrem Partner geben können oder auch nicht. Ob Sie diese Wut-Arbeit allein oder gemeinsam mit jemandem, dem Sie vertrauen, durchführen, ich möchte Ihnen dasselbe versichern wie Diane: Sie bestimmen das Geschehen, und Sie gehen nur so weit, wie Sie es sich zumuten wollen.

Wie ich es erwartet hatte, zögerte Diane erst, und ihre »Wie konntest du mir das antun«-Sätze klangen noch recht scheu, doch im Verlauf der Stunde konnte ich sehen und hören, wie sie immer wütender wurden.

Diane (zu mir als Ben): Wie konntest du es wagen, mich über deine verrückten Geschäfte zu belügen? Wie konntest du es wagen, Geld von der Bank zu holen, ohne mir Bescheid zu sagen? Wie konntest du es wagen, mich zu zwingen, meine Mutter anzulügen?

Als sie ihre Mutter erwähnte, traten Diane Tränen in die Augen. Ich sagte ihr, dass sie jetzt nicht weinen dürfe – das Weinen fiel ihr leicht. Ich wollte, dass sie bei ihrer Wut blieb – und genau das tat sie.

Diane: Du hast unser Leben ruiniert – du Bastard!
Susan (als Ben): Schätzchen, du weißt gar nicht, wie Leid es mir tut. Ich habe doch nur getan, was ich für das Beste für uns beide hielt – bitte vergib mir. Ich schwöre dir, ich werde die Situation in den Griff kriegen. Ich brauche nur etwas mehr Zeit.
Diane: Susan, haben Sie sich vielleicht bei mir zu Hause versteckt? Das ist genau das, was er mir immer wieder sagt!

Susan: Und das gibt Ihnen das Gefühl ...
Diane: Es gibt mir das Gefühl, dass ich zornig bin und hereingelegt wurde und dass ich mir wie ein Narr vorkomme.

Sobald Diane ihre Wut in Worte fasste und damit nach außen lenkte, verlor diese viel von ihrer angstbesetzten Macht über sie:

Man hat mir beigebracht, dass nette Mädchen nie wütend werden. Immer habe ich versucht, alles mit Vernunft zu lösen ... ich war die Friedensstifterin, die Logische, diejenige, die sich unter Kontrolle hatte. Es fiel mir wirklich schwer, so viel Zorn zu zeigen, selbst Ihnen gegenüber ... aber es war nicht so erschreckend, wie ich mir das vorgestellt hatte.

Das ist es auch nur ganz selten. Wenn Sie Ihre Wut gegen sich selbst wenden, dann deshalb, weil Ihre Vorstellung von dem, was geschieht, wenn Sie sich erlauben, diese Gefühle auszuleben, viel schrecklicher ist als der Schmerz, den das Agieren nach Innen unweigerlich auslöst. In Wirklichkeit sind die Konsequenzen einer Wut nur selten so katastrophal, wie Sie sich das vorstellen. Doch die einzige Art, wie Sie das erfahren können, ist, dass Sie den Mut haben, das zu tun, was Diane tat – in Verbindung zu Ihren erschreckendsten Gefühlen zu treten und sie auszudrücken.

Und während sie an ihrer Wut arbeitete, fühlte Diane, wie ihre Energie zurückkehrte. Sie hatte enorme Kraft aufgewandt, um ihre Gefühle nicht nach außen durchscheinen zu lassen, und als sie sie konfrontierte, statt sie zu verbergen, stand ihr diese Kraft wieder zur Verfügung, um ihr Leben neu aufzubauen.

Es gibt ihn nicht, den einzigen, magischen Weg, um mit dem Schmerz und der Wut über einen Verrat umzugehen. Sie selbst müssen herausfinden, was für Sie am besten funktioniert. Vielleicht haben Sie Ihrem Partner gegenüber bereits einige oder gar viele Ihrer Gefühle zum Ausdruck gebracht – das ist gut so. Im nächsten Kapitel erfahren Sie, was Sie ihm am effektivsten sagen können. Unterdessen bewirken das Schreiben eines Briefes, der mit »Wie konntest du es wagen« beginnt, oder das Herausschreien Ihrer Wut vor einem leeren Stuhl oder einem Bild Ihres Partners Wunder bei manchen Frauen. Es gibt Workshops zur Wutbewältigung, die Sie besuchen können. Sie können auch einen Tennisball schmettern oder ein Kissen boxen. Sie können Ihre Wut auch durch Schreiben oder Malen ausdrücken. Fazit ist: Versuchen Sie alles Mögliche und finden Sie heraus, was Ihnen gut tut. Je mehr Sie Ihrer Wut kontrolliert freien Lauf lassen können, desto weniger geraten Sie in Versuchung, wild um sich zu schlagen oder die Wut gegen sich selbst zu richten.

Um Ihre Ausgeglichenheit wiederzufinden, müssen Sie zwei Impulse, also unwillkürliche Reaktionen, ruhig stellen. Das ist einmal der Impuls, um sich zu schlagen und so viel Schaden anzurichten wie möglich, zum anderen der Impuls, sich selbst zu kasteien und Ihren Körper Ihre Verzweiflung durch eine Reihe von körperlichen und emotionalen Schmerzen ausdrücken zu lassen. Sie können sich nicht als ganzer Mensch fühlen, wenn Teile Ihres Gefühlslebens entweder zu stark kontrolliert oder aber in die hinterste Ecke Ihres Innenlebens verbannt werden.

Nehmen Sie sich vor, eine dieser wichtigen Gefühls-Übungen heute durchzuführen.

Nehmen Sie Ihre Verluste zur Kenntnis

Auf dem Weg, Ihre Ausgeglichenheit wiederzuerlangen, werden Sie die Erfahrung machen, dass es ein kompliziertes und sich ständig wandelndes Bündel Ihrer Gefühle gibt, das entweder parallel zur Wut existiert oder ihr schnell nachfolgt. Und das herausragendste dieser gebündelten Gefühle ist die Trauer.

Ihre Trauer kann wie der Pulsschlag Ihrer Traurigkeit sein, manchmal ist er laut, manchmal kaum wahrnehmbar, doch immer pocht er im Hintergrund, wenn Verrat und Lügen entdeckt werden. Wut und Rage schließen, wie Sie gesehen haben, Trauer keineswegs aus – sie sind mit ihr verwoben. Selbst wenn Sie in der Lage waren, Ihr Gefühl der Wut zu akzeptieren und es auszudrücken, haben Sie wahrscheinlich immer noch sehr viel geweint.

Dem ist so, weil eine Art Tod stattgefunden hat, nicht der einer Person, sondern der der Beziehung, die Sie bisher hatten und die nie wieder dieselbe sein wird. Und mit dieser Beziehung starb auch viel von dem, was Sie erhofft, an was Sie geglaubt hatten, Ihr Vertrauen, Ihre Gefühlssicherheit. Eine schwere Lüge verwundet das Herz. Wenn Sie schon seit einiger Zeit mit Lügen leben mussten, dann wissen Sie, dass damit ein Verlust des Selbstvertrauens und des Respekts gegenüber der eigenen Person einhergeht. Auch das sind Tode in gewisser Weise, auch sie müssen betrauert werden, damit die Heilung einsetzen kann.

Wie bei der Wut sind die Reaktionen der Menschen auf Trauer höchst unterschiedlich. Das Einzige, was ich Ihnen sagen kann, ist, dass man der Trauer nicht ausweichen kann. Man muss sie durchleben, darf sie weder umgehen noch sie unterlaufen, wie viele Menschen es versuchen. Trauer ist höllisch schmerzhaft, und ich nehme es niemandem übel, wenn er versucht, sie zu vermeiden, doch das Problem besteht darin, dass man sie nicht einfach überspringen kann – sie kann nur verzögert werden. Und je länger Sie zögern, sich ihr zu stellen, desto schwerer wird es für Sie.

Einen Trauerbrief schreiben

Eine der effektivsten mir bekannten Methoden, Ihnen im Umgang mit Ihrer Trauer dabei zu helfen, sie über die kommenden Wochen abzubauen, besteht darin, einen Trauerbrief zu schreiben. Ich weiß, wie wichtig es ist, dass man eine Form für seine Gefühle findet, vor allem, wenn sie Ihnen bruchstückhaft und dennoch überwältigend vorkommen. Dieser Brief gibt Ihnen die Möglichkeit, Ihrem Verlust nachzuspüren und Ihren Gefühlen über diesen Verlust auf sichere und konzentrierte Art und Weise Ausdruck zu geben. Um Ihnen bei der Strukturierung Ihres eigenen Briefes zu helfen, werde ich Ihnen Annes Brief vorstellen. Ich halte ihn für eine wirklich gute Anleitung.

An meine Trauer:

Nun, du hast mich gefunden, nicht wahr. Ich habe dich nie in meinem Leben haben wollen, doch nun bist du hier – eine Zeit lang jedenfalls. Was war denn los – dachtest du, dass mein Leben zu schön war? Nun, wenn du schon einmal hier bist, dann kann ich mich auch mit dir beschäftigen, damit ich dich wieder loswerde, denn du bist ganz entschieden ein unwillkommener Gast.

Wie du weißt, fand ich heraus, dass Randy mein Vertrauen hintergangen und unser Eheversprechen gebrochen hatte. Ich weiß, dass das vielen Menschen passiert, doch dieses Wissen hilft einem keinen Deut weiter, wenn man selbst betroffen ist. Und ich bin nicht bereit, einfach zu sagen: »Männer sind nun einmal so.« Ich bin verwundet.

Und hier ist meine Liste der Trauer:

- *Ich betrauere den Verlust dessen, von dem ich annahm,* dass *ich mich immer darauf verlassen könnte – dass ich einen Ehemann hatte, dem ich vertrauen konnte und der mich liebte und mir treu sein würde.*
- *Ich betrauere den Verlust meines Vertrauens in meine Begehrenswertheit und Attraktivität.*
- *Ich betrauere den Verlust eines ganz besonderen Mannes, der nicht der ist, für den ich ihn hielt. Ich vermisse ihn, und nie werde ich ihn zurückbekommen.*
- *Ich betrauere den Verlust einer geradlinigen, sicheren Liebe, von der ich annahm, dass ich sie lebte. Sie ist beschmutzt worden.*

- *Ich betrauere den Verlust einer gewissen Art der Unschuld. Nicht der Unschuld eines Kindes, doch der Unschuld, die einem sagte: »Das kann mir nie passieren.« Es konnte und es tat es.*
- *Ich betrauere den Verlust der Beziehung, die ich hatte, doch ich bewahre mir die Hoffnung, dass eine neue sie ersetzen wird. Und ich werde sehr daran arbeiten, sie zu verwirklichen.*

Trauer, ich möchte, dass du weißt, dass ich dich im Auge behalten werde. Ich weiß, dass du dich eine Weile hier herumtreiben wirst, doch deine Tage sind tatsächlich gezählt. Du wirst mich nicht vernichten.
Mit freundlichen Grüßen
(Du hast doch nicht herzliche Grüße erwartet, oder?)
Anne

Viele Elemente in Annes Brief können sich auch für Sie als sehr brauchbar erweisen. Sie vermittelt die Bereitschaft, die Dinge so zu nehmen, wie sie sind, aber auch die Einsicht, dass sie ihre Ehe ganz von vorn anfangen muss. Und Anne wandte sich direkt und streng an ihre Trauer und drückte aus, dass sie sie überwinden wollte. Obwohl ihr Brief von großer Traurigkeit durchdrungen ist, scheinen doch auch Humor und Widerstandskraft durch. Dies ist nicht der Brief eines Opfers – es ist der Brief einer Kämpferin.

In diesem Augenblick sind Sie wahrscheinlich davon überzeugt, dass Sie niemals so stark sein könnten. Ich kann Ihnen nur versichern, Anne fühlte sich keineswegs so sicher und entschlossen, als sie dies schrieb. Doch mit diesem Brief hat sie ein paar ganz wichtige emotionale Ziele beschrieben, Ziele, die sie ultimativ erreichen wird.

Inmitten Ihrer Trauer glauben Sie natürlich, dass der Schmerz nie vergehen wird, aber das stimmt nicht. Wenn der Schmerz noch sehr groß ist, sollten Sie sehr sanft mit sich selbst umgehen. Weinen Sie, wenn Ihnen danach zumute ist, doch Sie sollten auch Zeit für aufbauende, heilende Aktivitäten finden. Und vor allem: Vergessen Sie nie, dass Sie stärker sind als Sie sich fühlen. Ich weiß, dass das nicht leicht ist, und dennoch sollten Sie versuchen, nicht rund um die Uhr nur an das zu denken, was Ihnen zugestoßen ist. Trauer findet tatsächlich einmal ihr Ende. Und Sie werden die geistige und körperliche Kraft wiederfinden, die das Zentrum Ihres Wesens ausmachen. Sie werden überleben.

Diese schreckliche Furcht

Zu diesem Zeitpunkt kann es ein, dass Sie das Gefühl haben, eine starke Strömung, eine Art Widersee scheine Sie in einen dunklen, aufgepeitschten Ort zu ziehen. Diese Kraft ist weder Wut noch Trauer, sondern Angst. Wie in einem schlechten Traum sind die Korridore der Angst mit Spiegeln verkleidet, die alle ein anderes Gesicht wiedergeben:

- Angst vor Veränderung
- Angst vor dem Unbekannten
- Angst vor der Einsamkeit
- Angst davor, wieder von vorn anfangen zu müssen
- Angst, dass Sie es nicht schaffen
- Angst, dass Sie niemals wieder jemandem vertrauen können.

Wahrscheinlich denken Sie, Sie könnten Ihre Angst in den Griff kriegen, wenn sie nur klar erkennbar wäre. Doch sie fühlt sich so fließend, so diffus an. Dass sie ständig andere Formen annimmt, lähmt Sie besonders dann, wenn Sie am effektivsten funktionieren müssten. Und sie kann geradezu groteske Ausmaße annehmen.

Als sie erkannte, dass ihre Ehe mit David aller Voraussicht nach keinen Bestand hatte, zeigte Kathy Symptome, die ihr bis dahin vollkommen fremd gewesen waren:

Meine Gedanken sprangen von einer Sache zur nächsten, mein Herz raste, die Hälfte der Zeit war mir schlecht, und wohin ich auch blickte, überall sah ich nur gebrochene Herzen und Einsamkeit. Ich muss natürlich weiterhin arbeiten, doch bei Gott, es fällt mir ungeheuer schwer. Ich weine auf dem Weg zur Arbeit, und ich weine auf dem Heimweg. An sich wirft mich nichts so schnell aus der Bahn, doch jetzt hat es mich wirklich kalt erwischt. Was ist nur mit mir los?

Ich erklärte Kathy, dass sie nicht nur einfach Angstzustände erlebte, sondern deren intensivste Form: Panik. Sie reagierte darauf so:

Wissen Sie, es hilft mir ja schon, wenn ich einen Namen dafür habe. Es ist ja kein Zustand wie bei einer Angstpsychose, wo die Leute ihr Haus nicht mehr verlassen können, doch es ist auch mehr als nur Angst. Was ich sagen will, ich habe Angst vor Spinnen und Schlangen, doch jetzt ist es anders. Es erinnert mich mehr an die Zeit, als ich ein kleines Mädchen war und mich vor dem Dunkeln fürchtete. Meine Mama kam dann ins Zimmer und machte das Licht an und setzte sich neben mich, und kurze Zeit später war ich dann wieder o.k. Doch jetzt fühle ich mich, als ob es gar kein Licht mehr gäbe, das man einschalten könnte – nur noch dieses Gewicht, das wie ein Alb auf meinem Brustkorb sitzt und mich festnagelt.

Wenn diese Gefühle und Bilder viel von dem beschreiben, was auch Sie empfinden, dann müssen Sie wie Kathy einen Weg finden, das Licht wieder anzuschalten – doch diesmal als Erwachsene und nicht mehr als Kind.

Für unsere jetzige, gemeinsame Arbeit ist es sehr wichtig, dass Sie *nicht* in Ihre Kindheit zurückfliehen. Um Krisenzeiten zu überstehen, brauchen Sie all Ihre Kräfte als Erwachsene, und die können durchaus geschwächt werden, wenn Sie sich auf die Regression einlassen, die unweigerlich einsetzt, wenn Sie all die

Gefühle von Hilflosigkeit und Abhängigkeit beschwören, die nur für ein Kind normal sind. Später können Sie jederzeit das aufarbeiten, was Ihnen aus Ihrer Kindheit unerledigt und nacharbeitenswert erscheint, wenn Sie das wollen, doch jetzt, zu diesem Zeitpunkt, sollten Sie all Ihre erwachsenen Kräfte einsetzen.

Ich habe die Erfahrung gemacht, dass wenn die Angst zu einer gestaltlosen Wolke wird, die droht, Sie zu verschlucken, es das Effektivste ist, ihr ein Gesicht zu geben, im wahrsten Sinne des Wortes. Lesen Sie, was ich mit Kathy gemacht habe, und versuchen Sie dieselbe Übung.

Ich drückte Kathy ein *Geo*-Heft in die Hand und bat sie, es durchzusehen, bis sie ein Bild fand, das sie an das »Ding« erinnerte, das ihr wie ein Alb auf der Brust hockte. Eine Zeitschrift wie *Geo*, die über verschiedene Themen berichtet – über Tiere, ungewöhnliche Menschen und Orte –, eignet sich besonders gut für diese Übung. Kathy stieß auf einen Artikel über Kohlebergbau und war sofort von den Bildern gefesselt. Nun hatten wir ein ganz bestimmtes Bild, mit dem wir arbeiten konnten, einen Anhaltspunkt in der Dunkelheit, die dadurch nicht mehr so riesig und gleichförmig erschien. Ich legte die Bilder auf einen Stuhl und forderte Kathy auf, sich von dieser tiefen, dunklen Mine zu befreien. Ich bat sie, die Augen zu schließen. Dann machte ich das Licht im Sprechzimmer aus und erklärte Kathy, dass sie ihre Panik ansprechen solle:

»Ich bekomme keine Luft mehr – ich muss hier raus …«

Ich bat sie innezuhalten, sprach aber sehr leise, um ihre bildlichen Vorstellungen, ihre Visualisation, nicht zu unterbrechen:

»Kathy, versuchen Sie zu sagen: ›Ich werde hier herauskommen‹ statt ›Ich muss hier herauskommen‹. Fangen Sie nochmal an, wahrscheinlich ist dann die Panik nicht mehr so stark.«

»Ich kann nicht atmen, wenn du da bist. Ich weiß, dass du versuchst, mich in dir zu begraben, aber ich werde dir entkommen.« Sie lächelte und sagte: »Ja, dabei fühle ich mich schon viel besser.« Und dann begann sie wirklich, sehr viel stärker zu klingen. »Ich will dich nicht, ich brauch dich nicht – mach, dass du aus meinem Leben verschwindest! Ich werde wieder an die Oberfläche gelangen. Ich werde das Licht wieder anschalten.«

Die Veränderung in Kathys Verhalten überraschte mich nicht. Sie war plötzlich sichtbar entspannter. Obwohl ich diese Übungen seit einem Vierteljahrhundert durchführe, erstaunt es mich immer noch, wie eine winzige Veränderung in der Art, wie wir etwas sagen, solch dramatische Wirkung auf unsere Willenskraft und unsere Sicht der Dinge haben kann. Indem sie einfach nur ein »ich werde« für das panische »ich muss« einsetzte, machte Kathy den ersten Schritt auf dem Weg, sich zu beruhigen und sich ihrer Panik zu stellen.

»Gut, Kathy«, sagte ich. »Und nun möchte ich, dass Sie sich vorstellen, wie Sie aus der Mine heraussteigen. Ich weiß, dass es dort dunkel und beängstigend ist, doch Sie müssen sich nur den Pfad direkt vor Ihren Augen vorstellen – nicht das ganze Bild. Sie sind Expertin darin, von einem Tag zum anderen zu leben. Doch jetzt sollen Sie nur von einem Moment zum anderen leben. Und nun machen Sie das Licht wieder an.«

Ich erklärte ihr, dass man den Lichtschalter oder auch eine Kerze als Symbol dafür verwenden kann, dass man die Wahl hat zwischen dem Umherirren in der Dunkelheit und dem Ausleuchten des Weges, der vor einem liegt. Ich hätte gerne, dass Sie diese einfache Handlung mehrmals am Tag durchführen. Erfahren Sie bewusst, wie die Dunkelheit Ihre Panik verstärkt und mächtig werden lässt, Ihnen das Gefühl gibt, dass Sie ein verlorenes Kind sind. Dann aber sollten Sie genauso bewusst das Licht wieder einschalten, buchstäblich und im übertragenen Sinne. Es wird Ihnen dabei helfen, Ihren Weg zu finden.

Eine andere gute Idee ist, dass Sie die beruhigenden, aufbauenden Bemerkungen, die ich Kathy gegenüber machte, auf Tonband sprechen und laufen lassen, während Sie diese Übung durchführen. Wenn Sie sich damit nicht anfreunden können, bitten Sie jemanden, dem Sie sich nahe und bei dem Sie sich sicher fühlen, es für Sie aufzunehmen.

Die Intensität Ihrer Angst wird sich genau wie Ihre Wut und Ihre Trauer verringern. Doch auch in der Zwischenzeit geht das Leben weiter. Sie müssen sich weiterhin dem Alltag stellen. Die Welt nimmt ihre Forderungen nicht zurück, nur weil Sie entdeckt haben, dass Ihr Partner ein Lügner ist. Die Übungen in diesem Buch werden Ihnen mit Sicherheit helfen, sich wieder zurechtzufinden. Aber auch eine Therapie oder eine Selbsthilfegruppe können das. Wenn Depressionen und Ängste Sie überwältigen, dann sollten Sie unbedingt einen Arzt aufsuchen. Einige neue Medikamente haben sich als enorm effektiv erwiesen, extreme Gemütsschwankungen aufzufangen. Ich sage damit keineswegs, dass eine Pille all Ihre Probleme lösen könnte, nur, dass einige Medikamente, die in den letzten Jahren entwickelt wurden, wichtige Hilfsmittel sind, Sie wieder auf die Füße zu stellen und den Prozess zur Wiederherstellung Ihres emotionalen Gleichgewichts zu beschleunigen.

Ich bin mir bewusst, dass ich Sie mit sehr viel Information und auch Übungen konfrontiere zu einer Zeit, in der Sie sich ohnehin schon vom Leben überwältigt fühlen. Sie müssen nicht jede Übung mitmachen, doch ich empfehle Ihnen dringend, jene zu machen, die Sie am meisten ansprechen. Diese Übungen werden Sie nicht »wunderheilen« oder auch nur alle Ihre schmerzlichen Gefühle aufheben. Sie sind verletzt worden, und die Heilung dieser Wunden ist ein Prozess, den wir gerade erst begonnen haben.

Doch diese Übungen werden Ihnen dabei helfen, auf ein selbstbewusstes und Ihr Selbst schützendes Verhalten zuzugehen. Indem Sie lernen, sich selbst zu beruhigen und zu trösten, zeigen Sie sich selbst gegenüber elementares Mitgefühl, elementaren Respekt und elementare Liebe.

8 Konfrontation und Klarheit

Ich hoffe sehr, dass Sie sich inzwischen schon viel ruhiger fühlen. Ich weiß, dass es eine große Versuchung gibt, in dieser zeitweiligen Ruhe zu verharren, doch der Sinn der Beruhigungsübungen im letzten Kapitel lag nicht darin, Sie unter Narkose zu setzen, damit Sie alte Verhaltensmuster mit Ihrem Partner wieder aufnehmen, sondern um Sie in die Lage zu versetzen, den nächsten Schritt zu tun: *Konfrontation.*

Es geht nicht nur Ihnen so, wenn dieses Wort Sie zusammenzucken lässt. Konfrontation ist eines der erschreckendsten Wörter in unserer Sprache, weil die meisten Menschen nicht verstehen, was es wirklich bedeutet, und es mit körperlichen Auseinandersetzungen, gegenseitigem Anschreien und Machtspielen gleichsetzen. Vielleicht glauben Sie, dass Konfrontation bedeutet, Sie müssen jemanden überwältigen und dabei um jeden Preis gewinnen. Doch Konfrontation hat nichts mit Kampf zu tun. Bei diesem Begriff geht es um Klarheit.

Jetzt brauchen Sie ganz dringend Klarheit darüber, inwieweit Ihre Beziehung beschädigt worden ist und ob es eine Zukunft für sie gibt. Und die strukturierte Konfrontation, bei der ich Sie begleiten werde, wird das gewährleisten. Sie werden lernen, das zu sagen, was Sie wirklich wollen, zuzuhören und Fragen zu stellen, bis Sie wirklich wissen, was Ihr Partner willens ist zu tun. Machen Sie sich keine Sorgen, dass Sie diese völlig neue Fähigkeit allein aufbringen müssen. Ich werde Ihnen genau erklären, was Sie sagen sollen sowie wann und wie Sie es sagen müssen; ich werde Ihnen erklären, wie Sie auf seine Erwiderungen reagieren sollen und wie Sie die Informationen erhalten, die

Sie brauchen, um zu entscheiden, was Sie als Nächstes tun werden. Wir werden das alles gemeinsam Schritt für Schritt durchgehen.

Es ist normal, sich Sorgen zu machen

Bevor wir uns mit der Konfrontation als solcher beschäftigen, möchte ich gerne einige Fragen und Vorbehalte beantworten, die Sie vielleicht haben.

Jan machte sich Sorgen darüber, wie sie in Bills Augen dastehen würde:

Wissen Sie, ich bin wirklich kompetent in meiner Arbeit und habe auch relativ viel Autorität dort. Ich fürchte mich gar nicht, Leuten zu sagen, was ich verlange. Doch hier ... ich weiß nicht einmal, ob er je diese Seite von mir gesehen hat. Ich will in seinen Augen nicht wie die letzte Hexe, wie eine Megäre erscheinen. Ich habe das Gefühl, dass ich mich in eine andere Person verwandeln muss, um ihn mit seinen Lügen zu konfrontieren.

Helen, deren Mann Phil sich ganz dem Online-Sex hingegeben hatte, plagten andere Sorgen:

Ich habe ihn bereits mit seinem Verhalten konfrontiert. Ich habe ihm gesagt, dass ich seine Geheimnistuerei und seinen schlechten Geschmack nicht länger ertragen kann. Ich weiß nicht, was ich sonst noch zu ihm sagen könnte – ich habe ihm ja bereits gesagt, dass er unbedingt aufhören muss –, und jetzt ist er am Zug.

Anne, deren Mann Randy eine kurze Affäre mit einer Mitarbeiterin hatte, konzentrierte sich total auf seine mögliche Reaktion, statt auf das, was sie für sich selbst bewirken wollte.

Ich fürchte einfach nur, das er entsetzlich wütend wird. Insgesamt geht es uns gut. Ich weiß, dass wir uns nicht wirklich mit dem auseinander setzen, was uns beschäftigt, doch vielleicht wird ja alles von alleine besser. Er hasst einfach all das Gedöns über Gefühle und Empfindungen, diese Sag-immer-was-du-fühlst-Theorien.

Diane befürchtete, dass sie alles falsch machte:

Ich weiß, das ich das alles vermasseln werde. Wahrscheinlich breche ich zusammen, wenn ich versuche, mit ihm über das zu sprechen, was er uns angetan hat. Kann ich nicht einfach darauf bestehen, dass ich selbst von jetzt an die Finanzen verwalte?

Pat, die Besitzerin eines Antiquitätenladens, der Sie im Kapitel 2 begegnet sind, gab sich außerordentlich Mühe, mich zu überzeugen, dass sie kein Recht habe, ihren Partner, Paul, damit zu konfrontieren, dass er mit einer Exfreundin schlief:

Sie müssen das verstehen, wir sind schließlich weder verheiratet noch verlobt, warum sollte ich also eine große Affäre daraus machen? Er hat sich entschuldigt, und ich glaube, dass es ihm wirklich Leid tut. Er weiß, dass er sich nicht richtig verhalten hat. Ich möchte einfach nicht als eifersüchtige, besitzergreifende Furie dastehen.

Die gewiss ungewöhnlichsten Vorbehalte wurden von Ruth vorgetragen, deren erfolgreicher Ehemann, der Anwalt Craig, sie geradezu zwanghaft mit einer ganzen Reihe von Frauen betrogen hatte.

Ruth drückte ihren Wunsch, »zu einer gemeinsamen Lösung zu kommen«, sehr deutlich aus. Ich erklärte ihr, dass ich nicht sehr optimistisch bezüglich Craigs Willen oder gar seiner Fähigkeit sei, die Veränderungen durchzuführen, die nötig wären, damit sie beide eine gemeinsame Zukunft hätten. Und dass die einzige Möglichkeit darin lag, dass sie Craig mit seinem Verhalten konfrontierte und darauf bestand, dass er sich einer Spezialtherapie unterzog (inklusive regelmäßiger Teilnahme an einem Programm für Sexsüchtige). Ich konnte in ihrem Gesicht ein großes »Ja, aber« lesen.

Als ich sie fragte, warum sie bei meinen Vorschlägen zögerte, erwiderte sie: »Ich glaube an bedingungslose Liebe. Sie fordern mich auf, eine ganze Reihe von Bedingungen zu stellen.«

Erstaunlich! Hier saß eine Frau, deren Mann sich abscheulich verhalten hatte, der sie ungezählte Male angelogen hatte und dem jegliche moralische Orientierung zu fehlen schien, und sie macht sich Gedanken über bedingungslose Liebe!

All die zitierten Vorbehalte und andere dieser Art, die ich im Verlauf der Jahre gehört habe, sind in Wirklichkeit besonders elaborierte Formen des Widerstands, um eine Konfrontation zu vermeiden. Deshalb sollten wir sie ganz schnell begraben.

1. Nein, Sie werden nicht wie eine Megäre oder ein streitsüchtiges Weib wirken, wenn Sie den Anweisungen folgen, die ich Ihnen gebe. Es ist weder zänkisch noch für Sie abträglich, wenn Sie die Initiative ergreifen, indem Sie Ihren Partner mit seinem Tun konfrontieren und dann entscheiden, ob diese Beziehung noch zu retten ist. Im Gegenteil, es ist eine gesunde Reaktion, die einem gesunden Selbstbewusstsein entspringt.
2. Nein, es reicht nicht, dass Sie ihn angeschrien und angebrüllt haben. Das macht ihn defensiv, und damit ist er nicht in der Lage, das, was Sie ihm sagen, zu hören oder zu verarbeiten. Und es trägt nichts dazu bei, eine Atmosphäre zu schaffen, in welcher alle möglichen Lösungen gefunden werden könnten. Was Helen tat, war Körperverletzung und Überfall. Das ist keineswegs eine Konfrontation.
3. Ja, er kann sich dadurch aus dem Gleichgewicht gebracht fühlen, betroffen sein. Wieso nicht? Können Sie wirklich keinerlei Spannungen ertragen, die Ihrem eigenen Wohlbefinden und nicht zuletzt möglicherweise der Rettung der Beziehung

dient? Es passiert ihm nicht zum ersten Mal, dass er Probleme hat, und es ist sicherlich auch nicht das letzte Mal, und weder Sie noch er werden dabei umkommen.

4. Nein, ich glaube nicht, dass Sie es »vermasseln« werden. Es gibt so gut wie nie eine Konfrontation, die misslingt. Allein der Mut, es zu tun, wird Sie gegenüber sich selbst gut drei Meter wachsen lassen, und wenn Sie den Ratschlägen in diesem Kapitel folgen, dann ist ein Misserfolg ausgeschlossen. Wenn Sie der Mut verlässt, während Sie ihn mit der Wahrheit konfrontieren, dann erinnern Sie ihn daran, dass dieser Moment äußerst schmerzhaft und schwierig für Sie ist, und bitten Sie um ein paar Minuten, sich zu sammeln. Dann aber sollten Sie fortfahren, das zu sagen, was Sie sagen müssen.
5. Ja, Sie haben das Recht, ihn mit dem zu konfrontieren, was er gemacht hat, selbst wenn Sie nicht verheiratet oder verlobt oder anderweitig durch irgendwelche Abmachungen an ihn gebunden sind. Kann eine dieser Bindungen Ihnen das Recht nehmen, jemanden, der Sie in wichtigen Dingen belügt, damit zu konfrontieren? Und bedeuten diese Bindungen, die Sie eingehen, dass Ihnen nicht mehr das Menschenrecht zusteht, mit Respekt und Wahrhaftigkeit behandelt zu werden? Natürlich nicht.

Wenn Sie wie die meisten Frauen sind, dann haben Sie wahrscheinlich einen großen Teil Ihres Lebens damit verbracht, alles zu tun, um Konfrontationen zu vermeiden. Ich möchte Ihnen immer wieder versichern, dass ich sehr viel über das weiß, was Sie gerade durchmachen müssen, und wie ambivalent Sie sich dabei fühlen. Ich weiß auch, welche Ängste die Vorstellung bei Ihnen auslöst, Ihren Partner mit seinem Verhalten zu konfrontieren. Doch wenn Sie ihm Ihre Gefühle nicht mitteilen und ihn nicht wissen lassen, was Sie eigentlich wollen, dann werden Sie weiterhin im Dunkeln tappen und versuchen, über Intuition oder schieres Raten herauszufinden, wie es mit Ihnen beiden weitergehen wird. Sie werden auch niemals ein solides Gespür dafür entwickeln, was wirklich geschieht und was Sie als Nächstes tun sollten. Denn vor allen Dingen erlaubt Ihnen eine effektive Konfrontation, Ihre Wahrnehmungen und Entscheidungen wieder auf den Boden von Tatsachen zu stellen, statt sie auf Hoffnungen und Ängsten zu gründen.

Die Verzeihungsfalle

An diesem Punkt fragen Sie sich vielleicht: »Warum ihm nicht einfach alles verzeihen und weiterleben wie bisher?«

Verzeihen ist eine komplizierte Angelegenheit, und ich bin der Meinung, dass wir sie uns genauer ansehen sollten. Wie Sie sehen werden, vertrete ich entschieden einige Auffassungen, die wahrscheinlich vielem von dem widersprechen, was man Ihnen beigebracht hat. Verzeihen als Antwort auf eine Verletzung wird teilweise geradezu zu einer Pflicht erhoben, und viele Menschen werden Ihnen raten: »Keine Konfrontation – vergib ihm einfach.« Doch meiner Erfahrung nach ist Verzeihung ohne Konfrontation meist eine Leerformel, häufig auch einfach nur das Resultat von großem Druck, der auf Sie ausgeübt wird.

Wenn Ihr Partner Reue zeigt und Sie um Vergebung bittet, dann ist es sehr schwer, ihm seinen heftigen Wunsch nach Absolution zu verweigern. »Bitte verzeih mir«, bettelt er vielleicht. »Es wird nie wieder vorkommen. Nie könnte ich dich nochmals so verletzen.« Es ist schwer, der verführerischen Vorstellung zu widerstehen, dass alles von nun an wunderbar sein wird, dass er Sie niemals wieder anlügen wird und dass Sie beide glücklich in den Sonnenuntergang spazieren werden, sobald Sie ihm nur vergeben haben. Doch die Wirklichkeit funktioniert anders. Sie fühlen sich eventuell für kurze Zeit besser, wenn Sie ihm vergeben, doch der intensive Schmerz, den seine bewussten Täuschungen und sein Verrat Ihnen zugefügt haben, staut sich weiterhin in Ihrem Inneren.

Es ist nicht leicht, an all das zu denken, wenn Sie neben seinen Bitten noch mit dem Druck von Familienmitgliedern und Freunden konfrontiert sind, die möchten, dass die Beziehung weiter besteht, und die auf Ihre aufgewühlten Gefühle gar nicht reagieren können oder wollen. Dann sagen sie vielleicht: »Sieh nur, wie er leidet. Du hast doch ein Herz, verzeih ihm doch.« Und plötzlich sind Sie die Böse in dem Drama. Und zusätzlich zu all den anderen Gefühlen, mit denen Sie kämpfen müssen, erwartet man nun von Ihnen, dass Sie sich schuldig fühlen, weil Sie wissen, wie viele Veränderungen stattfinden müssten, bevor Sie auch nur daran denken können, ihm zu verzeihen. Es kann auch sein, dass die anderen Menschen in Ihrem Leben Ihnen zu allem Überfluss auch noch Angst einjagen, indem sie Katastrophen voraussagen für den Fall, dass Sie ihm nicht sofort vergeben. In den nächsten Kapiteln werde ich Ihnen zeigen, wie Sie mit seiner und auch der Reaktion anderer Menschen umgehen können.

Die Aufforderung, doch zu verzeihen, wird häufig von einem subtilen Subtext begleitet, vor allem dann, wenn die Person, die Sie verletzt hat, diese Vergebung gar nicht verdient hat: »Wenn du mir verzeihst, dann können wir beide so tun, als ob das, was ich getan habe, gar nicht so schlimm war.« Oder noch schlimmer: »Kannst du nicht einfach verzeihen und vergessen?« Was in Wirklichkeit einfach heißt: »Lass uns so tun, als sei gar nichts geschehen.«

Allison fragte sich, warum ihr Verzeihen nicht ausreichte, um die tiefen Wunden, die der Verrat ihr zugefügt hatte, zu heilen:

Ich weiß inzwischen, dass Verzeihung etwas sehr Machtvolles ist. Warum sollte ich all diese anderen Übungen auch noch machen? Er sagt, dass es ihm wirklich Leid täte und dass er seine Lektion gelernt habe, und ich mühe mich sehr, ihm zu verzeihen – warum sollte das nicht ausreichen?

Ich erklärte Allison, dass ihre Vorgehensweise deshalb zu kurz greift, weil eine schnelle Vergebung in vielen Fällen dem Lügner tatsächlich ausdrücklich gestattet, weiter zu lügen. Aus seiner Sicht kann er tun, was er will, und wenn er dabei erwischt wird, dann sind Sie vielleicht verärgert und traurig, doch letztendlich werden Sie ihm immer vergeben. Seine Lügen kosten ihn also nicht viel, und es gibt keinen zwingenden Grund, damit aufzuhören. Hier sind einige Fragen bezüglich des Aktes der Vergebung, die Allison halfen, die Sache aus einer anderen Perspektive zu sehen. Ich schlage Ihnen vor, dass Sie selbst die Liste durchgehen, bevor Sie Ihrem Partner zu früh vergeben:

- Wenn Sie ihm sofort verzeihen, warum sollte er dann die Verantwortung dafür übernehmen, dass er Sie angelogen hat?
- Wenn Sie ihm sofort verzeihen, wie können Sie dann Ihre Wut und Ihre Trauer bewältigen?
- Wenn Sie ihm vergeben, welche Art der Botschaft teilen Sie ihm damit mit?
- Sollte nicht auch er einen Teil der Arbeit an Ihrer Beziehung übernehmen?

Ich empfehle Ihnen dringend, die Übungen in diesem zweiten Teil des Buches zu machen, bevor Sie überhaupt daran denken, ihm zu verzeihen. Vergebung, wenn Sie sich dazu entscheiden, sollte erst gewährt werden, nachdem Sie sich mit Ihren wahren Gefühlen und Überlegungen auseinander gesetzt haben und nachdem Sie wissen, was Sie eigentlich von Ihrer Beziehung erwarten. Die Vergebung sollte niemals das Resultat von Druck seinerseits, von anderen Menschen, einer Religion oder der Gesellschaft sein.

Konfrontation, Schritt für Schritt

Nun ist es an der Zeit, dass Sie lernen, Ihre Gefühle und Wünsche auf klare und sichere Weise in die Situation einzubringen. Verpflichten Sie sich selbst, das so bald wie möglich zu tun. Sie werden wie fast alle Frauen sehen, dass das Tun viel weniger beängstigend ist als die Vorstellung davon.

Zuerst müssen Sie sich für die Methode der Konfrontation entscheiden, die Ihnen am stärksten liegt, sei es die persönliche oder die schriftliche. Weil jegliche Konfrontation so stark mit Ängsten befrachtet ist, ist es keine schlechte Idee, vorher schriftlich festzuhalten, was Sie sagen wollen. Dann können Sie Ihrem Partner entweder den Brief geben oder ihn ihm vorlesen. Ihn ohne jegliche Vorbereitung zu konfrontieren ist keine gute Idee, egal wie sprachmächtig Sie sind, denn die Wahrscheinlichkeit ist groß, dass Ihre Nervosität Sie all das vergessen lässt, was Sie eigentlich hatten sagen wollen.

Wenn Sie wie Anne eine gravierende Lüge entdecken, während Ihr Partner beruflich außer Haus ist, bitte widerstehen Sie der Versuchung, ans Telefon zu eilen und ihn sofort damit zu konfrontieren. Sie sollten die Konfrontation nicht wagen, bevor Sie nicht die Übungen im letzten Kapitel gemacht haben. Sie verfügen noch nicht über das richtige Werkzeug. Und vergessen Sie nie, dass das Telefon das schlechteste Medium ist, um jemanden mit seinem Tun zu konfrontieren. Es ist ein distanziertes, unpersönliches Medium, und die andere Person kann jederzeit auflegen.

Wenn Sie sich bereits in Therapie befinden, dann können Sie Ihren Therapeuten/Ihre Therapeutin bitten, Ihnen dabei zu helfen, sich auf die Konfrontation vorzubereiten.

Der Zeitpunkt der Konfrontation ist wichtig. Sie sollten mit Ihrem Partner eine Zeit ausmachen, zu der Sie beide körperlich und emotional in der Lage sind, ungestört zu reden. Das heißt, dass Sie das Telefon abstellen und die Kinder möglichst zu Freunden oder Familienmitgliedern schicken. Und ich möchte, dass Sie selbst Zeit und Ort festlegen – denn es ist wichtig, dass Sie für sich selbst aktiv werden.

Sobald Sie die Zeit, den Ort und die Methode ausgewählt haben, können Sie beginnen.

Ihre Konfrontation muss damit beginnen, dass Sie Ihrem Partner ein Versprechen abnehmen. Sagen Sie ihm:

Ich bin bereit, über das, was vorgefallen ist, zu sprechen. Es ist für keinen von uns leicht, doch ich habe einiges zu sagen, und ich möchte gerne, dass du versprichst, mir bis zu Ende zuzuhören und mich nicht zu unterbrechen oder mir zu widersprechen. Wenn ich fertig bin, kannst du dir so lange Zeit nehmen, wie du brauchst, um zu antworten, und ich verspreche, dass ich dir zu Ende zuhöre. Bist du damit einverstanden?

In neunundneunzig von hundert Fällen wird er mit Ja antworten. Tut er es nicht, sagen Sie: »Gibt es einen anderen Zeitpunkt, den wir ausmachen können, an dem du bereit bist, darauf einzugehen?« Machen Sie nicht weiter, bis Sie ihm nicht dies Versprechen abgenommen haben. Selbst wenn er einverstanden ist, kann es sein, dass er Sie unterbricht, doch dann können Sie ihn daran erinnern. Ohne ein solches Versprechen wird nämlich wahrscheinlich das Chaos ausbrechen.

Die drei Eckpfeiler der Konfrontation

Und nun sammeln Sie Ihre Gedanken und all Ihren Mut. Strukturieren Sie das, was Sie ihm sagen wollen, indem Sie folgende drei Punkte als Richtlinien nehmen:

1. Das weiß ich.
2. Das fühle ich.
3. Das ist es, was ich jetzt von dir will.

Auch wenn die Versuchung noch so groß ist, Ihr Ziel ist es nicht, ihn zu beleidigen, ihn zu beschämen oder bewusst zu provozieren. Stattdessen wollen Sie, dass er begreift, wo er und Sie im Augenblick stehen, indem Sie die Situation Punkt für Punkt beschreiben.

Punkt 1: Das weiß ich

Für Sie und Ihren Partner bilden die soliden Beweise, dass er gelogen hat, die Grundlage Ihres Problems. Wenn Sie ihn nur verdächtigen, gelogen zu haben, sind Sie noch nicht in der Lage, ihn damit zu konfrontieren. Lesen Sie ruhig dieses Kapitel zu Ende, doch sollten Sie sich unbedingt die Teile in Kapitel 10 ansehen, die sich mit Verdächtigungen und Eifersucht beschäftigen. Sie werden Ihnen dabei helfen, Ihre Beziehung richtig einzuschätzen.

Wenn Sie über solide Beweise verfügen, dass er gelogen hat, ob er es nun zugibt oder immer noch leugnet, dann ermöglicht Ihnen die Konfrontation festzustellen, inwieweit er fähig ist, für seine Taten einzustehen und die Verantwortung für sie zu übernehmen.

Wenn die Lügen sich über Monate oder Jahre angesammelt haben, dann kann die Liste, mit der Sie ihn konfrontieren wollen, sehr lang sein. Vielleicht gibt es aber auch nur ein einziges, schockierendes Ereignis – etwa den Augenblick, in dem Sie ihn eine andere Frau küssen sahen, ein alarmierender Anruf Ihrer Bank, ein Liebesbrief an eine andere, ein Dokument aus seiner Vergangenheit, das Informationen widerspricht, die er Ihnen über sich gegeben hat.

Machen Sie eine Liste mit folgendem Inhalt:

- Das habe ich gesehen.
- Das wurde mir erzählt.
- Hier sind die Widersprüche zwischen dem, was du mir gesagt hast, und dem, was ich entdeckt habe.

Machen Sie genaue Angaben. Wenn einige der Ereignisse schon lange zurückliegen, sagen Sie ihm, dass Sie jetzt darüber sprechen, weil sie keinerlei Fortschritt erkennen können, auch wenn Sie früher schon darüber geredet haben.

Diese Liste ist eine wichtige und notwendige Form, um die objektiven Fakten der Situation, wie sie sich jetzt darstellt, nicht aus den Augen zu verlieren. Vielleicht leugnet er die Fakten oder spielt sie herunter, doch was wirklich geschah, liegt schwarz auf weiß vor Ihnen. Das ist es, was Sie sicher wissen.

Und nun üben Sie

Wenn Sie erst vor relativ kurzer Zeit entdeckt haben, dass er lügt, und es sich nur um eine einzige, allerdings gravierende Lüge handelt, wie es beispielsweise Jan erging, als sie von einer früheren Ehe ihres Mannes erfuhr, die er ihr verschwiegen hatte, dann ist dieser erste Schritt ein wenig einfacher.

Jan und Bill wollten zusammenbleiben, doch Jan kam nicht darüber hinweg, dass Bill sie in solch einer wichtigen Angelegenheit belogen hatte. Ihr wurde bewusst, dass sie keine Ahnung hatte, wie sie mit der Situation umgehen sollte, damit sie gemeinsam an einer Lösung arbeiten konnten. Jan wollte ihre Gefühle und Wünsche Bill gegenüber ausdrücken, doch wie so vielen Menschen fehlten ihr die Worte.

Zu Beginn übten wir den Punkt 1 so lange, bis Jan sich an das Konzept gewöhnt hatte. Es ist gar keine schlechte Idee, wenn auch Sie diese Zugänge zu dem Problem laut üben. Neue Kommunikationsformen und Verhaltensweisen können Ihnen anfänglich etwas steif und ungewohnt vorkommen, doch je öfter Sie sie einsetzen, desto vertrauter werden sie.

Zuerst übte Jan, Bill mitzuteilen, wann und wo sie mit ihm sprechen wollte. Dann übte sie die Bitte, dass er ihr bis zu Ende zuhören und sie nicht unterbrechen solle. Und zu Punkt 1 wollte sie Folgendes sagen:

Bill, du weißt, dass ich dich liebe, und ich glaube auch, dass wir diese Krise gemeinsam bewältigen können, doch ich muss mit dir über deine Lügen sprechen und über die Gefühle, die sie bei mir auslösen. Du hast beschlossen, aus welchem Grund auch immer, mir eine wichtige Information vorzuenthalten, die zu erfahren ich ein Recht hatte. Und als ich dich danach fragte, hast du die erste Lüge mit einer zweiten verschlimmert. Ich musste die Wahrheit über einen Kreditantrag herausfinden. Das sind die Fakten. Und deine Erklärungen ähnelten so sehr einer schlechten Seifenoper, dass ich momentan gar nicht mehr weiß, was ich glauben soll.

Indem sie mit zwei positiven Aussagen begann, die eine liebevoll, die andere optimistisch, schuf Jan eine Atmosphäre, in der Bill sich nicht gleich bedroht und in der Defensive fühlen musste, sodass er sehr viel eher in der Lage war, zu hören, was sie sagte. Und dann zählte sie, ein wenig wie der Kommissar am Schluss der Fernsehfilme, einfach nur die Fakten auf, ohne Gefühlsausbrüche. Ich möchte Ihnen Mut machen, wie Jan Begriffe wie *Lügen* und *lügen* zu verwenden statt der weicheren Umschreibungen wie »nicht ganz die Wahrheit sagen«, »schwindeln« oder »falsch darstellen«. Eine Lüge ist immer nur eines: eine Lüge, eine Unwahrheit. Keine Beschönigung ändert etwas daran.

Konzentriert bleiben

Wenn Sie seine Lügen schon sehr lange ertragen mussten und eine Liste haben, die schier kein Ende findet, müssen Sie ihn nicht unter detaillierten Darstellungen jeder Lüge, die er jemals ausgesprochen hat, begraben. Kathy und David lebten in einer sehr viel wackeligeren Beziehung als Jan und Bill, und Kathy hatte große Zweifel, ob sie bei David bleiben wollte. Doch sie war entschlossen, ihr Bestes zu geben, damit sie, sollte sie sich für das Ende dieser Ehe entscheiden, wusste, dass sie ihm jede Chance gegeben hatte.

Als wir über Konfrontation sprachen, sagte Kathy, dass sie nicht wisse, wo sie beginnen solle, weil es so viele Lügen gegeben habe und sie ihn jedes Mal habe wissen lassen, dass sie ihn bei einer erwischt hatte. Doch immer dann, wenn sie ihn damit konfrontierte, sei entweder sie wütend und David voller Entschuldigungen und Versprechungen gewesen, oder aber das Ganze sei ein chaotisches Durcheinander von Attacken und Gegenattacken gewesen.

Ich erklärte Kathy, dass diese Episoden rein gar nichts mit einer strukturierten Konfrontation zu tun hätten, und sie gab mir Recht. Ich schlug vor, dass sie David genau das als Grund angab, weshalb sie noch einmal mit ihm über diese Vorfälle sprechen müsse.

Hier nun einiges von dem, was Kathy und ich erarbeiteten, um David damit zu konfrontieren. Wenn es sehr viele Lügen in Ihrer Beziehung gegeben hat, dann können Sie ohne weiteres die Details austauschen, doch die Grundstruktur wird auch Ihnen weiterhelfen.

David, ich weiß, dass wir schon oft über diese Probleme gesprochen haben, doch jetzt möchte ich sie noch einmal in aller Ruhe mit dir besprechen, um herauszufinden, ob es Möglichkeiten gibt, unsere Beziehung zu retten. Hier ist das, was ich ganz sicher weiß. Ich weiß, dass du mich über Geld belogen hast. Ich weiß, dass du meine Unterschrift auf einem Antragsformular für eine Kreditkarte gefälscht hast. Ich weiß, dass du mir Forderungen des Finanzamtes verschwiegen hast. Ich weiß, dass du mich über deine Trinkerei angelogen hast und über deine angebliche Teilnahme an Meetings der Antialkoholiker.

Es ist sehr wichtig, dass Sie sich wie Kathy bei diesem ersten Schritt auf die Lügen konzentrieren und sich nicht in allerlei Beschwerden über die Beziehung verlieren, die Sie immer schon loswerden wollten. Darüber hinaus bitte ich Sie nochmals, darauf zu achten, dass es sich hierbei um die Grunddaten dessen handelt, was Sie gesehen, erfahren, entdeckt haben und wissen – nicht um das, was Sie fühlen. Das kommt als Nächstes.

Punkt 2: So fühle ich mich, wenn du mich anlügst

Traurig, verängstigt, verraten, verwirrt, verletzt, wütend, voller Verachtung: das sind nur einige der häufigsten Gefühle, die Sie überkommen, wenn Sie entdecken, dass Ihr Partner Sie belügt. Gehen Sie jedoch auf keinen Fall davon aus, dass er die Verbindung zwischen dem, was er getan hat, und Ihren Gefühlen herstellt, nur weil er Sie weinen oder schreien oder stumm vor sich hin brüten sieht.

Sie haben das Recht, ihm Ihre wahren Gefühle mitzuteilen – die Kausalität herzustellen zwischen seinem Verhalten und Ihrer Verzweiflung in all ihrer Komplexität und in all ihren schillernden Farben. Zu diesem Zeitpunkt sagen Sie sich vielleicht: »Er weiß, wie ich mich fühle – warum sollte ich es ihm nochmals sagen?« Er begreift sicherlich einige Ihrer Gefühle, doch im Vordergrund steht für ihn momentan nur das eigene Überleben, und die Wahrscheinlichkeit ist groß, dass er nicht halb so viel von Ihrem Gemütszustand mitbekommt, wie Sie meinen. Er sieht vielleicht die Trauer, aber nicht die Wut, oder umgekehrt. Und Ihr Gefühl, verraten worden zu sein, hereingelegt und beleidigt, sieht er vielleicht gar nicht.

Vergessen Sie nicht: Hier konzentrieren wir uns auf Gefühle, nicht auf Gedanken. Die meisten Leute können beides im alltäglichen Gespräch nicht voneinander unterscheiden. Wir neigen dazu, »ich denke« und »ich fühle« als austauschbar zu sehen. Sie brauchen nur eine Zeitung aufzuschlagen oder den Fernseher anzustellen, und schon sehen Sie, wie verschwommen die Grenzen zwischen Denken und Fühlen inzwischen sind. Meistens werden Ideen (Gedanken) und Überzeugungen (Glaube) dargestellt, als ob sie Gefühle seien, und meistens ist die Unterscheidung auch nicht wichtig. Aber Konfrontationen haben das Ziel, Klarheit zu gewinnen, und deshalb ist es wichtig, dass Sie selbst zwischen beidem unterscheiden.

Wie fühlen Sie sich?

Im frühen Stadium meiner Arbeit mit Helen fragte ich sie, welche Gefühle Phils Lügen über seine Online-Sex-Chats in ihr auslösten. Sie antwortete:

Ich habe eigentlich keine Schwierigkeiten, meine Gefühle auszudrücken. Dass er lügt, gibt mir das Gefühl, dass er eine durch und durch unzuverlässige Person und dazu eine sehr schwache ist. Ich habe das Gefühl, allen Respekt vor ihm verloren zu haben und dass ich ihn wahrscheinlich schon vor langer Zeit hätte verlassen sollen. Ich habe das Gefühl, dass er sich nicht mehr ändern wird.

Ich fragte Helen, ob es sie überraschen würde, wenn ich ihr erklärte, dass sie in ihrer Aussage nicht ein einziges Gefühl ausgedrückt habe. Sie sah verwirrt aus. Ich erklärte ihr, dass Gefühle sich fast immer in einem einzigen Wort beschreiben und ausdrücken ließen, ähnlich denen am Anfang dieses Buchteils. Sobald Sie das Wort *dass* nach den Wörtern *Ich habe das Gefühl* setzen, verlassen Sie Ihre Gefühle und ziehen sich in Ihren Kopf zurück. »Ich habe das Gefühl, dass er eine durch und durch unzuverlässige Person ist« ist ein Glaube, kein Gefühl, genauso wie die anderen Argumente, die Helen anführte.

Um ihr dabei zu helfen, dieses Konzept besser zu verstehen, machte ich eine Übung mit ihr, bei der es um die Ergänzung von Sätzen ging. Ich wiederholte ihre Aussagen als Ideen und bat sie, die Gefühle zu benennen, die sie bei ihr auslösten:

1. Wenn ich denke, dass Phil eine vollkommen unzuverlässige Person ist, dann habe ich das Gefühl ...
2. Wenn ich glaube, dass er schwach ist, dann habe ich das Gefühl ...
3. Wenn ich daran denke, wie wenig Respekt ich nur noch für ihn habe, dann habe ich das Gefühl ...
4. Wenn ich daran denke, dass ich ihn schon vor Jahren hätte verlassen sollen, dann habe ich das Gefühl ...
5. Wenn ich glaube, dass er sich nie ändern wird, dann habe ich das Gefühl ...

Zuerst tat sich Helen schwer mit Antworten, die nur aus einem Wort bestehen sollten, doch bald schon war sie in der Lage, echte Gefühle statt Ideen auszudrücken. Hier sind einige ihrer Antworten zu den obigen Fragen: 1. wütend; 2. voller Verachtung; 3. traurig; 4. ängstlich; 5. mutlos.

Helen wurde zunehmend zugänglicher, als sie hinter der undurchdringlichen Verteidigungshaltung, die sie als Schutzschild gegen die Emotionen, die Phils Verhalten in ihr auslöste, vor sich hertrug, ihre Gefühle entdeckte und mit ihnen in Verbindung trat. Das machte ihr auch Mut, als eine der Möglichkeiten, sie beide über diesen Engpass hinweg zu retten, Phil gegenüber diese Gefühle auszudrücken.

Wenn Sie bereit sind, Ihrem Partner Ihre Gefühle mitzuteilen, dann ist es nur natürlich, dass Sie sich Sorgen machen, er könnte diese Gefühle gegen Sie verwenden oder Sie als schwach und hilflos betrachten. Es kann sein, dass Sie in dem Glauben sind, Sie müssten besser wütend statt traurig sein – denn Wut verfügt zumindest über eine gewisse Macht. Doch Ihr Heilungsprozess hängt ganz von Ihrer Fähigkeit ab, absolut alle Gefühle, die Sie in sich tragen, zu erkennen, auszudrücken und zu akzeptieren, selbst die, die Sie nicht gutheißen. Und die Heilung ist das Risiko wert, ihn oder sich selbst mit der Wahrheit zu konfrontieren.

Punkt 3: Und das verlange ich jetzt von dir

Bedingungen stellen, der vierte Schritt, fällt den meisten Leuten am schwersten. »Ich weiß doch selbst nicht, was ich will«, denken Sie wahrscheinlich. Natürlich wollen Sie zuerst, dass das Lügen aufhört, und natürlich wollen Sie sich besser fühlen. Es kann sogar sein, dass Sie sich sicher sind, dass Sie diesen Partner nicht mehr in Ihrem Leben haben wollen. Und in manchen Fällen mag das sogar die gesündeste Lösung sein. Doch weil Sie im Moment so zerrissen sind, haben Sie wahrscheinlich keine Ahnung, welche Art der Beziehung noch möglich ist, sobald Sie ihm Gelegenheit gegeben haben, auf Ihre Konfrontation zu antworten. An diesem Punkt müssen Sie Ihre Grenzen setzen, Ihre Bedürfnisse definieren, Ihre Zukunftsvorstellungen deutlich umreißen – und Ihre persönliche, nicht verhandlungsfähige Liste der Dinge aufstellen, die für Sie akzeptabel oder inakzeptabel sind. Das sind Ihre Bedingungen.

Ein neuer Vertrag

Das wichtigste Wort für Sie im Augenblick heißt *jetzt.* Es ist noch viel zu früh, um zu wissen, was Sie auf lange Sicht hin wirklich wollen, das ergibt sich erst mit der Zeit. Doch ganz bestimmte Bedingungen müssen Sie heute schon stellen, und mit denen sollten Sie anfangen. Um mit dieser Phase zu beginnen, sollten Sie Ihrem Partner sagen:

Ich möchte jetzt die Dinge anführen, die ich brauche, um meine Beziehung mit dir im Augenblick aufrechtzuerhalten. Ich kann jetzt noch keinerlei Versprechungen über unsere Zukunft machen, doch ich bin bereit, mit dir gemeinsam an der Frage zu arbeiten, ob wir eine neue Beziehung aufbauen können. Das heißt nicht, dass wir einfach unsere alte Beziehung wieder aufnehmen. Was wir mal hatten, wird nie wieder sein, und das macht mich sehr traurig, doch ich bin bereit, viel Kraft zu investieren, um herauszufinden, welche Gemeinsamkeiten uns noch verbinden können, sobald etwas Zeit verstrichen ist.

Natürlich werden Sie diese Argumente mit Ihren eigenen Worten vorbringen. Sie sollen Ihnen nur als Richtlinien dienen, Ihnen bei der Formulierung Ihrer Wünsche helfen. Und doch rate ich dringend, die Hauptaussagen beizubehalten und sich nicht zu sehr von der Grundtendenz zu entfernen. Viel zu leicht lässt man sich ablenken oder auf Nebenargumente ein, wenn man nicht ganz klar weiß, welche Grundaussage man machen will.

Sobald Sie diese kurze Vorrede gehalten haben, sind Sie bereit, die Bedingungen Ihres neuen Vertrages zu definieren. Gleichgültig, worüber gelogen wurde, Ihre erste Bedingung sollte lauten: Er muss sich zu seinem Tun und dessen Folgen bekennen und persönlich die Verantwortung dafür übernehmen. Persönliche Verantwortung heißt, dass er zugibt:

- Was er getan hat
- Wie sehr er Sie damit verletzt hat.

Wenn er sie über Affären belog

Diese klare, kompromisslose Liste von Bedingungen ist die Basis, die Sie brauchen, um überhaupt darüber nachdenken zu können, ob Sie als Paar weiterhin zusammenleben können. Diese Bedingungen können beinhalten, dass Ihr Partner weiter reichende Schritte unternehmen muss, beispielsweise einer Angestellten kündigen, mit der er ein Verhältnis hatte, und sie beinhalten definitiv, dass Sie beide all Ihre Kräfte in die Rettung Ihrer Beziehung stecken. Doch jede dieser Bedingungen ist unabdingbar. Folgende Bedingungen sollten für Sie niemals verhandlungs- oder kompromissfähig sein:

1. Er muss sofort jeglichen Kontakt zu ihr (oder ihnen) abbrechen.

2. Er muss sich in Einzeltherapie oder -beratung begeben, und Sie beide suchen eine Eheberatung auf.
3. Er muss sich erneut bereit erklären, treu zu sein.
4. Er muss willens sein, mit Ihnen gemeinsam aktiv an einer neuen Art der Beziehung zu arbeiten, die auf Wahrheit und persönlicher Integrität beruht. Kurzum: *keine Lügen mehr.*

Allison formulierte ihre Bedingungen Scott gegenüber so:

Ich sagte ihm, dass ich ihn anrufen würde, wenn ich bereit wäre zu reden, und etwa fünf Tage nachdem er in das Motel gezogen war, fühlte ich mich stärker, und so bat ich ihn vorbeizukommen, nachdem die Kinder im Bett waren. Ich erklärte ihm, dass ich nicht bereit sei, unsere Beziehung aufzugeben, doch dass ich auch nicht mehr bereit sei, einfach zu sagen, o. k., es wird sich schon alles finden. Ich folgte dem Muster der Übung »Das weiß ich« und »Das empfinde ich«. Ich habe es relativ gut überstanden – ich habe viel geheult, aber das war nicht wichtig. Dann sagte ich: »Und das verlange ich jetzt von dir. Ich möchte, dass du zugibst, wie sehr du mich verletzt hast, und dass das, was wir einmal hatten, niemals wieder sein wird. Ich möchte, dass du laut und deutlich sagst, dass du mit einer anderen Frau geschlafen hast. Diese Frau darf nicht weiterhin für dich arbeiten, und ich möchte, dass du mir versprichst, sie nie wieder zu sehen. Du weißt, dass ich in Therapie bin, und du solltest ebenfalls eine machen. Und sag nicht, dass wir uns das nicht leisten können, denn unsere Krankenversicherung zahlt einen großen Teil, und wenn es nötig ist, nehmen wir auch unsere Ersparnisse dazu. Ich halte das augenblicklich für die wichtigste Sache in unserem Leben. Darüber hinaus solltest du wissen, dass jetzt Schluss mit deinen Lügen und deinen bewussten Täuschungen sein muss – ich habe etwas Besseres verdient.

Fragen, die man besser nicht stellt

Ihnen wird aufgefallen sein, dass Allison, während sie Scott erklärte, was sie von ihm erwartete, ihn nie nach Einzelheiten seiner Affäre fragte. Und ich empfehle Ihnen dringend, es auch zu lassen. In der Tat ist es sehr viel gesünder für Sie, wenn er Ihnen keine Details mitteilt, egal wie neugierig Sie sind. Es ist eine große Versuchung, Fragen wie die folgenden zu stellen:

- Was hat sie, was ich nicht habe?
- Ist sie besser im Bett als ich?
- Was hat sie für dich getan, was ich nicht tun würde?
- Ist sie schöner/jünger/klüger/erotischer?

Sie brauchen die Antworten auf diese Fragen nicht, und es wäre ziemlich masochistisch Ihrerseits, ihn danach zu drängen.

Andere sinnlose Fragen, die Frauen meist in solchen Situationen stellen, lauten:

- Warum hast du das getan?
- Wie konntest du mir das antun?

Selbst wenn Sie darauf gültige Antworten erhielten, was nicht der Fall ist, was würde es wirklich bewirken, wenn Sie wüssten, warum? Es würde nichts an dem ändern, was vorgefallen ist oder wie es Sie emotional mitnimmt. Manchmal kann eine Affäre das Symptom einer Krise in der Beziehung sein, doch andererseits kann sie auch nichts weiter als der Ausdruck für das Bedürfnis Ihres Partners nach einer neuen und anderen Frau sein. Es kann hundert verschiedene Antworten auf die Frage geben, warum er sich entschloss, Sie zu betrügen, und höchstwahrscheinlich kennt nicht einmal er die genaue Antwort. Konzentrieren Sie sich auf den Hauptpunkt: Was wollen Sie jetzt von ihm? Lassen Sie sich nicht ablenken durch gefühlsbeladene Kreuzverhöre über die sexuellen Fähigkeiten anderer Frauen oder die Größe ihrer Brüste oder über das, was sich in seinem Unterbewusstsein abgespielt haben mag. Das wird Sie immer in eine Lage manövrieren, in der Sie nicht gewinnen können, und es wird Ihre Wunden nur offen halten und weiter bluten lassen.

Lügen über Geld

Wenn seine gravierendsten Lügen den finanziellen Bereich betrafen, dann wird die Liste Ihrer Forderungen in etwa so aussehen wie die obige, auch wenn es einige Unterschiede gibt. Wiederum muss er persönlich die Verantwortung für sein Verhalten übernehmen, zugeben, dass er Sie belogen hat, und anerkennen, wie sehr er Sie verletzt hat. Darüber hinaus muss er mit Folgendem einverstanden sein:

1. Er wird Sie zur voll informierten Partnerin bei allen finanziellen Entscheidungen machen, die über einen Betrag, den sie beide festlegen, hinausgehen. Wenn das Geld knapp ist, schlage ich ein Limit von 200 Mark vor. Wenn Sie finanziell besser ausgestattet sind, wäre ein Betrag von 700 Mark bis 800 Mark angemessen.
2. Er stimmt zu, regelmäßige Besprechungen der finanziellen Situation – mindestens zweimal im Monat – mit Ihnen abzuhalten, bei denen ausgetauscht wird, welche Gelder zu erwarten sind, welche für spezifische Ausgaben beiseite gelegt werden müssen und welche angespart werden können.
3. Er ist bereit, alle Investitionen und Depots offen zu legen sowie Kredite oder Geldgeschenke an Verwandte oder Freunde.
4. Er ist bereit, sämtliche Schulden, Pfändungen, Ratenkredite, Insolvenzverfahren und Verfahren wegen Nichterfüllung der Unterhaltspflicht gegenüber Exfrauen oder Kindern zu offenbaren.
5. Wenn seine Lügen Sie ins finanzielle Chaos gestürzt haben und der Offenbarungseid droht oder bereits vollzogen wurde, dann muss er, zusätzlich zu den obigen Bedingungen, sich

einverstanden erklären, seine finanzielle Angelegenheiten einer professionellen Beratung zu überantworten, etwa einem Steuerberater oder einem Finanzberater bei der Bank. Wenn kein Geld für solche professionelle Hilfe vorhanden ist, dann gibt es Organisationen (wie etwa die Schuldnerberatungsstellen der Kommunen), die Ihnen helfen, Ihre Schulden zu bündeln und Haushaltspläne aufzustellen sowie Rückzahlungsraten festzulegen. Ein erster Schritt wäre, dass Sie eine Schuldnerberatungsstelle anrufen und sich einen Termin geben lassen. Allein die Tatsache, dass Ihnen dort geholfen wird, wird Sie in Ihren Forderungen gegenüber dem Partner stärken.

6. Keine Lügen mehr.

Ich bin mir durchaus bewusst, dass all diese »Forderungen« für Sie ziemlich kämpferisch klingen mögen, vor allem, wenn Sie sich bisher eher passiv verhalten, d. h. uninteressiert an finanziellen Dingen gezeigt haben. Doch wenn Sie sich die Forderungen genauer betrachten, dann werden Sie feststellen, dass sie sowohl vernünftig als auch sehr fair sind. Sie können keine innere Ruhe finden, wenn Sie stets im Unklaren darüber gelassen werden, was Ihr Partner mit dem verfügbaren Geld macht. Wahrscheinlich möchten Sie lieber vermeiden, jetzt plötzlich so viel dezidierter und entschlossener auftreten zu müssen. Doch angesichts der Existenzängste, wenn ungedeckte Schecks ins Haus flattern oder Ihr Konto überraschend im Minus ist, oder wenn Sie wie Diane feststellen, dass Ihre Ersparnisse in ein Projekt investiert wurden, über das Sie nichts Genaues wissen, oder wenn das Finanzamt hinter Ihrem Partner her ist, wie Kathy es erfahren musste, angesichts dieser Existenzängste lässt es sich sicher ein wenig bestimmter auftreten als früher.

Diane ertrank geradezu in Bens Lügen über Geldangelegenheiten, doch als ich ihr zu bedenken gab, dass Bens rücksichtsloses und betrügerisches Verhalten sehr stark dem eines süchtigen Glücksspielers ähnelte und dass Therapie allein nicht ausreichen würde, war sie trotzdem sehr erstaunt. Er musste anerkennen, dass sein Umgang mit Geld völlig außer Kontrolle geraten und dass er nicht mehr in der Lage war, einseitig finanzielle Entscheidungen zu treffen.

Diane war pessimistisch bezüglich Bens Reaktion, wenn sie ihn mit den Tatsachen konfrontierte, und sie war sich sicher, dass er keiner ihrer Bedingungen zustimmen würde:

Es ist sinnlos, ihn mit seinem Verhalten zu konfrontieren. Seit wir verheiratet sind, hat er immer freie Hand in finanziellen Dingen gehabt, und wie eine Idiotin habe ich das mitgemacht, nur damit Friede herrschte. Hinzu kommt, dass ich ihn nicht wissen lassen wollte, dass ich ihm nicht wirklich vertraute. Ich dachte, eine gute, loyale Ehefrau unterstützt immer ihren Mann. Jetzt wird mir klar, dass ich ihn darin unterstützt habe, rücksichtslos und verantwortungslos zu sein. Und jetzt soll ich mich um 180 Grad drehen und sagen: »Nein, ich habe dir niemals vertraut. Tatsache ist, dass du mich immer wieder zu Tode erschreckt hast.« Ich weiß einfach, dass er keiner meiner Forderungen zustimmen wird. Er wird niemals mich oder jemand anderen das Geld verwalten lassen. Er wird das als Bedrohung seiner Männlichkeit sehen und seines Rechts, eigene Entscheidungen zu treffen, egal wie verrückt und destruktiv sie auch sind.

»Und was schlagen Sie als Alternative vor?«, fragte ich. »Sie können nicht so weitermachen wie bisher. Selbst wenn es Ihnen gelingt, die Katastrophe abzuwenden, dann wird sein Hang, über seine Verhältnisse zu leben, und sein Bedürfnis, als großer

Macker aufzutreten, die nächste schon vorprogrammieren.« Diane nickte traurig.

Ich erklärte Diane, dass sie sehr wohl Recht haben könne mit ihrer Vorhersage von Bens Reaktion auf ihr neues Verhalten. Manche Männer sträuben sich mit jedem Molekül ihres Körpers gegen jegliche Veränderung in ihrem Leben und behaupten, dass man sie entmännlicht, wenn man ihnen Grenzen setzt und eigene Wünsche durchsetzen möchte. Doch Sie werden nie wissen, wie er reagiert, wenn Sie es nicht zumindest versuchen. Sie verfügen über sehr viel mehr Machtmittel, als Sie denken – scheuen Sie sich nicht, sie einzusetzen. Es ist eher wahrscheinlich, dass er Sie nicht verlieren will. Und wenn es ihm wichtiger ist, weiterhin verantwortungslos mit Geld um sich zu werfen, als Ihnen den inneren Frieden wiederzugeben und Ihre Beziehung neu aufzubauen, dann ist es sicherlich besser, das jetzt als später zu erfahren.

Diane stand vor denselben Alternativen wie jede Frau, deren Mann sie anlügt:

- Sie verlassen ihn wütend, ohne jemals herauszufinden, ob nicht eine positive Veränderung möglich gewesen wäre.
- Sie leben weiterhin in einer unerträglichen Situation, in der Sie nie wissen, wann die nächste Lüge oder der nächste Verrat vorkommen werden, und Ihre Ängste bestimmen Ihr Leben.
- Sie können ihn mit der Situation in angemessener Weise konfrontieren und aus seiner Reaktion ablesen, welche Zukunft Sie noch mit diesem Mann haben können.

Welche dieser Möglichkeiten halten Sie für die effektivste?

Lügen über Sucht

Es ist eine banale Wahrheit, dass Ihr Leben mit einem Drogen- oder Alkoholsüchtigen, der sich keinerlei Therapie unterzieht, aus einer Kette von Lügen besteht. Wenn Sie einen süchtigen

Mann mit seinem Verhalten konfrontieren, dann sollten Sie es selbstverständlich dann tun, wenn er einen klaren Kopf hat. Wiederum heißt es, dass Sie ihm sagen, was Sie wissen und wie Sie sich dabei fühlen, doch die Forderung »Ich möchte, dass du das tust« erhält in dieser Situation einige wichtige Zusätze.

1. Er muss sich sofort in ein ihm angemessenes Entwöhnungsprogramm begeben und dessen Meetings regelmäßig aufsuchen, das ist die erste und wichtigste Bedingung, die Sie stellen, um die Beziehung im Augenblick noch aufrechtzuerhalten. *Nichts anderes ist akzeptabel* – keine Einzeltherapie, keine Meditations-Kurse, keine Astrologie-Kurse, keine Fitness-Kurse und auch nicht sein Entschluss, mehr Willenskraft oder Selbstdisziplin aufzubringen. All diese Kurse sind in Ordnung, doch sie tragen nicht zur Suchtentwöhnung bei. Wenn er nicht bereit ist, in ein Entwöhnungsprogramm zu gehen, oder wenn er sich einem anschließt, nur um Sie zu beruhigen, und es dann nach ein paar Meetings aufgibt, dann hat Ihre Beziehung so gut wie keine Chance zu überleben, und die Chance, dass Sie selbst das Zusammenleben mit einem Süchtigen überleben, ist noch geringer. Psychotherapie hat sich für die meisten Suchtkrankheiten als vollkommen nutzlos erwiesen. Sehr viel später können Sie versuchen, sie einzusetzen, doch sollten Sie nie vergessen, dass der Mann seit mindestens drei Monaten trocken sein muss, bevor er jegliche Art der Psychotherapie beginnt.
2. Bei allem, was Sie von ihm verlangen, ist es ungeheuer wichtig, dass Sie selbst sich einem Hilfsprogramm wie Al-Anon (die Familiengruppe der Antialkoholiker) oder einer entsprechenden Nar-Anon-Gruppe anschließen. Was allgemein zu Süchten gesagt wird, ist voller Widersprüche, falscher Erklärungen und Verwirrungen. Ohne die unterstützende Kraft Ihrer eigenen Gruppe ist es furchtbar leicht, emotionale Minen loszutreten, während Sie versuchen, etwas zu begreifen, was Sie nicht kennen. In diesen Selbsthilfegruppen werden Sie viel über sich selbst lernen, und ich kann Sie nur ermutigen, sich

solch einer Gruppe anzuschließen, selbst wenn Sie die Beziehung beenden wollen.

Andere Lügen, andere Schauplätze

Sex, Geld, Sucht sind wohl die Gründe, weshalb die meisten Männer lügen, vor allem jedoch sind es die Gründe, die bei ihren Partnerinnen das größte emotionale Chaos auslösen. Doch Sie werden häufig finden, dass der Mann in Ihrem Leben auf nicht einem, sondern mehreren dieser drei Gebiete lügt. Und wahrscheinlich noch auf vielen anderen. Sie haben anhand der Fallbeispiele in diesem Buch gesehen, dass Männer ihre Frauen über ihre Vergangenheit, ihre Familiengeschichte, über ehemalige Ehefrauen belügen. Ihr eigener Fall ist sicher in seinen Einzelheiten vollkommen einmalig. Und dennoch ist es egal, worüber er Sie anlügt, Sie müssen ihn mit der Tatsache, dass er es tut, konfrontieren, und zwar so eindeutig, wie ich es hier vorgestellt habe.

Sie dürfen nie vergessen, dass er *immer* anerkennen muss, dass er gelogen hat und dass er Sie betrogen und verletzt hat. Sie wollen, dass das Lügen ein Ende hat, und Sie wollen, dass er Sie so weit respektiert, dass er Ihnen die Wahrheit über seine Vergangenheit und seine Gegenwart sagt, wenn es überhaupt eine Chance für Ihre Beziehung geben sollte.

Ihn mit seinem Verhalten zu konfrontieren, macht Sie stärker. Sie werden nach der Auseinandersetzung das Bewusstsein haben, dass Sie den Mut gefunden haben, ihm Ihre Version der Wahrheit zu sagen und Ihre eigenen Bedürfnisse genannt und deren Achtung verlangt zu haben. Wenn Sie selbst aktiv werden und nicht nur reagieren auf das, was er sagt oder tut, dann wächst Ihr Selbstwertgefühl immens. Dadurch verbessert sich die Dynamik einer Beziehung dauerhaft und grundlegend. Ein dritter, genauso wichtiger Punkt ist, dass eine Konfrontation des Partners mit seinem Verhalten Ihnen selbst die notwendige Klarheit über Ihren Partner und Ihre Beziehung verschafft, um fundierte und durchdachte Entscheidungen über Ihre eigene Zukunft treffen zu können.

9 Der Umgang mit seinen Reaktionen

Wäre die Welt perfekt, dann würden Sie Ihren Partner mit seinem Verhalten konfrontieren, und er würde sich still und aufmerksam alles anhören, was Sie zu sagen haben, und dann darauf reagieren, indem er sagt: »Es tut mit so Leid – ich wollte dich nie verletzen. Ich weiß, dass ich ein verdammter Narr war, und ich werde alles tun, was du verlangst, um gemeinsam mit dir an einer neuen, besseren Beziehung zu arbeiten, die ganz ohne Lügen auskommt. Ich übernehme volle Verantwortung für alles, was ich getan habe, und ich möchte mich ändern. Ich werde in eine Therapie gehen, eine Eheberatung aufsuchen, was immer du willst. Du kannst jederzeit mit mir über die Vorfälle sprechen, und ich werde dir zuhören und mich nicht in die Defensive zurückziehen. Ich stimme allen deinen Bedingungen zu – ich finde sie fair und vernünftig. Gibt es noch etwas, was du jetzt von mir brauchst?« Wäre das nicht herrlich? Doch die Welt ist nicht perfekt, und Ihr Partner ist es nicht – Sie übrigens auch nicht. Leider ähneln seine Reaktionen nur äußerst selten diesem Ideal.

Doch das soll nicht heißen, dass Sie die Macht Ihrer Konfrontation unterschätzen. Sie haben damit eine neue Art des Dialogs und des Verhandelns eingeführt, die zu einem neuen Anfang führen. Es ist anzunehmen, dass er es noch nie erlebt hat, wie Sie sich so konzentriert und direkt ausdrücken, und indem Sie es tun, haben Sie bereits die bestmögliche Atmosphäre für die wichtige Arbeit geschaffen, die vor Ihnen beiden liegt.

Sie haben gesagt, was Sie sagen wollten. Sie haben ihm erklärt, was Sie wissen und was Sie von ihm erwarten. Jetzt müssen Sie nur noch eisern bleiben und mit ganzem Herzen hinter Ihrem Anspruch auf die Ehrlichkeit, Offenheit und den Respekt stehen, der Ihnen zusteht, während Sie mit dem zweiten Teil der Konfrontation umgehen – der Reaktion Ihres Partners.

Die Wahrscheinlichkeit ist groß, dass Ihr Partner sich noch stärker in eine Ecke gedrängt fühlt, wenn Sie ihn mit seinem Verhalten konfrontieren, als er es tat, als Sie das erste Mal seine Lügen entdeckten. Die meisten Männer sind zu allem bereit, um nicht als Schuldige dazustehen. Er wird sich schuldig, verletzbar, beschämt und vielleicht sogar gedemütigt fühlen. Diese Art der Auseinandersetzung wird ihm sehr schwer fallen, und eine solche direkte Konfrontation mit seinem Verhalten entspricht ganz und gar nicht seiner Vorstellung einer gemütlichen Beziehung. Er wird sehr verunsichert sein, und es kann sein, dass er viel stärker damit beschäftigt ist, sein Gleichgewicht zurückzugewinnen, als auf Ihre Vorhaltungen zu reagieren. Das Resultat ist dann, dass er sich in eine Taktik flüchtet, die der ganz ähnlich ist, die er eingesetzt hat, als Sie ihn das erste Mal beim Lügen ertappten, nur dass er ihr jetzt einige neue Varianten hinzufügt. Er wird wahrscheinlich wieder

- versuchen, sein Verhalten als Bagatelle abzutun
- Ihnen oder anderen die Schuld an seinem Verhalten geben
- Ihr Mitleid erregen wollen.

Vielleicht wird er nun auch

- automatische Vergebung erwarten, weil er sich entschuldigt hat
- sich zurückziehen oder allen Ihren Bedingungen verweigern
- wütend auf Sie werden, weil Sie so viel von ihm verlangen, und Sie beschuldigen, dass Sie ihn nur unter Ihrer Kontrolle haben wollen.

Und in einigen Fällen wird er, wenn er bereits früher alles geleugnet hat, auch jetzt wieder zu diesem Mittel greifen, selbst angesichts eindeutiger Beweise.

Doch diesmal werden Sie sich ganz anders verhalten als damals, als Sie entdeckten, dass er Sie belügt. Vergessen Sie nicht, dass Sie nun über die Klarheit verfügen, die Sie während der harten Arbeit an der Planung und der Präsentation der Konfrontation gewonnen haben. Sie haben genau herausgearbeitet, was Sie wollen, und weil Sie sich auf Tatsachen beziehen können, werden Sie feststellen, dass seine alten Erklärungsmuster in Ihren Ohren plötzlich ganz anders als früher klingen. Die alten Appelle an Ihre Gefühle werden Sie nicht mehr in die altbekannten Nebelbänke führen, die Sie früher immer so verwirrten. Jetzt sind Sie ganz anders – auf eine neue Weise blicken Sie hellwach auf die Auswirkungen seiner bisherigen Lügen und auf das, was die Zukunft für Sie birgt. Es mag sein, dass Sie sich zittrig fühlen und ein wenig Angst haben, doch Sie sind viel stärker als früher.

Neue Kommunikationsfähigkeiten

Gleichgültig, welcher Techniken er sich bedient, wenn Ihr Partner an der Reihe ist und auf Ihre Konfrontation reagiert, dann genügt es nicht, dass Sie den Mund halten und die Ohren aufsperren. Es ist äußerst wichtig, dass Sie *sehr genau zuhören* und zweideutige oder verwirrende Erwiderungen nicht überhören.

Um Ihnen dabei zu helfen, möchte ich, dass Sie zwei recht einfache Techniken lernen: Abklären und Zusammenfassen. Die Abklärung hilft Ihnen, falsche Schlussfolgerungen oder Missverständnisse zu vermeiden. Einige Beispiele von abklärenden Fragen sind:

- Ich weiß nicht, ob ich das verstanden habe, was du gerade gesagt hast. Meinst du damit …?

- Willst du damit sagen, dass ...?
- Hilf mir bitte, dass ich es richtig verstehe. Du ...?

Das Zusammenfassen besteht darin, dass Sie *mit Ihren eigenen Worten wiederholen*, was Ihr Partner gerade gesagt hat. Wie das Abklären kann auch diese Technik viele Missverständnisse ausräumen sowie den Partner wissen lassen, dass er gehört wurde. Wenn Sie mit der Technik des Zusammenfassens (der Paraphrasierung) arbeiten, dann beginnen Ihre Sätze etwa mit:

- Damit ich dich richtig verstehe, du ...
- Was du also sagst, ist ...
- Wenn ich richtig zugehört habe, dann also ...

Die meisten von uns sind gewohnt, verwirrende Aussagen ohne Rückfragen hinzunehmen. Vielleicht denken Sie: »Was meint er wohl mit dieser Aussage?«, doch Sie bitten um keine Erklärung. Wenn Sie sich jedoch genau auf das konzentrieren, was er sagt, und entschlossen sind, alles abzuklären, was Sie nicht so richtig verstehen, dann hören Sie ihm erst wirklich zu.

Ich weiß, dass man viel Kraft braucht, um so genau zuzuhören, doch dies Zuhören entscheidet über Ihr zukünftiges Verhaltens. Es führt Sie zu den Informationen, die Sie brauchen, und nicht zuletzt konzentrieren Sie sich auf das, was Ihnen am meisten nützt – auf ihn, statt auf sich selbst und Ihre Ängste. Wenn Sie sich darauf konzentrieren, wie er reagiert, dann sind Sie automatisch weniger damit beschäftigt, wie ängstlich und verstört Sie selbst sind.

Sobald Sie sich diese Techniken angeeignet haben und sie zu Ihrem Verhaltensrepertoire gehören, sind Sie in der Lage, mit all seinen spezifischen Ausflüchten umzugehen, mittels derer er sich vor klaren Aussagen drückt.

Wenn er Sie bereits seit langem belügt, dann kennen Sie auch seine Versuche, Sie zu manipulieren, und dann werden Sie verständlicherweise besorgt sein, dass Sie wieder den Kürzeren ziehen. Wenn es hingegen um die erste gravierende Lüge geht, die

Sie entdeckt haben, dann sind Sie sich unsicher, was er sagen wird und was Sie ihm glauben sollen. In beiden Fällen werde ich Sie auf eine ganze Bandbreite der Reaktionen vorbereiten, sodass Sie ihm zeigen können, dass er Sie ernst nehmen muss und dass Sie sich nicht mehr von den Techniken einwickeln lassen, die er bisher angewandt hat.

Bagatellisieren: Die Reaktion »War doch nicht so schlimm«

Gemessen am kosmischen Geschehen insgesamt, verglichen mit Kriegen, Plagen und Massenvernichtungswaffen, was kann da so schlimm an einer kleinen Affäre, ein paar ungedeckten Schecks oder einer verschwiegenen Exfrau sein? Das zumindest möchte Ihr Partner Sie glauben machen, wenn er versucht, den ungeheuren Schmerz, den er Ihnen zugefügt hat, wie einen versehentlichen Schnitt in den Finger darzustellen. Schließlich ist er kein Serienmörder, und man sollte all die guten Dinge, die er schon vollbracht hat, nicht vergessen.

Nun kann es sein, dass Sie so begeistert von der Tatsache sind, dass Ihr Partner seine Lügen zugegeben hat, statt sie zu leugnen, dass Sie sich nur auf die Wörter »Ja, das habe ich getan« stürzten und das überhören, was er als Nächstes sagt. Es ist wichtig, dass Sie vor Reaktionen auf der Hut sind, die so klingen, als übernähme er Verantwortung, die tatsächlich jedoch ausweichend sind und nur dazu dienen, Sie zu beruhigen, indem er seine Rolle bei den Vorfällen herunterspielt.

Wenn seine gravierendsten Lügen das Gebiet der Sexualität betreffen, dann wird er sich wahrscheinlich folgender typischer Entschuldigungen bedienen:

- »Ja, ich hatte eine Affäre. Es ist einfach passiert.« (Ich habe eigentlich gar nichts damit zu tun – wir sind irgendwie auf geheimnisvolle Art im Bett gelandet.)

- »Ja, ich habe mit ihr geschlafen, aber ich war betrunken.« (Alkohol als Entschuldigung.)
- »Ja, ich weiß, dass ich dich verletzt habe. Ich weiß nicht, was in mich gefahren ist. Ich muss einfach verrückt gewesen sein.« (Geistesschwäche als Entschuldigung.)
- »Das hatte gar nichts mit dir zu tun.« (Du hättest es nie herausfinden dürfen. Ich ging davon aus, dass das, was du nicht weißt, dich auch nicht verletzen wird.)

Wenn er mit solchen Phrasen versucht, die Bedeutung seines Verhaltens herunterzuspielen, dann müssen Sie ihm Folgendes antworten:

»Was ich von dir möchte, ist, dass du klar und deutlich zugibst, dass du erstens sexuell mit einer anderen Frau verkehrt hast, zweitens, dass du mich betrogen hast, drittens, dass du mich angelogen hast, und viertens, dass du mich zutiefst verletzt hast und dir noch gar nicht klar ist, wie tief.«

Zögern Sie nicht, ihn direkt anzuleiten und zu bitten, diese Aussagen in seinen eigenen Worten nachzusprechen. Er muss sie ohne Entschuldigungen oder Ausreden Ihnen gegenüber machen. Diese Sätze sind eindeutig und wahr, und Sie haben das Recht, sie von ihm zu verlangen.

Wenn seine schlimmsten Lügen die finanzielle Situation betrafen, seine Sucht oder andere Aspekte seines Lebens, dann sollten Sie sich vor Aussagen hüten, die die Ernsthaftigkeit der Lage herunterspielen, wie etwa:

- »Ich weiß nicht, warum du daraus eine Staatsaffäre machen musst.«
- »Du reagierst völlig überzogen.«
- »Alle machen das. Jeder trinkt / schnupft Kokain / hat Affären / überzieht sein Konto / lügt über seine Vergangenheit.«

Je nachdem sollten Sie ihm sagen, dass er Ihnen gegenüber eine der folgenden Aussagen machen muss:

- »Ich gebe zu, dass ich mich in finanziellen Dingen unvorsichtig/betrügerisch/unverantwortlich verhalten habe.«

- »Ich gebe zu, dass ich über meine Vergangenheit gelogen habe.«
- »Ich gebe zu, dass ich Alkohol/Drogen missbraucht habe.«
- »Ich gebe zu, dass ich AA-Meetings/meine Therapie nicht regelmäßig aufgesucht habe.«

Dann sollten Sie ihn auffordern, dem Eingeständnis seines Verhaltens das Eingeständnis hinzuzufügen, dass er Sie belogen und zutiefst verletzt hat.

Kein Zeitpunkt für Späße

Wenn Sie Ihrem Partner in dieser ersten Phase seiner Reaktion zuhören, müssen Sie sicher sein, dass er Sie und Ihre Bedingungen ernst nimmt. Dies ist nicht der Zeitpunkt, um Späße zu machen, deshalb sollten Sie auf der Hut sein vor Sätzen, die sein Verhalten herunterspielen und Sie zugleich durch Komik oder Albernheit einnehmen wollen.

Randy war es immer gelungen, sich mit Charme allen Konflikten, die es zwischen ihm und Anne im Laufe der Jahre gegeben hatte, zu entziehen, deshalb nahm er natürlich an, dass es auch diesmal funktionieren würde:

Als ich ihm mitteilte, dass ich als Erstes von ihm verlangte, dass er Verantwortung für seine Affären übernehme und zugebe, dass er mich zutiefst verletzt hatte, erwiderte er, dass er das sehr gut verstünde. Doch statt die Sätze wie ein Erwachsener zu sprechen, setzte er diese verschmitzte Miene auf, bei der ich ihm nie böse sein kann, senkte den Kopf und sagte: »Ich bin ein sehr böser Junge gewesen.« Er dachte wohl, dass er damit die Stimmung heben könne, doch es machte mich nur ungeheuer wütend. Ich sagte ihm, er könne von Glück sagen, dass ich ihn nicht umbrächte, und dass er kein böser Bub gewesen sei – dass er ein beschissener Mann gewesen sei und mich jetzt besser ernst nehmen sollte!

Es stand viel auf dem Spiel, und Randy, in die Enge getrieben, setzte jene Strategie ein, die bisher immer funktioniert hatte – er spielte den schlimmen, schuldbewussten kleinen Jungen. Doch er hatte unterschätzt, wie sehr viel stärker Anne inzwischen geworden war, von dem Ausmaß ihrer Wut gar nicht zu reden. Als sie ihm seine Alberei nicht durchgehen ließ, nahm er sich zusammen und kommunizierte mit ihr auf angemessenere Weise.

Weitere Beispiele, wie Männer gerne eine ernste Situation auf die leichte Schulter nehmen, sind etwa:

- »Der Teufel war in mich gefahren.«
- »Es muss Vollmond gewesen sein.«
- »Du weißt ja, Männer sind so.«
- »Es hätte schlimmer sein können. Es hätte sich herausstellen können, dass ich Jack the Ripper bin.«

Wenn er die Angelegenheit lächerlich macht, sollten Sie ihm zu verstehen geben, dass Sie wissen, wie unangenehm ihm die Situation ist, doch dass er alles nur schlimmer macht, wenn er darüber Witze reißt. Wenn er seine Aufgabe, nämlich unumwunden zuzugeben, was er getan hat, zu spielerisch angeht, dann ist es an Ihnen klarzustellen, dass Sie nicht spielen und dass er es lassen sollte.

Anderen die Schuld geben

Wenn er nicht dumm ist, dann weiß er schon vom Ton Ihrer Konfrontation her, dass er mit dem Versuch nicht sehr weit kommen wird, Ihnen die Schuld an seinem problematischen Verhalten zu geben. Doch das heißt nicht, dass er nicht zumindest versucht, sich mit der alten Reaktion – »Du hast mich dazu getrieben« – herauszureden. Er wird es vielleicht subtiler formulieren oder gleichzeitig mit einer Anerkennung seiner Verantwortung unterbringen, deshalb müssen Sie unbedingt vor Phrasen wie den folgenden, mit denen die Schuld anderen gegeben wird, auf der Hut sein:

- »Ich habe das nur getan, weil du ...«
- »Wenn du mehr ... wärst, dann müsste ich nicht ...«
- »Ich musste das tun. Du warst viel zu ...«

Wenn man diese Schuldzuweisungen ausschreibt, dann kommt es zu Aussagen wie diesen:

- »Ja, ich hatte eine Affäre, aber du musst dir auch mal dein eigenes Verhalten ansehen. Ich habe mich einfach nicht mehr verstanden gefühlt. Du bist immer so beschäftigt und in deine Arbeit/das Baby/die Hilfe für deine Mutter/deine Ehrenämter vertieft ...«
- »Ja, ich habe dich angelogen, was mein Trinken angeht, aber du nervst mich ja ständig – es ist die einzige Freude, die ich noch habe.«
- »Ja, ich habe über diese Geldanlage gelogen, und ich weiß, dass dich das sehr trifft, aber ich habe es für uns getan. Du bist einfach viel zu konservativ, was Geld betrifft, und wirst gleich hysterisch – wenn es nach dir ginge, würden wir nie so investieren, dass wir eine Chance haben, den großen Reibach zu machen.«

Wenn jemand, dem wir nahe stehen, uns die Schuld an bestimmten Vorkommnissen gibt, dann lassen wir oft Selbstzweifel und Verunsicherung zu. Bisher haben seine Schuldzuweisungen wahrscheinlich einen automatischen Rückzug Ihrerseits hervorgerufen, und diese Tendenz ist immer noch vorhanden. Niemand verändert sich über Nacht. Wir alle fühlen uns betroffen von Vorwürfen, dass wir nicht sexy oder klug oder anteilnehmend genug sind oder dass unsere Charakterfehler ihn zwangen, in

Lügen Zuflucht zu suchen. Es mag sogar ein Körnchen Wahrheit in dem enthalten sein, was er sagt. Doch Sie müssen sich unbedingt an die einfache Maxime halten: Nichts, was Sie tun oder sind, rechtfertigt, dass er Sie belügt.

Diesmal also sollten Sie sich selbst fest versprechen, dass Sie sich nicht mehr auf das Spiel der Schuldzuweisung einlassen. Sie werden seiner Reaktion mit eigenen Reaktionen entgegentreten, die nicht aus der Defensive kommen, sondern Sie selbst stärken. Mir ist bewusst, dass viele meiner Ratschläge mehr innere Stärke voraussetzen, als Sie sich zutrauen – das ist nur natürlich. Doch je mehr Sie lernen, auf diese Weise zu reagieren, desto früher wird Ihr Selbstvertrauen so stark sein wie Ihre mutigen Worte. Begegnen Sie seinen Erklärungen mit einigen oder allen der folgenden Erwiderungen:

- »Hier geht es um das Lügen und nicht um meine Charakterschwächen.«
- »Es war deine Wahl und deine Entscheidung zu lügen.«
- »Dir standen viele andere Optionen offen, du hättest zum Beispiel mit mir über das reden können, was dich störte, sodass wir gemeinsam nach einer Lösung hätten suchen können.«
- »Ich bin nicht bereit, die Verantwortung für dein Verhalten zu übernehmen.«

Üben Sie diese Aussagen, wann immer Sie können. Merken Sie, wie sie Ihnen das Gefühl geben, auf sicherem Boden zu stehen? Und merken Sie auch, dass sie dabei weder streitlustig sind noch den anderen niedermachen? Sie drücken nur aus, wo Sie Ihre Grenzen gezogen haben, und Sie stellen klar, für was Sie sich verantwortlich fühlen und für was nicht.

Die Ausrede auf zwei Beinen

Es ist zutiefst frustrierend, wenn ein erwachsener Mann sich der Taktiken eines Schuljungen bedient, um einem anderen die Schuld an seinem Benehmen zu geben, statt sich selbst den Konsequenzen zu stellen.

Zuerst reagierte Scott auf Allisons Konfrontation scheinbar mit dem Willen, die Verantwortung für seine Affäre zu übernehmen, doch dann wechselte er subtil die Taktik und versuchte, den anderen Frauen einen Teil der Schuld zuzuschieben:

Er sagte so ziemlich alles, zu was ich ihn aufforderte, doch dann kam er mit: »Ich weiß, dass das, was ich getan habe, falsch war, doch sie hat mich einfach nicht in Ruhe gelassen. Sie hat sich mir regelrecht an den Hals geworfen.« Früher hätte ich ihm das geglaubt, doch diesmal blieb ich eisern. Ich setzte die Technik der Zusammenfassung und der Abklärung ein, und ich erwiderte: »O. k., lass uns sehen, ob ich dich richtig verstanden habe. Du sagst gerade, dass sie dich verführt hat und dass du keinerlei Alternative hattest, als dich verführen zu lassen? Ich mag diese Aussage gar nicht, Scott, denn sie besagt, dass du keinerlei Verantwortung für deine eigenen Entscheidungen übernimmst.«

Wenn er mit dem Finger auf Sie zeigt, dann sollten Sie ihn auf seine eigenen Aussagen festnageln. Allison tat es, und damit ließ sie ihn wissen, 1) dass sie es gut findet, dass er überhaupt mit ihr darüber spricht, und 2) dass es immer seine eigene Entscheidung ist, sich verführen zu lassen, egal wie verführerisch die andere Frau sein mag.

Selbstverständlich sind es immer zwei Menschen, die eine Affäre haben, und sicherlich schläft eine Frau mit einem verheirateten Mann aus eigener Entscheidung, doch das kann niemals Scotts Eigenverantwortung ersetzen, der damit seiner Ehefrau tiefen Schmerz zugefügt hat. Als Allison nachdrücklich darauf bestand, zeigte Scott sich einsichtig und war einverstanden, eine

Therapie aufzusuchen. Es wird viel Zeit vergehen, bis wir wissen, ob Allison und Scott weiterhin ein Paar bleiben, doch weil Scott die Bereitschaft zeigt, sich zu ändern, und weil Allison klare Grenzen zieht, meine ich, dass sie eine gute Chance haben.

Wenn Ihr Partner Ihnen die Schuld gibt an seinen Lügen über Geld, Drogen oder was auch immer, erinnern Sie ihn stets daran, dass er erwachsen ist und sein Tun und Handeln selbst bestimmt. Und dass er leider die falsche Entscheidung getroffen hat, gleichgültig, wie viele andere Leute eventuell Druck auf ihn ausgeübt haben, sein Geld zu verprassen, zu trinken, die Nächte durchzumachen oder verrückte Investitionen zu tätigen.

Jemanden mit seinem Verhalten zu konfrontieren hat nichts mit Schuldzuweisungen zu tun. Jegliche Chance einer echten Lösung der Probleme wird durch Schuldzuweisungen verhindert und oft zunichte gemacht. Denken Sie immer daran: Was Sie akzeptieren, das bestätigen Sie auch. Wenn Sie die Schuld an seinem Verhalten akzeptieren, dann lehren Sie ihn damit, dass er Sie schnell verstummen lassen kann, wenn Sie ihn dabei ertappen, dass er lügt. Andersherum, wenn seine Schuldzuweisungen bei Ihnen nicht den gewünschten Effekt haben, dann hört er eventuell ganz damit auf und ist vielleicht sogar bereit, die Verantwortung für sein Tun zu übernehmen.

Ihr Mitleid erwecken

Wahrscheinlich sind Ihnen bestimmte Reaktionen nur zu gut bekannt, wenn Ihr Partner ein Experte darin ist, Ihr Mitgefühl zu wecken, wenn er sich bedroht fühlt. Als Erwiderung auf Ihre Konfrontation ignoriert er Ihre Bedingungen und beginnt stattdessen zu weinen, zu betteln, Sie zu beschwören, er verfällt in offensichtliche Depressionen oder droht mit Selbstmord, wenn Sie ihm nicht sofort versprechen, für immer bei ihm zu bleiben. Dann sagt er etwa Folgendes:

- »Du weißt, dass ich ohne dich nicht leben kann.«
- »Das alles bringt mich um.«
- »Ja, ich habe dich angelogen, doch deshalb bin ich doch kein Monster. Wie kannst du mich so erniedrigen?«
- »Das alles macht mich wirklich depressiv.«
- »Ich habe mich in meinem ganzen Leben noch nie so elend wegen etwas gefühlt.«

Es wird von Ihnen erwartet, dass Sie auf diese Stichwörter hin weich wie Pudding werden und jeglichen Versuch, die Krise zu bewältigen, aufgeben und ihm in die Arme fallen. Zumindest entspricht das seinen Vorstellungen, vor allem, wenn er diese Strategie schon oft erfolgreich eingesetzt hat. Bedenken Sie dabei, dass Ihr Partner nicht unbedingt selbst weiß, wie manipulativ er mit Ihnen umgeht – es kann sich auch um eine automatische Reaktion handeln, die ihm in der Vergangenheit immer schon geholfen hat, sich kritischen Situationen zu entziehen.

Noch viel schlimmer ist diese Standardreaktion, wenn sie von einem Mann kommt, der normalerweise gar nicht zu Gefühlsausbrüchen neigt. Dann ist Ihr erster Impuls sicherlich, ihn zu trösten, und darüber vergessen Sie das, was Sie eigentlich erreichen wollen. Geben Sie dem Impuls nicht nach. Stattdessen sollten Sie ihn sanft, aber hartnäckig an Ihr eigentliches Anliegen erinnern, etwa so:

- »Ich sehe, wie sehr dich das alles mitnimmt. Doch wir werden beide keinen Schritt weiterkommen, wenn du dich nicht auf meine spezifischen Bedingungen einlässt.«
- »Es tut mir Leid, dass es dir jetzt schlecht geht, doch mir selbst geht es auch gar nicht gut. Lass uns doch das angehen, was ich von dir verlange, denn das wird uns beiden weiterhelfen.«

Ich habe mich doch entschuldigt – reicht das nicht?

Für viele Männer gilt die Gleichung: Beichte ist gleich Absolution. Es fällt Menschen nicht leicht zuzugeben, dass sie gelogen haben, oder sich dafür zu entschuldigen, und deshalb wollen sie auch das höchste Lob für ihre Mühen. Jedoch geschieht es viel zu oft, dass sie verlangen, ihr Eingeständnis solle auch zugleich das Ende dieser spezifischen Krise bedeuten.

In Kapitel 2 haben Sie über Beispiele von Männern lesen können, die ihre Lügen eingestanden haben und in einigen Fällen erwarteten, dass ihre Beichte ihnen sozusagen erlaubte, weiterhin zu lügen. David war ein Meister darin, nach unzähligen Entschuldigungen und Beichten keine seiner Versprechungen zu halten. Bevor Kathy ihn mit seinem Verhalten konfrontierte, fragte sie mich, was denn nun der eigentliche Unterschied zu früher wäre, selbst wenn sie die Konfrontation strukturierte und ganz spezifische Bedingungen stellte.

Ich bat sie, sich einige der Antworten Davids vorzustellen, mit denen er immer sofortiges Verzeihen forderte. Und hier ist ein Ausschnitt dessen, was ihr einfiel:

- »Es tut mir so Leid, dass ich das getan habe. Ich liebe dich. Ich werde es nie wieder tun. Können wir jetzt damit aufhören?«
- »Was willst du eigentlich von mir? Dass ich Sack und Asche trage?«
- »Was soll ich noch sagen, wenn ich gesagt habe, dass es mir Leid tut?«

Ich erklärte Kathy, dass diese Reaktionen typische Manöver sind, damit sie sich schuldig fühlt, so streng mit ihm umzugehen. Ich bat sie, sich einige Antworten auf seine Vorhaltungen auszudenken, und hier sind ein paar Beispiele:

David, du musst gar nichts mehr sagen. Alles, was du jetzt noch tun sollst, habe ich dir bereits erklärt. Außerdem solltest du aufhören zu jammern und dich wie ein Märtyrer aufzuführen. Ich bin es, die hier verletzt wurde, und du weißt aus dem AA-Programm, dass du aktiv Einsicht zeigen musst. Die Erklärung deinerseits, wie Leid dir das alles tut, reicht nicht. Bis jetzt habe ich deine Entschuldigungen und Beichten ertragen, doch nun ist Schluss damit. Das alles sind doch nur Wörter, und solange keine offensichtlichen Verhaltensänderungen zu erkennen sind, bedeuten alle »Es tut mir so Leid« gar nichts. Ich möchte, wenn es irgend möglich ist, eine Lösung für unser Problem finden, und ich bin auch bereit, Zeit zu investieren, doch ich werde nicht bis in alle Ewigkeit warten. Jetzt befindet sich der Ball in deinem Spielfeld, jetzt bist du dran.

»Ich finde, dass das sehr gut klingt«, sagte ich.

Wenn Sie die Hoffnung nicht aufgeben wollen, Ihre Beziehung neu aufzubauen, dann müssen Sie Ihren Partner an einem sehr hohen Standard messen. Sie müssen Beweise finden, dass er wirklich bereit ist, sich zu ändern – sehen Sie sie als eine Art Ratenzahlung für seine Versprechungen. Sie müssen auf Taten bestehen und dürfen sich nicht mit Wörtern zufrieden geben, selbst wenn diese wahr klingen und die Gefühle dahinter echt sind.

»Ja, aber ...«

Was geschieht, wenn er zugibt, dass er Sie betrogen und verraten hat, wenn er erklärt, dass er bereit ist, die Verantwortung dafür zu übernehmen, verspricht, ehrlich zu Ihnen zu sein, und schwört, Sie nie wieder anzulügen – und dennoch nur bereit ist, einige wenige Ihrer Bedingungen zu akzeptieren? Vielleicht sagt er, dass er bereit ist, alles zu tun, außer sich in Therapie zu begeben, weder allein noch gemeinsam mit Ihnen. Oder er verspricht, in Geldangelegenheiten offener zu sein, wehrt sich jedoch gegen den Vorschlag, einen Finanzberater aufzusuchen, und versichert Ihnen, dass er alles bestens allein managen kann. Was dann?

Es ist eine große Versuchung, nicht auf allen Bedingungen zu bestehen, wenn er den meisten zustimmt, und ich weiß, dass Sie befürchten, zu tyrannisch zu wirken, wenn Sie auf der Erfüllung all Ihrer Forderungen auf Ihrer »Ich möchte, dass du Folgendes tust«-Liste bestehen. Daher hier nun einige Vorschläge, was Sie ihm erwidern können, wenn er sich nur auf einige Ihrer Bedingungen einlassen will:

- Wenn er Sie mit anderen Frauen betrogen hat, dann gibt es nichts auf der Liste der Bedingungen, das überzogen oder allzu militant wäre. Sie können Ihre Beziehung nicht auf ein solides Fundament stellen, wenn er nicht bereit ist, alle Forderungen dieser Liste zu erfüllen. Wenn er mit allem, außer dem Aufsuchen eines Therapeuten, einverstanden ist, geben Sie nicht nach. Eine Therapie bedeutet nicht, dass man Tausende von Mark ausgeben und zehn Jahre lang Sitzungen besuchen muss. Es kann auch eine kurze, krisenorientierte Interventions-Therapie sein, doch Sie beide benötigen jemanden, der Ihnen ein paar Kommunikations- und Verhaltensregeln vermittelt. Und Ihr Partner muss an dem Teil seiner selbst arbeiten, der ihn die Entscheidung treffen ließ, eine Affäre zu haben, um ein stärkeres Ich-Bewusstsein zu entwickeln, das ihm ermöglicht, in Zukunft andere Entscheidungen zu treffen. Ich rate Ihnen dringend, ihm mitzuteilen, dass die Bedingung einer Therapie nicht zur Diskussion steht.
- Wenn es um Alkohol-, Drogen- oder Medikamentenmissbrauch geht, dann ist die regelmäßige Teilnahme an einem Entwöhnungsprogramm (wie etwa bei den Anonymen Alkoholikern) ebenfalls unabdingbar. Nur er kann den Entschluss fassen, dorthin zu gehen, doch sollte er das nicht tun, dann sollten Sie gehen.
- Wenn es um Probleme im finanziellen Bereich geht, dann könnten Sie einverstanden sein, dass der Gang zum Finanzberater noch etwas aufgeschoben wird, außer Sie sind hoch verschuldet und es gibt keinen anderen Ausweg. Sie können sich beispielsweise bereit erklären, ihm eine Monatsfrist der Be-

währung zu geben, während derer Sie dann beobachten können, ob er seine Einstellung zu und seinen Umgang mit Geld geändert hat. Wenn er jedoch darauf besteht, die absolute Kontrolle in finanziellen Dingen zu behalten, ohne Sie bei größeren Entscheidungen zurate zu ziehen, dann sind Sie wieder da, wo alles begonnen hat. An diesem Punkt ist Hilfe von außen unabdingbar.

Denken Sie daran, dass Sie im Augenblick sehr viel Macht haben. Scheuen Sie sich nicht, unnachgiebig zu sein, wenn er versucht, sich vor unangenehmen Aufgaben, etwa einer ehrlichen Bestandsaufnahme seiner Person und seines Verhaltens, zu drücken.

Wütende Reaktionen

Im schlimmsten Fall wird Ihr Partner die Konfrontation als Vorwand nehmen, um Sie anzugreifen und zum Rückzug zu zwingen. Denken Sie immer daran, dass er sich von der Veränderung in Ihrer eigenen Haltung immer bedroht fühlen wird, und wenn er jähzornig ist und schnell explodiert, dann müssen Sie vorher darauf vorbereitet sein.

Zuerst wurde Ben wütender, als Diane ihn je gesehen hatte, als sie ihm ihre Bedingungen zum zukünftigen Umgang mit Geld vortrug:

Er hat von Natur aus eine laute Stimme, doch nun plötzlich schrie er mich wirklich an. Er erklärte, dass er seiner Tochter Geld geben würde, wann immer er wolle, und dass weder ich noch ein verdammter »Schreibtischhengst« von einem Kreditberater ihm sagen könnten, was er mit seinem Geld zu tun oder zu lassen habe.

Ich weiß nicht, woher ich den Mut genommen habe, aber ich

tat, was wir hier geübt hatten, und erklärte ihm, dass ich ihm nicht mehr zuhören würde, wenn er sich nicht beruhigte. Dann verließ ich das Zimmer. Er sah völlig verdattert aus – so etwas hatte ich noch nie getan. Ich wünschte, ich könnte behaupten, dass ich ganz ruhig und selbstbewusst dabei war, aber das stimmt nicht. Ich habe vor Angst geschlottert. Mein Herz raste, und ich hatte keine Ahnung, was als Nächstes passieren würde – es war wie ein Sprung ins kalte Wasser.

Diane hatte bei Ben einen Nerv getroffen, denn er fühlte sich bei der Vorstellung, die absolute Kontrolle über ihre Finanzen zu verlieren, aufs äußerste bedroht. Deshalb explodierte er und versuchte, sie einzuschüchtern.

Ich versicherte Diane, dass neue Verhaltensmuster niemals leicht und bequem zu etablieren sind, und zwar genau aus den Gründen, die sie selbst genannt hat: Sie sind fremd, und wir wissen nicht, was als Nächstes geschieht. Wäre Diane den Weg des geringsten Widerstandes gegangen und hätte getan, was sie bisher immer getan hat, nämlich Ben sich durchsetzen lassen, hätte sie sich zweifellos für kurze Zeit besser gefühlt, denn sie hätte gewusst, was auf sie zukommt. Ben hätte sich sofort wieder beruhigt, und sie wären in ihr altes Beziehungsmuster zurückgefallen.

Doch Diane wollte sich und all unsere gemeinsame Arbeit nicht aufgeben. Sie entschloss sich, genau wie Sie sich dazu entschließen müssen, wenn Sie neue Verhaltensmuster ausprobieren, diese unangenehme Phase durchzustehen, weil sie wusste, dass sie ein Zeichen dafür war, dass sie es richtig machte. Eingefahrene, abträgliche Verhaltensmuster sind immer bequemer. Neue, effektive, starke Verhaltensmuster werden Sie immer zuerst verunsichern. Doch wenn Sie dabei bleiben, dann werden Sie damit die Veränderungen bewirken, die auf jeden Fall stattfinden müssen.

Kurz nachdem Diane von Bens Wut wegspaziert war, folgte er ihr und erklärte sich bereit, mit ihr ein vernünftiges Gespräch zu führen. Als er erkannte, dass es Diane diesmal wirklich ernst war, war er einsichtig genug zu erkennen, dass er sehr viel zu verlieren hatte, wenn er weiterhin darauf bestand, die Finanzen in seiner Kontrolle zu behalten, vor allem angesichts seines bisherigen Umgangs mit Geld. Schließlich willigte er in alle Bedingungen auf der Liste ein, die nicht zur Disposition standen.

Doch nicht jeder wütende Mann beruhigt sich und wird vernünftig, weil Sie standhaft bleiben, und es wäre verantwortungslos von mir, Ihnen das vorzugaukeln. Wenn er jähzornig ist, kann es sein, dass Sie nicht einmal aussprechen können, bevor er einen Wutanfall bekommt. Wenn er anfängt zu schreien und Sie beschimpft, weil Sie es wagen, ihm solche Bedingungen zu stellen, oder weil Sie zu dumm sind, die Sache auf sich beruhen zu lassen, dann können Sie nicht viel mehr tun, als sich zu weigern, mit ihm weiterzusprechen, solange er sich nicht beruhigt hat.

Wenn das nicht funktioniert, rate ich Ihnen dringend, das zu tun, was Diane tat. Erklären Sie ihm etwa: »Ich lasse mich nicht anschreien«, und verlassen Sie dann den Raum. Ich weiß, dass Sie sich an diesem Punkt dann sehr frustriert und hoffnungslos fühlen werden, und das ist auch ganz normal. Wenn Sie ihn wissen lassen, dass Sie sich nicht anschreien lassen, und er daraufhin seine verbalen und emotionalen Attacken auf Sie noch steigert, dann müssen Sie sich folgende Fragen selbst beantworten:

- Welche Art von Zukunft können Sie mit einem Mann haben, der Sie belügt und der Ihnen nicht zuhört?
- Welche Art von Zukunft können Sie mit einem Mann haben, der Sie belügt und Sie dann einschüchtert, wenn Sie versuchen, sich dagegen zu wehren?
- Welche Art von Zukunft können Sie mit einem Mann haben, der Sie belügt und Sie nicht respektiert?
- Welche Art von Zukunft können Sie mit einem Mann haben, der Sie belügt und sich weigert, mit Ihnen zusammen an einer gesünderen Beziehung zu arbeiten?

Die Antwort auf all diese Fragen lautet leider: keine.

Warnung
Konfrontieren Sie niemals einen Mann mit seinem Verhalten, wenn Sie glauben, dass er zu körperlicher Gewalt greifen wird. Wenn er Sie je körperlich angegriffen hat, dann hätten Sie ihn sofort verlassen müssen. Wenn Sie immer noch mit einem Mann leben, der Sie bereits geschlagen hat, und Sie fürchten, dass er es wieder tut, dann sind seine Lügen das geringste Ihrer Probleme. Dann sollten Sie sofort eine Beratungsstelle aufsuchen, damit Sie nicht irgendwann als Ziffer in einer Statistik über Beziehungs- oder Gattenmord enden.

Wenn seine einzige Reaktion das Leugnen ist

Manche Männer (bei weitem jedoch nicht die meisten) leugnen trotz aller solider Beweise weiterhin, das getan zu haben, was Sie entdeckten.

Sie können Ihren Partner nicht zwingen, seine Lügen zuzugeben. Diesen Schritt muss er alleine tun. Deshalb finde ich es durchaus akzeptabel, wenn Sie ihm eine kurze Zeitspanne, etwa ein oder zwei Tage, einräumen, damit er diesen Schritt tun kann. Doch die Bedingung, dass er Eigenverantwortung für seine Taten übernimmt, ist eine absolute Voraussetzung für die Zukunft Ihrer Beziehung. Sie bedeutet den Unterschied zwischen dem Beginn eines gesunden Dialogs zwischen den Partnern, während Sie auf grundlegende Veränderungen hinarbeiten, und der traurigen, schwierigen Wahrheit, dass Sie sich zwischen Ihrer Beziehung und Ihrem emotionalen Wohlergehen entscheiden müssen.

Wenn er auf die Konfrontation reagiert, indem er weiterhin alles leugnet, dann hat er in Wahrheit diese Entscheidung für Sie bereits getroffen. Er hat entschieden, dass es weder Ehrlichkeit noch Respekt in Ihrer Beziehung geben wird. Und ohne diese beiden wesentlichen Bestandteile kann es auch keine echte, emotionale Intimität zwischen zwei Menschen geben.

Die Reaktionen Ihres Partners auf die Konfrontation sind die wichtigsten Informationen, die Sie je erhalten werden, um entscheiden zu können, ob Ihre Beziehung sich jemals wieder aus der Asche von Betrug und Verrat erheben wird. Doch Sie brauchen Zeit und Geduld, um diese Frage beantworten zu können.

Denken Sie daran, nichts ist auf alle Zeiten festgeschrieben. Eine Entscheidung, die Sie heute treffen, kann immer noch geändert werden, wenn Ihr Partner in seine alten Verhaltensmuster zurückfällt oder nicht wie versprochen die Bedingungen erfüllt. Wenn Sie diese neue Phase Ihres Lebens in Angriff nehmen, dann sollte der Gedanke Sie trösten, dass Sie alle Zeit der Welt haben, um sich an die Veränderungen an Ihrem Partner, in Ihrer Beziehung und vor allem an Ihnen selbst zu gewöhnen.

10 Wenn Sie in der Beziehung bleiben

Wenn Ihr Partner willig auf Ihre Bedingungen eingegangen ist, damit sie gemeinsam Ihre Beziehung neu aufbauen, dann ist natürlich das Gefühl von Erleichterung, gar von Freude groß. Sie stehen an einer Weggabelung, doch vielleicht können Sie noch einmal ganz von vorn beginnen. Auch wird Ihnen bewusst werden, dass die erste große Erleichterung lange Schatten hat, denn Ihre Hoffnung wird nach wie vor gefiltert durch den spürbaren Schmerz, die Zweifel, die Verunsicherung und die Trauer, die die Gewissheit mit sich bringt, dass etwas, an dem Sie sehr hingen, für immer verloren ist. Die schlechte Nachricht lautet, dass das offene, unschuldige Vertrauen, das Sie bisher hatten, sich nie wieder einstellen wird. Die gute Nachricht lautet, dass es Ihnen möglich sein wird, es durch eine weisere und ehrlichere Art der Intimität zu ersetzen.

Nur wenige von uns ahnen auch nur, wie man sich in einer Beziehung verhalten soll, die von Lügen zerfressen wurde, deshalb sind die nächsten Wochen und Monate kritisch. In diesem Kapitel werde ich Ihnen das Werkzeug mitgeben, damit Sie in Ihr alltägliches Leben mit Ihrem Partner zurückkehren können, ohne in alte Verhaltensmuster zurückzufallen – oder in die Fallen zu geraten, die Frauen so oft in den Weg gelegt werden, wenn sie versuchen, ihre Selbstachtung und ihre Würde wieder zu finden, nachdem sie zutiefst verletzt worden sind. Auch werde ich Ihnen helfen, den Fortgang Ihrer Beziehung im Laufe der Zeit realistisch einzuschätzen, während Sie sich weiterhin alle Optionen für die Zukunft offen halten. Vergessen Sie nicht, dass Sie nach einer erfolgreichen Konfrontation nur noch die Entscheidung treffen müssen, dass Sie bereit sind, der Beziehung Zeit zu lassen, sich zu verändern. Nur mit der Zeit wird sich erweisen, ob Sie und Ihr Partner in der Lage sind, sich wieder zu finden und gemeinsam weiterzumachen.

Nicht alles hängt von ihm ab

In den ersten paar Tagen nach der Konfrontation werden Sie wahrscheinlich glauben, dass die größte Anstrengung für Sie vorbei ist. Sie haben hart gearbeitet. Sie waren ehrlich und mutig. Sie haben viele neue Kommunikationsstrategien gelernt. Und nun würden Sie sich gerne etwas ausruhen. Schließlich war er es, der sich schlecht benommen hat und der jetzt Ihr Vertrauen zurückerobern muss. Gleichgültig, welches Ihre eigenen Fehler und Schwächen gewesen sind, Sie sind diejenige, die verletzt wurde, betrogen, angelogen und emotional verheert. An diesem Punkt fragen Sie sich vielleicht, was man noch von Ihnen wollen könnte.

Es tut mir Leid, aber ich muss Ihnen mitteilen, dass Ihre Arbeit mit der Konfrontation noch nicht zu Ende ist. Ihr fünfzigprozentiger Anteil am Wiederaufbau der Beziehung besteht aus sehr viel mehr als einer Liste von Bedingungen und dem Abwarten, ob Ihr Partner sich unter ihnen bewährt.

Wenige Wochen, nachdem Randy sehr positiv auf seine Konfrontation reagiert hatte, entdeckte Anne, wie groß die Versuchung war, das gesamte weitere Geschehen nun Randy zu überlassen:

Wir befinden uns in einem ganz merkwürdigen Zustand. Wir sind beide total angespannt, wenn wir zusammen sind, so richtig steif und unsicher. Er ist nervös und fühlt sich schuldig, und ich selbst werde öfter sarkastisch. Ich ertappe mich dabei, dass ich sagen möchte: »O.k., du Schuft. Ich habe eine ungeheure

Arbeit geleistet, beweis mir jetzt, dass du dich verändert hast. Ich warte.« Ich fühle mich wie eine Vollzugsbeamtin, und das ist einfach keine Art, eine Ehe zu führen.

»Niemand hat behauptet, dass es leicht sein würde«, erklärte ich Anne, »und einer der größten Fehler, den viele Frauen machen, wenn sie nach der Konfrontation in die Phase des Waffenstillstands und der Bestandsaufnahme eintreten, ist, sich zurückzulehnen, ihre Wunden zu pflegen, nach Vergehen des Partners Ausschau zu halten und darauf zu warten, dass er sie davon überzeugt, dass er nun ein anderer Mann ist.«

Wie Anne gehen Sie vielleicht davon aus, dass Ihre Arbeit getan ist. Sie haben die Samen gesetzt, und nun möchten Sie sehen, wie die Blume ausschaut. Sich zurückzulehnen und darauf zu warten, dass er all Ihre Zweifel und Ihr Misstrauen widerlegt, ist zwar verlockend, doch letztendlich selbstzerstörerisch. Während er nun wahrhaftig große Aufgaben vor sich hat, müssen Sie *aktiv* zu der Schaffung einer Atmosphäre beitragen, die der Beziehung ermöglicht und ihr förderlich ist, sich auf eine gesündere Ebene zu begeben.

Die effektivste und heilsamste Art, dies zu tun, besteht darin, die Kommunikationsstrategien, die Sie während der Konfrontation gelernt haben, weiterzuentwickeln und ihnen ein paar neue hinzuzufügen – die ich Ihnen zeigen werde. Bei jedem Schritt werden Sie dadurch gestärkt und unterstützt.

Die Porzellanladen-Mentalität

Die Spannungen und die Nervosität, die Anne beschrieb, sind typische Nachwirkungen einer Konfrontation. Die Gewissheit, dass so viel sich ändern muss, belastet Ihre Beziehung mit dem verwirrenden Gefühl, in einem Provisorium zu leben. Früher konnten Sie sagen, was Ihnen durch den Kopf ging, locker miteinander umgehen. Jetzt gehen Sie beide wie auf Eiern, Sie wissen nicht, wie Sie die frühere Unbekümmertheit zurückgewinnen können. Nach allem, was geschehen ist, scheint jedes Wort eine besondere Bedeutung zu haben. Wahrscheinlich überlegen Sie sich alles, was Sie sagen, zweimal, und Sie beide liegen auf der Lauer, um ja herauszufinden, was der andere wirklich sagen will und was dabei verborgen bleibt oder gar nicht zur Sprache kommt.

Kathy beschrieb es so:

Früher haben wir praktisch unsere Sätze ergänzt, doch jetzt brauchen wir plötzlich Untertitel. Ich weiß nicht, wie ich auf ihn reagieren soll, und ich habe keine Ahnung, wie ich mit ihm reden soll, deshalb bin ich die meiste Zeit einfach still. Das ist immer noch besser, als das Falsche zu sagen und seine Gefühle zu verletzen oder einen neuen Streit anzufangen.

Ich erklärte Kathy, dass es zwar sicherer zu sein scheint, sich dem Partner nur auf Zehenspitzen zu nähern und besonders höflich zu sein, doch dass Ehrlichkeit im Augenblick sehr viel wichtiger ist als Vorsicht. Ich bat sie, sich an den Augenblick zu erinnern, als sie David schließlich sagte, welche Wirkung seine Lügerei auf sie hatte:

Ich fühlte mich, als würden zehn Tonnen Gewicht von meinem Brustkorb gehoben. Ich fühlte mich leicht und rein. Ich fühlte mich stärker und viel weniger wütend.

Ich bat Kathy, sich Zeit zu nehmen, um dieses Gefühl der Leichtigkeit und Stärke nochmals zu beschwören, die sie sich als Wolken vorstellen sollte oder als ein anderes Gebilde, das ihr entsprach. Ich bat sie, dieses Bild in ihr Gedächtnis und in ihr Herz zu prägen, sodass sie darauf zurückgreifen könne, wenn es nötig war.

»Erinnern Sie sich daran, wie erleichternd es war, dass Sie ihn endlich fragen konnten, was er wirklich meinte, und dass Sie sich selbst ganz klar ausdrücken konnten. Keiner von Ihnen hat versucht, die Gedanken des anderen zu lesen, oder hatte Angst zu sagen, was er meinte. Sie sind damals ein Risiko eingegangen, und bisher hat es sich ausgezahlt. Der Gedanke daran wird Ihnen helfen, nicht mehr miteinander umzugehen, als wären Sie Elefanten im Porzellanladen.«

Wenn Sie feststellen, dass Sie alles und jedes, was Sie sagen oder tun, auf die Goldwaage legen, dann sollten Sie sich die Erleichterung durch die Wahrheit vor Augen halten, um zu der Klarheit zurückzufinden, die Sie während der Konfrontation hatten. In den kommenden Wochen und Monaten sollten Sie die Kommunikationsstrategien der Abklärung und der Zusammenfassung auch in Ihrem alltägliche Leben einsetzen. Viel Disziplin ist nötig, um das Verhaltensmuster der endlosen Grübeleien über das, was Sie gesagt haben und was er womöglich gemeint haben könnte, zu durchbrechen, doch es lohnt sich unbedingt.

Machen Sie Ihre Aussagen direkt, einfühlsam ihm gegenüber, doch ohne Angst. Hören Sie sorgfältig zu, klären Sie seine Aussagen ab und fassen Sie sie zusammen, um ganz sicherzugehen, dass Sie sie richtig verstanden haben. Das ist eine vollkommen neue Art, mit ihm zu leben. Natürlich wird sich das am Anfang seltsam anfühlen, doch Sie werden sich umso schneller daran gewöhnen, je intensiver Sie dieses Verhalten üben – nicht nur Ihrem Partner, sondern auch anderen Menschen und Situationen in Ihrem Alltag gegenüber.

Natürlich sollen Sie nicht jede Sekunde Ihres Lebens »brillant im Kommunizieren« sein. Niemand kann das. Kochen erst die Gefühle, ist es nur zu leicht, alles, was man gelernt hat, zu vergessen und entweder zu attackieren oder sich ganz zurückzuziehen. Doch dann liegt es an Ihnen, die Kommunikation wieder in die richtigen Bahnen zu lenken. Und natürlich müssen Sie nicht alle seine Aussagen zusammenfassen; auch Sie brauchen Auszeiten von dieser anstrengenden Arbeit, in denen Sie sich einfach entspannen. Doch je öfter Sie die neuen Kommunikationsstrategien üben, desto weniger angespannt können Sie miteinander umgehen, und Sie beide erhalten dadurch die Chance, den alten Verhaltensmustern des Ausweichens, der Irreführung und des nachlässigen Hinnehmens ein Ende zu bereiten.

Sie werden feststellen, auch wenn diese Kommunikationsstrategien sich zu Beginn noch etwas mechanisch anfühlen, dass mit längerer Übung etwas ganz Wunderbares mit Ihnen geschieht. Nun, da Sie wissen, dass Sie sich auf Strategien verlassen können, die Ihnen sichere Informationen darüber liefern, was in Ihrer Beziehung vor sich geht, werden Sie bei sich ein höheres Selbstvertrauen feststellen können.

Machtspiele gegen Selbstbewusstsein eintauschen

Eines der größten Hindernisse auf Ihrem Weg zur Selbstheilung und, wenn möglich, der Heilung Ihrer Beziehung ist das noch verbleibende Bedürfnis, ihn zu bestrafen. Schließlich scheint er immer das Lenkrad in der Hand gehabt zu haben, er hat alle Informationen kontrolliert, er hat immer getan, was er wollte – und wenn Sie jetzt in der Beziehung bleiben, was hat sein schlechtes Benehmen ihn dann gekostet? Der Wunsch, ihn zu bestrafen, kann auch lange nach den Entschuldigungen und den Versprechen, sich zu ändern, die aus Konfrontation resultierten, noch sehr stark sein. Allison drückte es so aus:

Ich hoffe sehr, dass Sie mir jetzt nicht vorschlagen, dass ich mich krumm legen soll, damit er sich jetzt wohler fühlt. Ich will gar nicht, dass er sich wohl fühlt – ich möchte, dass es ihm so richtig schlecht geht.

Ich bin überzeugt, dass Sie sich mit Allisons Reaktion identifizieren können. Ihre Position ist von einer Selbstgerechtigkeit, die sich herrlich anfühlen kann. Jede Frau, die belogen wurde, weiß, wie mächtig sie sich durch diese Haltung fühlt. Doch das ist eine Illusion. Bestrafung kann, wie Rache, kurzzeitig das Machtverhältnis ändern, doch sie garantiert auch, dass die neue Beziehung, an der Sie arbeiten, nicht gedeihen wird.

Vielleicht meinen Sie, dass Sie keinerlei Problem mit Bestrafungswünschen haben, und doch sind sie ein so typischer Bestandteil einer Beziehung, die unter Druck geraten ist, dass Sie schon eine Heilige sein müssten, um sie nicht zu haben. Verhalten, das den anderen bestraft, kann viele Formen haben – manche sind subtil, andere sehr aggressiv. Die meisten Frauen werden entdecken, dass zumindest eines der folgenden Beispiele sich liest wie aus ihrem Leben nach der Konfrontation gegriffen.

Strafendes Verhalten Nr. 1: Schuldzuweisung

Dies ist der Großvater aller strafenden Verhaltensformen. Sie sind das Opfer, und er ist das rücksichtslose Schwein, das Ihre Ersparnisse vergeudet oder Sie mit einer anderen Frau betrogen hat, und Sie wollen ganz sichergehen, dass er viele, viele Male *mea culpa* sagt und seine Schuld nicht vergisst. Ich weiß, dass Sie alle wissen, wie sich solche Schuldzuweisungen anhören, doch es schadet nicht, wenn wir uns die alten Favoriten nochmals genauer ansehen:

- »Du hast unser Leben zerstört.«
- »Du hast unsere Ehe zerstört.«
- »Sieh dir doch an, wie elend es mir geht/wie depressiv/nervös ich bin.«
- »Ich hoffe, dass du jetzt glücklich bist.«
- »Wie kannst du es wagen, mir zu widersprechen, nach allem, was du getan hast.«
- »Wie willst du das je bei mir wieder gutmachen?«
- »Ich halte dich für den miesesten Menschen auf Erden.«
- »Du solltest dich schämen.«

Scott hatte sich mit allen Bedingungen Allisons einverstanden erklärt, sogar damit, sich in Therapie zu begeben. Doch Allison tat sich verständlicherweise schwer damit, ihr Bedürfnis, ihn zu bestrafen, aufzugeben:

Ich möchte, dass er so leidet, wie ich es getan habe. Ja, ich möchte, dass er sich schuldig fühlt. Nur wenn er sich schuldig fühlt, wird er sich an die Regeln halten. Sie sind doch diejenige, die ständig von Eigenverantwortung spricht. Ich will nicht, dass er auch nur eine Sekunde lang vergisst, was er getan hat! Ich möchte, dass er sich deshalb so schlecht fühlt, damit er das nächste Mal, wenn er eine Frau attraktiv findet, erst sehr, sehr lange darüber nachdenkt.

Vielleicht wollen Sie das gar nicht, was Sie zu wollen meinen

»Und was bringt Ihnen das?«, fragte ich. »Wenn er ein Gewissen hat, dann brauchen Sie sich keine Sorgen zu machen – dann wird er sich schon schuldig fühlen. Und wenn er kein Gewissen hat, dann sollten Sie nicht mit ihm leben. Eigenverantwortung heißt, dass wir es uns eingestehen, wenn wir etwas getan haben, was den anderen verletzt, und dann versuchen, es wieder gutzumachen. Soweit ich es beurteilen kann, tut Scott genau das. Lassen Sie mich kurz Scott sein, damit wir herausfinden, wie Sie gerne hätten, dass er sich verhielte, damit ich Ihnen beweisen kann, dass er sich ›hinreichend schuldig‹ fühlt.«

Als Scott setzte ich eine absurd schuldbewusste und unterwürfige Miene auf:

»Ich werde nie darüber hinwegkommen, was ich dir angetan habe – ich werde dein Sklave sein, ich werde dir alle deine Wünsche von den Augen ablesen, ich werde mich jeden Morgen, bevor die Sonne aufgeht, mit Birkenreisig kasteien, ich werde eine andere Frau nie wieder auch nur anlächeln. Würde das ausreichen, o Herrin und Gebieterin?«

»Hören Sie auf«, rief Allison schrill. »Ich halte das nicht aus! Er klingt ja wie ein Vollidiot – das ist es nicht, was ich möchte.«

Indem ich Allisons Strafphantasien ins Extreme steigerte, konnte ich den Teil ihres Wesens erreichen, der wusste, dass ihre Wünsche sowohl irrational als auch selbstzerstörerisch waren.

Susan: Okay, aber was wollen Sie dann? Wenn Sie die Wahl haben, entweder sicherzugehen, dass er gebührend schuldbewusst ist, oder Ihre Ehe wieder aufzubauen, was würden Sie wählen?
Allison: Die Antwort kennen Sie doch – ich möchte wirklich, dass unsere Ehe überlebt. Aber ich weiß nicht ... sein Schuldbewusstsein gibt mir ein Gefühl der Sicherheit ... Aber ich weiß auch, dass das ein Mythos ist, denn niemand will mit jemandem zusammen sein, der einem ständig Schuldgefühle vermittelt.
Susan: Sie haben gerade etwas sehr Wichtiges entdeckt. Viele Frauen glauben, dass ihr Partner, wenn er nur schuldbewusst genug ist, sich zu elend fühlen wird, um sie je wieder zu verletzen. Doch in Wirklichkeit sind sie sich seiner keineswegs sicher, wenn sie ihn weiterhin bestrafen. Es ist weder Ihre Aufgabe, seine Schuld zu vergrößern, noch sie ihm abzunehmen. Glauben Sie mir, allein die Tatsache, dass er Sie jeden Tag sieht, wird ihn immer an das erinnern, was er getan hat. Wenn Sie sein Schuldbewusstsein noch vertiefen, dann erreichen Sie damit vielleicht kurzzeitig seine sklavische Unterwerfung, doch letztendlich treiben Sie ihn damit in die Flucht.
Allison: Soll ich also einfach alles gut sein lassen? Schuldet er mir denn gar nichts?
Susan: Natürlich schuldet er Ihnen etwas. Doch lassen Sie uns ganz klar definieren, was er Ihnen schuldet. Er schuldet Ihnen Aufrichtigkeit und Respekt. Lassen Sie uns kurz auf Ihre Liste der Bedingungen zurückkommen. Dort sind die Voraussetzungen, um die Beziehung aufrechtzuerhalten, im Einzelnen angegeben. Scott hat sich mit ganz spezifischen Änderungen einverstanden erklärt, die dazu dienen, Wiedergutmachung für den Schaden zu leisten, den seine Lügen angerichtet haben, und er

hat versprochen, nicht mehr zu lügen. Doch wo steht als Voraussetzung, dass er seine Selbstbestimmung als Erwachsener aufgeben soll oder sein Recht, nicht Ihrer Meinung zu sein, und vor allem seine Würde? Sie möchten doch eine Beziehung unter Gleichen haben und nicht eine zwischen Diktator und Untertan.

Wenn Sie feststellen, dass Sie Ihren Partner mit Schuldvorwürfen überhäufen, dann ist es eine große Hilfe, wenn Sie genau das ihm gegenüber zugeben. Erklären Sie ihm, dass er, so wie Sie ihm Zeit geben, sich zu ändern, auch seinerseits verstehen muss, dass Sie keine Heilige sind und dass Sie wahrscheinlich Dinge zu ihm sagen werden oder bereits gesagt haben, die ihn sehr kränken. Sie müssen nicht befürchten, dadurch Ihre Position zu schwächen. Sie werden im Gegenteil dadurch eine ganz besondere Art der Stärke demonstrieren – eine, die Selbsterkenntnis und Wahrheitsliebe entspringt.

Strafendes Verhalten Nr. 2: Herabsetzen und Verunglimpfen

Er hat sich freiwillig bereit erklärt, in der Pfadfinder-Gruppe Ihres Sohnes mitzuarbeiten. »Soll das ein Witz sein?«, schreien Sie ihn an. »Jemand wie du, der kein Fünkchen Moral hat, denkt, er könnte ein Rollenmodell für beeindruckbare Kinder sein? Wo sind wir hier eigentlich?«

Oder vielleicht möchte er lieber mit seinem Bruder Segeln gehen, statt mit Ihnen Ihre Eltern zu besuchen. Sie sagen ihm, dass Sie das überhaupt nicht überrascht. Er sei ein rücksichtsloses, egoistisches Schwein, das bei einem idiotischen Investment sehr viel Geld verloren hat, daher sei es ja kein Wunder, dass er wieder an sich selbst zuerst denke. In der Tat, jedes Mal, wenn er etwas anderes möchte als Sie, erinnern Sie ihn daran, wie egoistisch er ist.

Diese Strategie setzt sein Fehlverhalten mit seinem gesamten Charakter, seiner Persönlichkeit gleich. Er hat so viele Fehler, das lassen Sie ihn immer wieder wissen, dass er nichts anderes als Buße für seine Lügen tun dürfte. Es ist nur zu einfach, um sich zu schlagen und ihn zum Sündenbock für alles zu machen. Wie könnte er nur alles wieder gutmachen? Indem er alles tut, was Sie verlangen.

Alles, was Sie im ersten Teil über Schuldzuweisungen erfahren haben, gilt auch hier. Ihr Verhalten ist destruktiv. Versuchen Sie, es sein zu lassen.

Strafendes Verhalten Nr. 3: Entziehung

Viele Frauen ziehen sich in ein strafendes Schweigen zurück, wenn sie tief verletzt werden, das genauso laut ist wie die beiden bisherigen Strategien.

Helen, deren Mann Phil sie bezüglich seiner Cyber-Sex-Aktivitäten belogen hatte, brauchte lange, um ihre Beschimpfungen und ihre schneidende Kritik unter Kontrolle zu bringen. Doch in der Zwischenzeit hatte sie sich innerlich von Phil abgewandt, und nun wusste sie nicht mehr, was sie tun sollte:

Wir haben einige Fortschritte gemacht. Ich habe mich bereit erklärt, ihn nicht mehr wütend anzugreifen, und er hat sich bereit erklärt, seine Zeit am Computer drastisch zu reduzieren, und damit kann ich eigentlich leben. Zumindest schleicht er jetzt nicht mehr mitten in der Nacht umher und streitet später alles ab, was er getan hat. Inzwischen bin ich nicht mehr wütend, doch Liebe für ihn empfinde ich auch nicht mehr. Ich habe eigentlich gar keine Gefühle mehr.

Helen mag sich wie betäubt fühlen. Tatsache ist, dass sie von dem Stadium, in dem sie ihre Wut an Phil sehr deutlich und sehr herabsetzend ausgelassen hat, in dasjenige übergegangen ist, in welchem sie Phil durch Entzug bestrafte – eine starke Form der emotionalen Erpressung. Sie waren beide entschlossen, beieinander zu bleiben, doch ihre Beziehung war auf das Niveau höflicher Eiseskälte gesunken.

»Das Salz, bitte« und »Schöner Tag heute«, das ist jetzt das Ausmaß unserer Konversation. Ich weiß nicht, wie ich das überwinden kann, Susan. Ich weiß, dass das, was ich tue, nicht funktioniert. Eindeutig fühlt sich keiner von uns auch nur halbwegs wohl dabei, aber ich kann nicht über meinen Schatten springen. Ich habe solche Angst, wenn ich netter zu ihm bin, dass er denkt, dass er sich gleich wieder wie früher aufführen kann ...

Ich erklärte ihnen beiden, dass der kalte Krieg zwischen ihnen ein Ende haben müsse. Sie stimmten mir bei, doch beide wussten nicht, wie sie ihre tiefgefrorene Beziehung auftauen sollten. Phil war durch Helens fortdauernden Rückzug verunsichert, hatte er sich doch mit all ihren Bedingungen einverstanden erklärt. Beide waren zu Beginn der Therapiestunde sichtbar angespannt.

Ich fragte Helen, ob sie bereit sei, Phil zu erklären, warum sie Angst habe, ihm gegenüber positive Gefühle zu zeigen. Sie begann zögernd:

Ich war so wütend und so verletzt, und es ist schwer, all das einfach abzustellen und wieder nur liebevoll zu sein. Ich glaube, dass ich immer noch versuche, dich zu bestrafen, doch jetzt tue ich es mit Schweigen statt mit Worten ... Um ehrlich zu sein, inzwischen ist mir bewusst geworden, dass ich mich selbst auch damit bestrafe. Ich will gar nicht so kalt und distanziert sein – ich hasse es. Ich habe nur einfach große Angst, dass du mich nicht mehr ernst nimmst, wenn ich wieder lockerer mit dir umgehe.

Phil erwiderte:

Liebes, nach dieser Konfrontation musst du dir keine Sorgen mehr machen, dass ich dich nicht ernst nehme. Aber wie lange willst du noch so weitermachen – wie sollen wir je wieder glücklich miteinander sein, wenn du mir nicht halbwegs entgegenkommst? Ich tue alles, was du von mir verlangt hast, und ich habe versprochen, dass ich dich nie wieder anlügen werde – und daran habe ich mich gehalten. Ich weiß, dass unser Neuanfang noch nicht lange her ist, aber mir hat es besser gefallen, als du mich noch angeschrien hast. Dahinter steckte wenigstens ein Gefühl. Doch jetzt, da fühle ich mich so ...

An diesem Punkt schossen Phil Tränen in die Augen und seine Stimme wurde brüchig. Wie vielen Männern, besonders seiner Generation, fiel es ihm nicht leicht, seine Gefühle auszudrücken.

»Wie fühlen Sie sich, Phil?«, fragte ich. »Erzählen Sie es Helen.«

»Einsam ... Aber es ist viel schlimmer, als wenn ich tatsächlich allein wäre, denn du bist da, aber ich erreiche dich nicht.«

Ich wandte mich an Helen, die sichtbar bewegt war. »Erzählen Sie Phil, was jetzt in Ihnen vorgeht.«

Helen senkte den Kopf und sagte leise: »Es tut mir Leid ... Ich weiß, dass ich so kalt zu dir war. Ich glaube, dass ich versucht habe, dich genauso leiden zu lassen wie du mich. Ich kann nicht garantieren, dass von jetzt an alles wieder rosig sein wird, doch zumindest reden wir wieder miteinander, und das fühlt sich sehr gut an.«

Der Damm war, zur Erleichterung aller, gebrochen. Ich erklärte Helen, dass sie, als sie sagte, dass es sich sehr gut anfühle, eine der wichtigsten Methoden angewandt hatte, um vom Strafbedürfnis wegzukommen und einen wirklichen Dialog zu beginnen – sie hatte auf seine Gefühle emotional reagiert, ihm Feedback gegeben. Und dass ich hoffte, dass beide damit fortführen, wenn sie zusammen waren.

Feedback als Methode, in Verbindung zu treten

Feedback ist eine natürliche Ergänzung des aktiven Zuhörens, das Sie bereits praktizieren. Effektives Feedback:

- sagt Ihrem Partner, welches Ihre Reaktion ist
- vermeidet Urteile
- erfolgt sofort, ist ehrlich und aufbauend.

Gutes Feedback klingt etwa so:

- »Das mag ich.«
- »Dabei habe ich gar kein gutes Gefühl.«
- »Damit komme ich gar nicht zurecht.«
- »Da fühle ich mich mit angesprochen.«
- »Du klingst so enthusiastisch/willig/überzeugt, dass ich mich richtig gut dabei fühle.

Ich erklärte Helen und Phil, auch wenn es banal klingen mag, dass niemand sich über Nacht ändern kann. Dass Menschen immer wieder in ihre alten Verhaltensmuster zurückfielen, vor allem unter Stress. Doch dass sie beide einen großen Schritt weitergekommen waren in dem sehr menschlichen, wenn auch manchmal langwierigen Lernprozess, wie man anders miteinander umgehen könne. Sie beide hätten eine Menge alter Verhaltensmuster zu ersetzen, und sie müssten geduldig sein und es weder dem anderen noch sich selbst übel nehmen, wenn sie nicht immer alles perfekt machten.

Sexuelle Unlust

»Da gibt es noch etwas, wobei wir Hilfe bräuchten«, sagte Phil, und ich war mir ziemlich sicher, was jetzt folgen würde. »Sie hat sich, eh, auch in anderer Hinsicht von mir abgewandt …«

»Und«, fügte Helen hinzu, »es bringt überhaupt nichts, wenn du mich unter Druck setzt. Ich wäre so erleichtert, wenn du mich einfach mal eine Weile in Ruhe ließest. Ich stehe immer noch ziemlich unter Schock, und ich kann einfach nicht mit dir ins Bett springen und so tun, als sei nichts gewesen.«

»Du meine Güte«, sagte ich zu Phil, »was für eine Überraschung. Ihre Frau ist wütend auf Sie, und ihr ist nicht nach Sex zumute.«

»Sex, vergessen Sie Sex«, erwiderte Phil, »sie lässt nicht einmal zu, dass ich meinen Arm um sie lege. Sie rutscht an den äußersten Rand des Bettes, dreht mir den Rücken zu und schläft ein. Wie lange soll das denn noch so weitergehen?«

»Das weiß ich nicht«, antwortete ich, »doch eines kann ich Ihnen versprechen: Je mehr Druck Sie ausüben, desto länger braucht Ihre Frau, um wieder sexuelle oder auch nur liebevolle Gefühle Ihnen gegenüber zu hegen. Viele – vielleicht sogar alle – Frauen verspüren eine Zeit lang keine sexuelle Lust mehr auf ihren Partner, nachdem sie erfahren haben, dass er sie angelogen hat. Es fällt einer Frau schwer, Lustgefühle zu entwickeln, wenn man sie bewusst getäuscht hat und sie mit so vielen widersprüchlichen Gefühlen kämpfen muss.«

Ich schlug Helen und Phil vor, ein wenig Tauschhandel zu betreiben. Jeder von ihnen würde dem anderen etwas geben, was der andere begehrte, und jeder würde einverstanden sein, etwas nicht zu tun, was dem anderen nicht gefiel.

Ich fragte Helen, was sie als ihren Teil des Handels zu geben bereit sei. Sie dachte eine Weile nach und sagte dann: »Ich würde natürlich gerne zulassen, dass Phil mir seine körperliche Zuneigung zeigt. Damit meine ich, dass wir mit Händchenhalten anfangen könnten und dann, wenn sich das gut anfühlt, zu Umarmungen und Küssen übergehen könnten, doch nicht zu mehr, außer ich will es selbst. Dann wäre das in Ordnung, es sei denn, er sieht es als Zeichen dafür, dass ich ...«

An diesem Punkt unterbrach ich sie.

»Einen Moment, Helen. Sie sollen ihm nur etwas anbieten – und nicht das Drehbuch darüber schreiben, was er vielleicht tun könnte.«

Dann bat ich Helen, Phil zu sagen, was sie von ihm wollte.

»Ich brauche Zeit, und ich brauche deine Geduld. Ich weiß, dass es nicht leicht für dich war, wenn ich dich zurückgewiesen habe. Ich möchte genauso gerne wie du, dass meine sexuellen Gefühle zurückkehren, und ich glaube ehrlich, dass sie es tun werden. Doch momentan musst du mir die Initiative überlassen, ich melde mich, wenn ich bereit dazu bin.«

Phil erklärte sich, als Teil des Tauschhandels, mit Helens Bedingung einverstanden. Einige Wochen später erzählte Helen mir, dass Phil sich an die Bedingung hielt und dass allein das Nachlassen des Drucks bei ihr Freiräume geschaffen hatte, in denen sexuelle Lust wieder wachsen konnte.

Beide müssen sich Zeit zugestehen

Sehr viele Frauen haben mir erzählt, dass ihre Männer nach der Konfrontation die Haltung einnahmen: »O.k., ich habe mich entschuldigt, ich habe dir zugehört, ich habe mich mit all deinen Bedingungen einverstanden erklärt. Lass uns also ins Bett gehen und, du weißt schon ...« Und dass es die Männer ziemlich verstörte, wenn genau das nicht so leicht zu bewerkstelligen war. Männer betrachten häufig den sexuellen Rückzug als die äußerste Strafe. Ein Mann versteht vielleicht, warum seine Partnerin sich von ihm abwendet, besonders, wenn sie entdeckt hat, dass er sie betrogen hat, doch er versteht nie, warum sie nicht sofort auf seine sexuellen Wünsche eingehen kann, sobald er seine Lügen zugegeben hat und seinerseits doch zum Neuaufbau der Beziehung beiträgt.

Wenn Sie sich in einer solchen Situation befinden, dann sollten Sie Ihren Partner daran erinnern, dass Ihre sexuellen Gefühle sich, wie bei den meisten Frauen, nicht in einem Vakuum befinden. Sie sind zutiefst mit Gefühlen der Geborgenheit und der emotionalen Nähe verbunden, die von seinen Lügen schwer beschädigt wurden. Sie sollten einen ähnlichen Tauschhandel vereinbaren, wie den, der Helen und Phil einander näher brachte. Sie könnten beispielsweise folgende Argumente vorbringen:

- »Ich weiß, dass du frustriert bist und verletzt, weil ich heute Abend keine Lust auf Sex habe.«
- »Bitte versuche, mich zu verstehen. Ich tue das nicht, um dich zu bestrafen.«
- »Ich muss nach meinem Gefühl gehen, und im Moment ist mir nicht nach Sex.«
- »Ich weiß, dass dieser Zustand nicht ewig dauern wird und dass es mit ein bisschen Zeit wieder besser wird.«

Wenn Sie sich von Ihrem Partner sexuell angezogen fühlten, bevor Sie seine Lügen entdeckten, dann stehen die Chancen gut, dass es wieder so sein wird, sobald Sie sich nicht mehr so verletzt fühlen. Die Entdeckung der Wahrheit hat Sie geradezu betäubt, und Sie haben das gute Recht, Zeit zum Heilen zu fordern und zu erwarten. Ihre erogenen Zonen sind direkt mit Ihrem Kopf und Ihrem Herz verbunden. Und wenn diese das Trauma allmählich verarbeitet haben, dann werden Ihre sexuellen Gefühle das Gleiche tun.

Sich entziehen, selbst wenn man mit ihm schlafen möchte

Allison befand sich in einem anderen Dilemma:

Ich will mit ihm schlafen. Ich schlafe wahnsinnig gerne mit ihm, und es mag erstaunlich klingen, doch ich begehre ihn trotz allem, was vorgefallen ist. Aber ich will das nicht zulassen. Ständig habe ich Bilder im Kopf von ihm und dieser Frau, die für ihn arbeitete. Ich kann hören, wie er ihr all die herrlichen, sexy Sachen sagt, die er immer zu mir gesagt hat, und ich sehe ihn all die erotischen Sachen machen, die er mit mir immer gemacht hat, und dann denke ich, er kann mir gestohlen bleiben. Warum sollte ich ihn für das, was er getan hat, auch noch be-

lohnen? Warum sollte sein Verhalten ihn nicht teuer zu stehen kommen?

Allison entzog sich Scott, obwohl sie ihn sexuell immer noch begehrte, weil sie der Meinung war, dass er noch nicht genug gelitten hatte. Darüber hinaus wollte sie ihm nicht die Genugtuung gönnen, dass sie ihn immer noch begehrte. All das strafte Scott sicherlich, doch Allison bestrafte damit auch sich selbst – nicht nur, weil sie sich sexuelle Erfüllung versagte, sondern auch durch ihr ständiges Abspielen schmerzhafter Phantasien.

Der Film in Ihrem Kopf

»Okay«, sagte Allison, »ich gebe zu, dass ich mich selbst mit diesen Bildern in meinem Kopf quäle. Die Frau verwandelt sich in Sharon Stone, und sie ist natürlich absolut wild im Bett ... doch wie kann ich damit aufhören?«

Wenn es Ihnen geht wie Allison und Ihr Partner Sie wegen einer anderen Frau belogen hat, dann laufen diese obsessiven und störenden Bilder in Ihrem Kopf wahrscheinlich gnadenlos und oft ab. Es überrascht nicht, dass sie Sie daran hindern, sexuelle und liebevolle Gefühle zu entwickeln. Stattdessen treiben sie Sie in den Wahnsinn. Manchmal sind sie am stärksten, wenn Sie gerade mit Ihrem Partner schlafen wollen. Es ist, als ob es in Ihrem Schlafzimmer ein audiovisuelles System gäbe, das programmiert ist, nur Ihre schrecklichsten Gedanken und Bilder abzuspielen. Lassen Sie uns das System abschalten.

Ich weiß, wie schwer das sein kann, besonders, wenn die Wunden noch frisch sind. Obsessive Gedanken scheinen ein Eigenleben zu führen, und sie dringen in Ihren Kopf ein wie eine plündernde Armee. Doch es gibt einige sehr wirksame Übungen, die Ihnen dabei helfen können, Ihre Phantasie stärker dazu einzusetzen, Ihnen zu helfen als Ihnen zu schaden. Wie bei all unserer gemeinsamen Arbeit wird das Ergebnis nicht über Nacht eintreten, doch mit diesen Übungen wird es Ihnen sehr viel besser gehen.

Werden Sie Filmkritikerin

Als Erstes möchte ich, dass Sie eine sehr kurze Zusammenfassung des Films schreiben, den Sie in Ihrem Kopf abspulen.

Allison hatte tatsächlich gesehen, wie Scott eine andere Frau umarmte, daher war ihr Film besonders anschaulich. Ich bat sie, sich vorzustellen, dass sie eine Filmkritikerin sei, deren Auftrag es ist, eine kurze Kritik dessen zu schreiben, was sie in ihrer Phantasie sah.

Ihre Kritik lautete:

»Ich hasse diesen Film. Genau genommen hasse ich ihn mehr als jeden anderen Film, den ich je gesehen habe. Ich kann diesen Film absolut niemandem empfehlen! Er ist so schlecht, dass er nicht einmal nur als Video auf den Markt kommen sollte – er gehört sofort in den Mülleimer. Die Geschichte ist unerträglich und die schauspielerische Leistung ist unerträglich. Auf einer Skala von eins bis zehn ist er eine minus Zehn. Ich gebe ihm weder Sternchen noch Punkte, nur einen gesenkten Daumen.«

Schreiben Sie eine Kritik des Films, der in Ihrem Kopf abläuft. Vermeiden Sie Selbstzensur. Lassen Sie Ihre Kritik so richtig fetzen und setzen Sie so oft wie möglich Humor ein. Vernichten Sie diesen Film mit eindeutigen Worten. Das ist der erste Schritt, um den Bildern, die in Ihren Kopf eindringen, die Macht zu nehmen.

Setzen Sie sich in den Regiestuhl

Ich glaube fest an die Kraft von Symbolen und Ritualen. Ich schätze ihre unmittelbare Wirkung und die Tatsache, dass sie etwas Greifbares und Bekanntes darstellen, mit dem wir arbeiten können. Doch am wichtigsten ist, dass Symbole und Rituale erstaunlich effektiv sind, um das Unterbewusstsein umzuprogrammieren und schmerzhafte Gedanken und Gefühle abzubauen.

Als Nächstes bitte ich Sie, mit einem Objekt zu arbeiten, das uns allen bekannt ist – mit der Fernbedienung Ihres Fernsehapparates oder Ihres Videoapparates. Benutzen Sie eine selten genutzte Fernbedienung, die Sie mit sich herumtragen können, ohne dass sie Ihnen fehlt, wenn Sie die Apparate einschalten wollen. Haben Sie keine übrig, dann kaufen Sie sich eine. Ich verspreche Ihnen, dass es sich lohnen wird.

Die Fernbedienung symbolisiert nur eines – Kontrolle. In den folgenden zwei Wochen sollten Sie sie immer dabeihaben – in Ihrer Handtasche, in Ihrer Schreibtischschublade, neben Ihrem Lieblingssessel oder im Handschuhfach Ihres Autos. Nehmen Sie sie zur Hand, sobald die ungebetenen Bilder auf sie einstürmen, und drücken Sie auf Aus, genauso wie Sie Ihre Apparate abstellen würden. Und nun lassen Sie Ihrer Phantasie freien Lauf. Sie sehen die schmerzhaften Bilder, Sie drücken auf Aus, und Sie sehen, wie die Bilder sich auflösen, der Bildschirm schwarz wird. Sie sollten diesen schwarzen Bildschirm mindestens 30 Sekunden lang vor Ihrem inneren Auge sehen. Während dieser 30 Sekunden haben Sie die absolute Kontrolle. Üben Sie, einen Film zu entwerfen, in dem Sie Ihren Partner mit einer anderen Frau sehen, die Sie erfinden, halten Sie den Schmerz einige Sekunden lang aus, und dann *schalten Sie ab*!

Verkürzen Sie Tag für Tag die Zeit, in der Sie sich den Film ansehen, und verlängern Sie den Anblick des schwarzen Bildschirms. Diese Übung gibt Ihnen den Platz im Regiestuhl. Sie können, wann immer Sie wollen, »Action« oder »Schnitt« rufen. Schon bald werden Sie feststellen, dass Sie jederzeit, wenn Sie es wollen oder brauchen, auf den schwarzen Bildschirm schalten können. Schließlich ist es *Ihr* Film.

Eine Möglichkeit, die wir haben, wenn wir im Fernsehen etwas sehen, was uns nicht gefällt, ist, etwas anderes einzuschalten, statt den Apparat auszuschalten.

Ich weiß, dass das unwahrscheinlich klingt, denn die Bilder (oder der Horrorfilm, wie ich es lieber nenne) scheinen ein Eigenleben zu führen. Ich weiß, dass Sie nicht bewusst entscheiden: »Okay, es ist vier Uhr früh und ich habe Lust zu leiden, also liege ich einfach da und stelle mir meinen Partner mit einer anderen Frau vor.« Nur sehr wenige von uns sind solche Masochistinnen. Ich weiß auch, wie hilflos Sie dem ausgesetzt sind. Und wenn Sie von diesen Phantasien umgetrieben werden, dann vergessen Sie leicht, dass niemand außer Ihnen selbst diese Bilder in Ihren Kopf gesetzt hat. Die gute Nachricht lautet, dass Sie selbst diese Bilder auch wieder verändern können. Ihr Kopf ist eine wunderbare Einrichtung. Und jetzt werden Sie diese geistige Energie in etwas Positives umsetzen statt in schmerzhafte Bilder. Sie müssen ein anderes Programm einschalten.

Im Archiv Ihres Kopfes sind Tausende von Filmen gelagert. Es sind Ihre Erinnerungen, aber auch Ihre schönsten Phantasien. In diesem Archiv lagern Komödien und Tragödien, Abenteuerfilme, Filme über Kinder und Tiere, Reiseberichte über wunderbare Orte. Sie haben sicher bemerkt, dass ich Liebesfilme nicht aufgeführt habe – ich finde, im Augenblick sind das nicht die passenden Filme für Sie.

Wenn der Horrorfilm in Ihrem Kopf auftaucht, drücken Sie auf Ihrer Fernbedienung die Taste für einen anderen Sender. Und jetzt fangen Sie an, Bilder zu sehen, die Ihnen Freude bereiten. Das können Bilder von einem herrlichen Ort sein, an dem Sie einmal waren, von einer fröhlichen Familienfeier oder einem Familienausflug – Sie selbst wissen am besten, auf welchen Kanal Sie schalten müssen, um Filme zu sehen, die Ihnen Vergnügen bereiten.

Für mich selbst ist es das Bild einer Bucht auf Hawaii, einer der schönsten Orte der Welt. Wenn ich mich dorthin versetze, dann sehe ich die Sonne auf dem Wasser glitzern und die grünschwarzen Berge. Dann spüre ich die laue Luft und rieche den Duft der Blumen. Ich höre die Brandung und das Zwitschern der Vögel. All meine Sinne sind angeregt. Ich bin umgeben von Menschen, die ich liebe, und ich fühle ihre Anwesenheit sehr stark. Ich bin glücklich und ruhig. Dorthin begebe ich mich in meinem Kopf, wenn mir Stress und Ärger zu viel werden, und in kürzester Zeit fühle ich mich ruhiger. An diesem meinem speziellen Ort ist kein Platz für negative Gedanken oder schmerzhafte Erinnerungen und Bilder.

Auch Sie haben solche Glücksmomente schon gehabt. Auch Sie haben solche Orte im Kopf. Versetzen Sie sich dorthin. Spüren Sie den Ort mit all Ihren Sinnen – atmen Sie ihn ein. Das ist der Film, den Sie wirklich sehen wollen – nicht der, der bisher ablief. Je öfter Sie bewusst den Horrorfilm durch einen anderen, der Ihnen Spaß macht, ersetzen, desto früher wird es Ihnen gelingen, die schlechten Filme für immer aus Ihrem Kopf zu verbannen.

Ich weiß, dass diese Übungen Ihnen auf den ersten Blick eher zu einfach erscheinen, und Sie sind eher skeptisch, ob sie auch effektiv sind. Ich kann Ihnen versichern, wie sich über viele Jahre erwiesen hat, dass sie eine tiefe Wirkung auf die Fähigkeit von Frauen haben, ihre schmerzhaften Gedanken und Gefühle zu kontrollieren, statt ihnen ausgeliefert zu sein. Versuchen Sie sie – sie werden Ihnen gefallen. Vielleicht stellen Sie sogar fest, dass Sie plötzlich wieder mit Ihrem Partner schlafen können. Und was haben Sie zu verlieren?

Strafendes Verhalten Nr. 4: Drohungen

Die andere Seite des stillen, wütenden Rückzugs ist die offenere Strategie, ihm mit dem Ende der Beziehung zu drohen. »Tu, was ich sage, oder du fliegst hier raus«, heißt dieses selbstzerstörerische Spiel. Schließlich, so meinen Sie, sind Sie das Opfer und er steht unter Bewährung.

Diese emotionale Nötigung spielt mit seiner sehr realen Angst, dass Sie ihn verlassen, wenn er nicht alles genau so tut, wie Sie es spezifiziert haben. Diese Art der Drohung klingt typischerweise so:

- »Nur zu, tu, was du willst, aber sei nicht überrascht, wenn ich nicht mehr lange hier sein werde.«
- »Wenn du sowieso immer anderer Meinung bist, warum sollte ich noch bleiben, nach allem, was du mir angetan hast?«
- »Mach, was ich dir sage, sonst kannst du Gift darauf nehmen, dass ich deiner Familie erzähle, was du mir angetan hast.«

Diese Strategie ist eine besonders deutliche Art, ihn ständig an seine Lügen zu erinnern sowie daran, wie sehr er in Ihrer Schuld steht, nachdem Sie sich bereit erklärt haben, bei ihm zu bleiben. Wenn er eigene Bedürfnisse oder Meinungen entwickelt, gilt Ihnen das gleich als erneuter Verrat. Sie würden staunen, wie viele sonst vernünftige und liebenswürdige Frauen in dieses Verhaltensmuster verfallen.

Wenn Sie entdecken, dass Sie diese Art der emotionalen Erpressung ausüben (mein Wille, sonst ...), dann ist es eine gute Idee, dass Sie Ihren Partner daran erinnern, dass Sie beide in dieser schwierigen Zeit Fehler begehen werden. Sie könnten etwa sagen:

»Dies ist für uns beide keine leichte Zeit. Wir dürfen beide nicht vergessen, dass die Dinge nicht wie durch Zauberei über Nacht ins Lot kommen. Ich weiß, du gibst dir Mühe, und ich selbst muss einfach aufhören, dir zu drohen.«

Ihn zu bestrafen wird das gute Gefühl nicht zurückbringen, das zu verlieren Ihnen so viel Schmerz bereitet hat. Vor allen Dingen brauchen Sie Zeit, um herauszufinden, ob es möglich ist, die Wärme und das Begehren wieder aufleben zu lassen, die Sie früher mit Ihrem Partner verbanden. Wenn das jedoch gar nicht

Ihr Ziel ist, wenn die Rache an ihm der wahre Grund ist, weshalb Sie bei ihm bleiben, dann werden Sie beide sehr unglücklich sein.

Wenn die Konfrontation vorüber ist, ist es leicht, in einen Kreislauf der Bestrafung zu verfallen. Doch so banal es auch klingt, keine Art der Bestrafung wird die Vergangenheit ungeschehen oder Sie glücklich machen. Denken Sie daran, dass das Gewebe des Alltags durch solches Zerren und Schubsen sehr dünn wird. Es mag für Sie momentan recht befriedigend sein, ihn mit der Nase auf sein schlechtes Benehmen zu stoßen, doch Sie riskieren, eine Beziehung ganz zu verlieren, die sich vielleicht sehr gut entwickelt hätte.

Mit dem Druck von Seiten der Familie und Freunde umgehen

Die emotionale Erschöpfung, unter der Sie wahrscheinlich zu diesem Zeitpunkt leiden, kann durch den wohlmeinenden Rat anderer Menschen noch verstärkt werden. Jene, die Sie weinend und wütend erlebt haben, halten es wahrscheinlich für das Beste, wenn Sie die Beziehung zu Ihrem Partner beenden. Andererseits machen andere vielleicht Druck auf Sie, in der Beziehung zu bleiben, koste es, was es wolle.

Egal, wozu man Ihnen rät, das Wichtigste im Umgang mit Menschen außerhalb der Beziehung ist, dass man sehr deutlich Grenzen setzt, wie weit Sie mit ihnen über das Vorgefallene sprechen wollen und ab wann ein kritischer Punkt erreicht ist.

Familienmitglieder und Freunde haben alle ihre persönlichen Ansichten und häufig auch Absichten und versuchen oft, ohne sich dessen bewusst zu sein, Sie in die eine oder andere Richtung zu drängen, weil es in ihrem besten Interesse liegt – nicht jedoch immer in Ihrem. Selbstverständlich brauchen wir alle Vertraute, und die meisten von uns haben eine oder mehrere Personen, denen gegenüber wir vollkommen offen sind. Dennoch ist es wichtig, dass Sie deutlich signalisieren, Sie lassen sich nicht unter Druck setzen, irgendwelche Entscheidungen zu treffen, die über jene hinausgehen, die Sie bereits getroffen haben.

Im Moment möchte ich Ihnen einige Verhaltenstipps geben, wie man mit Menschen umgeht, die Druck auf Sie ausüben, den Partner zu verlassen, obwohl Sie sich entschieden haben, erst einmal zu sehen, ob Sie beide einen neuen Anfang machen können. Im nächsten Kapitel geht es dann um den Umgang mit dem Druck von Leuten, die Sie zwingen wollen, in einer hoffnungslosen Beziehung auszuharren.

Freunde und Familienmitglieder sagen beispielsweise:

- »Ich kann es nicht mit ansehen, was er dir antut – du musst ihn sofort verlassen.«
- »Du machst dir etwas vor, der wird sich nie ändern.«
- »Wie kannst du nur bei ihm bleiben, nach allem, was er dir angetan hat?«
- »Wie oft willst du es noch zulassen, dass er dich so verletzt?«
- »Du bist viel zu gut für ihn.«
- »Er verdient dich gar nicht.«
- »Ich wusste vom ersten Moment an, als ich ihn sah, dass er ein Schuft ist.«
- »Mach Schluss mit ihm – du wirst auch nicht jünger.«

Ihre Aufgabe angesichts solcher manchmal wohlmeinenden, manchmal egoistischen Versuche, Sie zu beeinflussen, ist es, eine Reihe von Reaktionen zu lernen, die Ihnen erlauben, zu Ihrer Meinung zu stehen, ohne dabei aggressiv zu wirken. Wenn Sie argumentieren, erklären, versuchen, Ihre Position zu rechtfertigen, versuchen, Ihren Standpunkt klarzumachen oder gar wütend werden, begeben Sie sich sofort in eine Position der Defensive. Sie werden frustriert sein, das Gefühl haben, mit dem Rücken zur Wand zu stehen. Wesentlich besser und Ich-stärkender ist es, diesen Meinungen mit sanften, doch entschiedenen Erwiderungen zu begegnen wie etwa folgenden:

- »Ich weiß deine Besorgnis zu schätzen, doch diese Angelegenheit geht wirklich nur meinen Mann und mich an.«
- »Ich weiß, dass du dich wirklich um mich sorgst, aber in dieser Angelegenheit muss ich meinen eigenen Weg finden.«
- »Ich habe dich sehr lieb und ich weiß, dass du es gut meinst, doch mir geht es schon viel besser, und ich weiß, dass ich meine endgültige Entscheidung sehr bewusst treffen werde.«
- »Könntest du mir bitte einfach zuhören, ohne mir gleich Ratschläge zu erteilen?«
- »Wir arbeiten beide sehr hart daran, unsere Beziehung wieder ins Lot zu bringen. Es tut mir Leid, wenn du das nicht verstehen kannst. Ich hoffe, dass du die Entscheidungen, die ich treffe, respektieren wirst.«
- »Ich bin nicht bereit, ihn zu verlassen, ohne ihm noch eine Chance zu geben. Wenn er sich noch einmal so verhält, glaube mir, dann werde ich nicht bei ihm bleiben.«

Anne erzählte mir, dass ihre Mutter außer sich gewesen sei, als sie ihr erzählte, was mit Randy passiert war:

Ich habe die meisten dieser Reaktionen ihr gegenüber schon eingesetzt, und eine Zeit lang lässt sie mich dann in Ruhe, doch dann fängt sie immer wieder damit an: »Wie willst du wissen, dass er das nicht wieder tut? Du kannst ihn nicht vierundzwanzig Stunden am Tag im Auge behalten.« Ich weiß, dass sie mich liebt, doch sie bohrt immer in meinen tiefsten Ängsten. Ich möchte nicht unhöflich oder rüde zu ihr sein, doch ich muss einen Weg finden, dem ein Ende zu setzen.

Wenn jemand, der Ihnen nahe steht, Sie mit Ratschlägen überhäuft und nicht damit aufhört, nachdem Sie einige der Erwiderungen oben eingesetzt haben, dann haben Sie das Recht zu sagen:

- »Weißt du was? Ich bin einfach nicht mehr bereit, mit dir darüber zu reden.«

- »Lass uns über etwas anderes reden. Hast du in letzter Zeit einen guten Film gesehen?«
- »Schluss damit!«

Denken Sie stets daran, Familienmitglieder und Freunde haben ein Recht auf ihre eigene Meinung, doch Sie selbst haben das Recht, diese nicht hören zu müssen. Frauen stecken häufig in der Falle, dass sie denken, sie müssten sich alles anhören, jeden ausreden lassen und jede Frage beantworten, nur um ja eine »nette Person« zu sein. Es ist weder un-nett noch bösartig, Grenzen zu setzen, wie weit man gewillt ist, sich die Vorstellungen eines anderen darüber anzuhören, was für einen selbst am besten ist. Vor allem dann, wenn Sie sich diese Meinung gar nicht erbeten haben!

Wie geht es Ihnen?

Im Verlauf der Zeit werden Sie die Veränderungen in Ihrer Partnerschaft sehen und spüren können. Sie wissen dann auch besser, ob Sie beide als Paar den Schaden überwinden können, den seine Lügen angerichtet haben, und eine gemeinsame Zukunft haben. Der Prozess der Heilung kann selbst unter den besten Umständen zögerlich und langwierig vorangehen. Sie müssen Geduld aufbringen und wissen, dass mutlose Phasen ganz natürlich sind.

Zuerst alle paar Tage, dann einmal wöchentlich sollten Sie sich etwas Zeit nehmen, um sich selbst ein paar Fragen zu stellen, um zu bestimmen, wie es Ihnen geht. Fragen Sie sich:

- Was stimmt in der Beziehung und was muss sich noch ändern?
- Was lässt mich hoffen?
- Was macht mir Sorgen?
- Was lässt mich den Mut verlieren?

- Hat er aufgehört, Alkohol zu trinken/Drogen zu nehmen?
- Hält er sich an die finanziellen Regeln, die wir aufgestellt haben?
- Erfülle ich meinen Teil unseres Abkommens und kommuniziere ich konstruktiv, statt ihn ständig zu bestrafen?
- Nutzen wir beide Hilfe von außen, wenn es angebracht ist?

Diese Fragen werden Sie durch die kommenden Wochen begleiten. Sie bilden den Rahmen, innerhalb dessen Sie Ihre Gedanken, Gefühle und Ihr Verhalten überprüfen können. Und sie dienen Ihnen als Wegmarkierung bei der kontinuierlichen Evaluation Ihres eigenen Wohlbefindens, des Verhaltens Ihres Partners und Ihrer Beziehung. Vielleicht teilen Sie ihm einige Ihrer Antworten als Zeichen Ihrer Wertschätzung, aber auch Ihrer Sorge mit.

Ich empfehle Ihnen dringend, ein Tagebuch mit den Antworten auf diese Fragen zu führen und die ersten Antworten mit denen zu vergleichen, die Sie im Laufe der Zeit geben. Dieses Tagebuch dient als greifbares Zeugnis Ihrer Fortschritte.

Keine Garantien

Wenn Verrat, vor allem sexueller Betrug, eine Tatsache darstellt, dann ist es ungeheuer schwer, Eifersucht und Misstrauen zu überwinden. Eine Frage nagt beständig an Ihnen: Wie können Sie sicher sein, dass er Sie nicht wieder betrügt?

Die Antwort ist nicht unbedingt das, was Sie hören wollen: Sie können nie sicher sein. Es gibt keine Garantien. In jeder Beziehung ist das Betrogenwerden immer eine Möglichkeit. Welchen Sinn hat es also, sich wie besessen darum zu sorgen? Das Einzige, was ich garantieren kann, ist, dass wenn Sie eine Wagenburgmentalität entwickeln, superwachsam sind und ständig auf der Lauer nach der nächsten Lüge liegen, Sie Ihrer Beziehung nicht die geringste Chance lassen, wieder zu funktionieren.

Die schrecklich zerstörerische Kraft der Eifersucht liegt in ihrer Fähigkeit, aus Alltäglichkeiten die grässlichsten Dramen zu spinnen. Durch die Brille der Eifersucht ist ein zufälliger Blick niemals zufällig, und eine flüchtig auf einen Block hingekritzelte Telefonnummer das sichere Zeichen einer Verschwörung. Es ist nur zu leicht, sich von den vielschichtigen Szenarien gefangen nehmen zu lassen, die der Verdacht erfinden kann.

Eifersucht und Misstrauen werden an Ihrer Seele nagen, und sie sind potent genug, um in einer Beziehung auf dem Weg zur Heilung immer wieder den Schorf von alten Wunden zu kratzen und sie daran zu hindern, gänzlich zu verheilen. Das alles sollte Sie natürlich nicht dazu verführen, in vollkommene Vertrauensseligkeit zu verfallen. Ich würde niemals vorschlagen, dass Sie ein lebendiges Bewusstsein Ihrer Sinne und Ihrer Intuition durch blindes Vertrauen ersetzen. Doch während Sie sich in diese neue Phase Ihrer Beziehung begeben und noch unsicher sind, was Sie erwartet oder was Sie glauben sollen, sollten Sie Tag für Tag aktiv daran arbeiten, dass Misstrauen und Eifersucht Sie nicht davon abhalten, Intimität erneut zu entdecken. Die Übung oben, bei der Sie Filme, die in Ihrem Kopf ablaufen, abstellen oder auswechseln, kann auch hilfreich sein, um aus einem obsessiven Kreislauf der Eifersucht auszubrechen. Ich möchte Ihnen Mut machen, sich der immer wiederkehrenden Gedanken bewusst zu werden, die Ihr Misstrauen wecken, und aktiv daran zu arbeiten, diese zu verändern. Wenn Sie das tun sowie aufmerksam die echten Veränderungen im Verhalten Ihres Partners registrieren, dann haben Sie die beste Chance, Ihre Beziehung neu aufzubauen.

Veränderung als Herausforderung

Veränderungen bedeuten für jeden Menschen auch Verunsicherung. Egal, wie unglücklich Sie einige Aspekte Ihrer Beziehung gemacht haben, es war zumindest eine gewisse Vorhersehbarkeit gegeben, doch nun ist nichts mehr vorhersehbar. Es ist nur natürlich, wenn einer von Ihnen oder Sie beide sich danach sehnen, dass »alles wieder so wird wie früher« und Sie damit all den Schmerz und all die harte Arbeit einfach überspringen könnten. Doch das Früher war nur eine Fassade. Es gab eine Menge Illusionen und sehr viel Geheimnistuerei. Jetzt, wo die dunkle Seite Ihrer Beziehung zutage getreten ist, müssen Sie damit umgehen. Die Dinge verändern sich von nun an äußerlich und innerlich, und es gibt kein magisches Datum, an welchem alle Spannungen verschwunden sein werden, doch wenn Sie und Ihr Partner beide Ihren Teil dazu beitragen, dann, ganz allmählich, wird es eines Tages so weit sein.

11 Wenn Sie ihn verlassen

Manche Beziehungen können überleben, selbst wenn sie von Lügen zerrissen worden sind. Andere nicht. Es gibt keine einfache Formel, nach welcher man die Vor- und Nachteile zusammenzählen und sagen könnte: »Es ist Zeit zu gehen.« Selten nur gibt es einen ganz bestimmten Grund oder einen vorbestimmten Zeitpunkt. Nach Wochen oder Monaten, in denen Sie viel Liebe und Energie in den Wiederaufbau der Beziehung gesteckt haben, kommt einfach der Moment, in welchem eine klare, stille Stimme in Ihnen sagt: »Es ist vorbei.«

Vielleicht haben Sie entdeckt, dass er Sie wieder angelogen hat und die Versprechungen, die er Ihnen gemacht hat, so gut wie vergessen sind. Oder Sie finden heraus, weil Sie sich sehr viel aktiver damit auseinander setzen, was Sie selbst wirklich wollen, dass diese Beziehung es Ihnen nicht geben kann. Oder Sie wachen eines Morgens auf und wissen plötzlich mit absoluter Sicherheit, dass Sie niemals wieder auch nur annähernd die Beziehung haben werden, die Sie beide hatten, bevor Sie seine Lügen entdeckten. Manchmal erreichen Sie diesen Punkt ohne Wiederkehr, obwohl Sie beide sich sehr viel Mühe gegeben haben. Sie lieben ihn einfach nicht mehr.

»Meine Liebe ist einfach gestorben«

Ich war traurig, aber nicht überrascht, von Jan zu erfahren, dass sie entdeckt hatte, dass viel mehr hinter Bills Verschweigen einer früheren Ehe steckte, als sie zuerst annahm. Wir hatten uns beide sehr über Bills eindeutiges Versprechen gefreut, Jan niemals wieder wichtige Informationen vorzuenthalten, egal, wie er dann vor ihr dastehen würde. Doch ich war immer schon skeptisch gegenüber der notorischen »Foto im Handschuhfach«-Geschichte und Bills bizarrer Erklärung gewesen und was sie über Wahrheit und Fiktion verrieten.

Ich hatte Jan nach der kurzen Krisentherapie fast ein Jahr lang nicht mehr gesehen, doch eines Tages rief sie an und bat dringend um einen Termin. Ihre Augen waren rot gerändert und sie selbst ganz aufgewühlt, als sie hereinkam:

Es ist vorbei! Er hat mich wirklich zur Närrin gemacht! Ich kann gar nicht glauben, was da vorgegangen ist – ich stehe noch unter Schock. Neulich abends nach dem Essen klingelte das Telefon und Bill ging dran. Ich hörte, wie er sagte: »Moment mal – ich gehe an den anderen Apparat.« Dann hörte ich, wie er ins Schlafzimmer ging und die Tür schloss. Ich weiß, ich hätte das nicht tun sollen, Susan, doch tief in mir drinnen hatte ich plötzlich große Angst und deshalb habe ich ganz vorsichtig den Hörer abgenommen, damit er kein Klicken hört …

»Ach du liebe Güte«, sagte ich, »ich glaube, auf diese Weise findet mehr als die Hälfte aller Frauen dieser Welt heraus, dass ihr Partner eine Affäre hat. Wer war es – die Exfrau, deren Bild Sie im Wagen gefunden hatten, oder jemand anderes?«

Exfrau Nummer zwei. Die, deren Bild ich im Handschuhfach gefunden hatte. Er hat sich die ganze Zeit über mit ihr getroffen! Ich hörte, wie mein Mann, der mir immer sagt, wie sehr er mich lieben würde und dass ich das Beste sei, das ihm je zugestoßen sei, dass er es kaum erwarten könne, aus dem Büro nach

Hause zu kommen, und all diesen Quatsch, zu einer anderen Frau sagte, er müsse einen Weg finden, dass die beiden öfter zusammen sein könnten. Dann fragt sie, ob er kurz zu ihr kommen könne, und er sagt: »Klar – ich werde Jan sagen, ich müsste einem Klienten noch ein paar Papiere vorbeibringen.«

Als er aus dem Schlafzimmer kam, sah er mich kurz an und wusste alles. Er versuchte, mir eine andere Lügengeschichte aufzutischen. Wenn es sich nur um eine Affäre von einer Nacht gehandelt hätte, dann hätte ich vielleicht damit umgehen können. Doch hier ging es nicht nur um Sex – er hat sich einfach nie wirklich von ihr getrennt. Er gibt das auch zu. Er hat mich also nicht nur sexuell, sondern auch emotional betrogen, und das ist viel schlimmer. Als ich ihn in diesem Moment ansah, erblickte ich einen Fremden. All die Lügen, all die Geschichten – meine Liebe ist einfach gestorben. Seitdem weine ich ohne Unterbrechung, aber mir ist sehr klar, was ich jetzt tun muss.

Jan hatte wirklich den Punkt ohne Wiederkehr erreicht. Vor ihr lag eine ungeheure Trauerarbeit. Ihre Entschlossenheit mag von Zeit zu Zeit ins Wanken geraten, doch sie hatte ihre Entscheidung anhand klarer Indizien getroffen, dass Bill ein Mann war, dem sie nie wieder vertrauen oder Glauben schenken konnte. Als sie das feststellte, wusste sie, dass es ihre Liebe nicht mehr gab.

Mache ich das Richtige?

Für manche Frauen ist die Entscheidung, eine Beziehung zu beenden, viel schmerzlicher und kräftezehrender als das tatsächliche Ende. Sie können nach solch einer Entscheidung damit rechnen, von Zweifeln und Reue heimgesucht zu werden. Lähmende Angst scheint Sie aus jeder Ecke anzuspringen. Sie befinden sich auf unbekanntem Territorium und versuchen wahrscheinlich bis zur Erschöpfung herauszufinden, wie alles so kommen konnte.

Diane und Ben waren ein Paar, von dem ich dachte, sie würden es schaffen, doch leider waren Bens finanzielle Rücksichtslosigkeit und sein Bedürfnis, endlich den »großen Coup« zu landen, stärker als die Versprechen, die er Diane gab.

Ben hatte sich bereit erklärt, sie sehr viel stärker in seine finanziellen Entscheidungen einzubeziehen. Es war ihnen gelungen, mit der Hilfe eines Finanzberaters und einem Darlehen von Dianes Mutter den Offenbarungseid zu vermeiden. Aber es dauerte nicht lange, bis sich Bens alte Dämonen wieder meldeten:

Eine Zeit lang war unsere Lage relativ stabil. Wir hatten ein Budget ausgearbeitet; er tat, was der Finanzberater ihm geraten hatte. Wir lebten im Grunde von meinem Gehalt, und er hatte versprochen, sich nach einem festen Job als Grundstücksmakler umzusehen. Ich war einverstanden, dass unser Konto unter unseren beiden Namen lief, weil ich ihn nicht völlig entmachten wollte, wo es ihm doch generell nun gar nicht so gut ging. Außerdem wollte ich nicht mit einem Mann leben, den ich wie ein Kind behandeln muss. Doch in Wirklichkeit ist er ein Kind, Susan. Ein verantwortungsloses, hinterlistiges Kind.

Sie wissen von den fünfzigtausend Dollar, die meine Mutter uns geliehen hat, damit wir unsere Schulden bezahlen konnten? Nun gut, ich habe den Fehler gemacht, einen Teil der Summe auf der Bank zu deponieren, und jetzt raten Sie mal! Ein Freund kam zu ihm mit einer »todsicheren Sache« – beide mussten zehntausend Dollar innerhalb von zwei Tagen aufbringen, um Land zu kaufen, das zwangsversteigert werden sollte. Ich war außer mir, als er mir davon erzählte, und sagte: »Auf keinen Fall – dies Geld ist allein dazu da, bestehende Schulden zu begleichen.« Er wurde ganz still und meinte dann, dass ich Recht hätte. Gestern bekam ich den Kontoauszug. Das Geld wurde mit einem Barscheck von ihm abgehoben. Er wird sich nie ändern. Nicht einmal die Drohung, dass ich ihn verlasse, schreckt ihn ab. Er ist wie ein Süchtiger. Doch wie kann ich wissen, dass ich die richtige Entscheidung getroffen habe?

Damit Diane sich einen schnappschussartigen Eindruck ihrer Beziehung machen konnte, wie sie momentan existierte, bat ich sie, einige wichtige Fragen zu beantworten. Und ich empfehle Ihnen sehr, dasselbe zu tun. Es handelt sich um eine wichtige Checkliste, die Ihnen helfen wird, mit heiler Haut das Tal der Entscheidungen zu durchschreiten.

- Habe ich mir genug Zeit gelassen, um beurteilen zu können, wie er auf meine Bedingungen reagiert?
- Hält er die Bedingungen ein, mit denen er sich einverstanden erklärt hatte, als ich ihn mit seinem Verhalten konfrontierte?
- Lasse ich mich nur von Gefühlen und Impulsen leiten statt von Vernunft und Logik?
- Beende ich die Beziehung nur, um ihn zu bestrafen?
- Ist unsere Beziehung für mich bereichernd, ausbaufähig und erfüllend? Oder ist es so, dass sie mich weiterhin deprimiert, mir Angst einjagt, mich wütend macht und mein Leben einengt?

Diane beantwortete die erste Frage mit Ja, doch dann gab es ein starkes Nein für die Fragen Nummer zwei, drei und vier. Als sie zur letzten Frage kam, wurde sie sichtbar traurig:

Ich würde schon sagen, dass es mein Leben definitiv beeinträchtigt. Es gibt keine Freude mehr, kein Vertrauen. Und das Schlimmste ist, ich habe jeden Respekt für ihn verloren. Früher fand ich seine Energie und seine Großtuerei aufregend, doch jetzt machen sie mir nur noch Angst. Ich muss aus dieser Achterbahn aussteigen und wieder etwas Vernunft und Realitätssinn in mein Leben bringen.

Wenn Sie sich Ihren Partner einmal etwas kritischer ansehen, so, wie Diane es getan hat, dann kann es sein, dass Sie ihn ganz anders sehen als zuvor. Und unter dieser neuen Sichtweise kann sich sehr viel in Ihnen verändern. Plötzlich ist es unmöglich, die negativen, oft chaotischen Seiten Ihres gemeinsamen Lebens weiterhin zu ignorieren und Ihre wahren Gefühle zu verbergen.

Der Umgang mit seiner Reaktion auf Ihre Entscheidung

Es gibt keine Möglichkeit vorherzusagen, wie Ihr Partner reagiert, wenn ihm der Preis seiner Lügen bewusst wird. Sobald Sie ihn von Ihrer Entscheidung informiert haben, die Beziehung zu beenden, sollten Sie sich darauf gefasst machen, mit einem weiten Spektrum an Reaktionen umzugehen, darunter einige, die Sie überraschen werden. Er wird große Angst haben und sich sehr bedroht fühlen. Ein sehr aggressiver Mann kann dann zu einem flehenden Häuflein Elend werden. Ein eher passiver und immer in sich zurückgenommener Mann kann plötzlich aggressiv werden. Er hat keine Verteidigungsstrategie mehr und Ihre Entscheidung ist eindeutig nicht das, was er will oder vermutet hätte. Deshalb möchte ich Ihnen helfen, sich auf all das vorzubereiten, was er sagen oder tun kann.

Mutige Worte

Es kann sein, dass Sie sich angesichts seiner Reaktion auf Ihre Erklärung ganz zittrig fühlen, überwältigt von Mitleid für ihn, doch ein paar mutige Worte werden Ihnen helfen, standfest zu bleiben. Selbst wenn Sie sich gar nicht mutig fühlen, ist es sehr wichtig, so zu tun, als ob. Ich verspreche Ihnen, dass Ihre Gefühle Schritt halten werden.

Er wird wahrscheinlich etwas sagen wie:

- »Ich verstehe nicht, wie du mir das antun kannst.«
- »Bitte, gib mir noch eine Chance – ich werde dich nie wieder belügen.«
- »Ich habe mich bemüht, so gut ich konnte. Gib mir bitte noch ein wenig Zeit.«
- »Ich weiß, dass du mich immer noch liebst. Irgendwer hat dir einfach all diese verrückten Ideen in den Kopf gesetzt.«
- »Du machst einen Fehler, den du den Rest deines Lebens bedauern wirst.«

- »Du wirst nie jemanden finden, der dich so sehr liebt wie ich.«
- »Die Kinder brauchen einen Vater. Hast du überhaupt je an sie gedacht?«
- »Du denkst immer nur an dich!«

Hören Sie ihm zu, und während Sie das tun, erinnern Sie sich an drei Dinge:

1. Ich glaube an mich und meine Entscheidung.
2. Ich bin aktiv damit beschäftigt, ein besseres Leben für mich zu gestalten.
3. Er wird es überleben und ich auch.

Und dann entgegnen Sie ihm mit einigen oder all den mutigen Worten, die nun folgen, oder denken Sie sich eigene, passende Antworten aus:

- »Ich habe diese Entscheidung nicht leichtfertig getroffen. Ich habe lange darüber nachgedacht und meine Entscheidung steht jetzt fest.«
- »Es fällt mir nicht leicht, dich so leiden zu sehen, doch in dieser Sache können wir nicht mehr verhandeln.«
- »Auch ich bin sehr traurig/wütend/ängstlich/durcheinander. Doch diese Entscheidung ist genau richtig für mich.«
- »Ich habe sehr hart daran gearbeitet, einen Weg für mein weiteres Leben zu finden, und dieser Weg ist der, zu dem ich mich entschlossen habe.«

Lieber zu vorsichtig

Als Bill erkannte, dass Jan sich nicht durch Versprechen und Betteln umstimmen ließ, wurde er aggressiv:

Seine Lippen wurden ganz schmal und seine Augenbrauen zogen sich zusammen zu dieser düsteren Miene, die ich immer an ihm gesehen habe, wenn etwas nicht nach seinem Willen ging. Als ich ihm sagte, dass er bis zum nächsten Morgen ausziehen solle, stand er von der Couch auf, ergriff das Buch, das ich gerade las, und schmetterte es an die Wand. Dann ging er ins Schlafzimmer und schlug die Tür so fest zu, dass das ganze Haus wackelte. Er hat seine Wut nie körperlich an mir ausgelassen und deshalb erschreckte mich sein Verhalten wirklich sehr. Ich rief meine Schwester an und sagte, die Kinder und ich müssten einige Tage bei ihr verbringen. Ich holte die Kinder aus der Schule und war weg. Ich fand, ich sollte besser auf Nummer sicher gehen.

Wahrscheinlich war die Wand das Einzige, auf das Bill einschlagen würde, doch selbst wenn es nur eine minimale Chance gegeben hätte, dass er seine Aggressionen ausweitet, war es weise von Jan, dieses Risiko nicht einzugehen. Wenn Ihr Partner wütend wird und Sie in irgendeiner Form bedroht, vergessen Sie sofort alle Kommunikationsstrategien – denken Sie nur noch an Ihre Sicherheit. Selbst ein Mann, der seine Wut bisher niemals körperlich ausagiert hat, kann explodieren, wenn er mit der Realität konfrontiert wird, dass alles vorbei ist.

Und nun ist es an der Zeit, über *Ihre* Reaktionen auf Ihre Entscheidung zu sprechen.

Das dämonische Paar: Schuldgefühl und Selbstvorwürfe

Gleichgültig, wie schmerzlich seine Lügen waren und das Leben, das er Ihnen damit bescherte, es ist für mich niemals leicht, den Schmerz zu sehen, den das Ende einer Beziehung, das nicht von beiden Partnern gewollt ist, mit sich bringt. Es ist schwer, den Tränen, der Wut, der Verstörung und der Ungläubigkeit eines Menschen zu widerstehen, den Sie geliebt haben und um den Sie sich wahrscheinlich immer noch sorgen. Es kann sein, dass Ihre Entschlusskraft angesichts seines Mitleid erregenden Anblicks schwächer wird. Oder Sie verspüren eine sehr starke Versuchung, Ihren Willen zurückzunehmen und ihm noch eine letzte Chance zu geben, was Sie dann etwa folgendermaßen begründen: »Lieber den Spatz in der Hand, als die Taube auf dem Dach.« Oder: »Ich habe so viel Zeit und Gefühl in ihn investiert, vielleicht wäre es besser, wenn ich alles einfach durchstehe und auf bessere Zeiten hoffe.«

Die verständliche Ambivalenz vieler Frauen zu diesem Zeitpunkt beschwört ein besonders böses Zwillingspaar herauf: Schuldgefühl und Selbstvorwürfe. Wenn dieses Paar die Macht hat, werden Sie wahrscheinlich glauben, dass nicht er, sondern allein Sie für das Ende der Beziehung verantwortlich sind.

Die Last der falschen Schuldzuweisung

Er hat gelogen, er hat Sie betrogen, er hat Sie getäuscht, er hat seine Versprechen Ihnen gegenüber nicht gehalten, doch Sie sind diejenige, die sich schuldig fühlt. Und er wird wahrscheinlich alles in seiner Macht Stehende tun, um Sie wissen zu lassen, dass Ihre Entscheidung, ihn zu verlassen, ihn leiden lässt, ihn vielleicht sogar zerstört, zugrunde richtet.

Diane musste mit genau solch einer Schuldzuweisung umgehen, als sie sich scheiden ließ:

Obwohl ich das, was er getan hat, wirklich hasse, bedrückt es mich sehr, ihn so am Boden zerstört zu sehen. Er war immer so lebendig und voller Optimismus. Er wohnt jetzt bei einem alten Studienfreund und dessen Frau, weil er nicht einmal mehr genug Geld für ein Hotel hat. Wenigstens weiß ich, dass er anständig untergebracht ist. Ständig ruft er an und sagt: »Ich kann es nicht glauben, dass du mich wegen lausiger zehntausend Dollar verlassen hast.« Er glaubt wirklich, dass es bei der ganzen Geschichte nur um Geld gegangen ist. Immer wieder überkommen mich diese schrecklichen Schuldgefühle, als wäre ich der wirklich Böse in dieser Geschichte, und dann läuft in meinem Kopf ununterbrochen die Frage: »Vielleicht kann er sich doch ändern« oder »Vielleicht habe ich überreagiert.«

Ich erklärte Diane, dass sie dabei war, ihre eigene Geschichte umzuschreiben, weil sie den Gedanken nicht ertragen konnte, den Mann, den sie einst geliebt hatte, in solche Verzweiflung zu stürzen. Sie wusste, wie abhängig Ben von ihr sowohl in finanzieller als auch in emotionaler Hinsicht geworden war, und sie wusste, wie viele Nachteile ihre Entscheidung für ihn hatte. Doch sie wusste auch, dass es keine Zauberpille gibt, die Ben in den soliden, verantwortungsbewussten Mann verwandeln würde, den sie sich erhofft hatte. Ich fragte sie, ob Bens Versprechungen und Verpflichtungen echte, nachweisbar positive Verhaltensänderungen mit sich gebracht hätten. Sie können sich die Antwort denken.

Wenn Sie schon lange einen Mann unterstützen, dessen Lügen ihn auch in anderen Bereichen seines Lebens in Schwierigkeiten gebracht haben, dann fühlen Sie sich vielleicht schuldig, weil Sie nicht mehr zur Stelle sind, um die Feuerwehr zu spielen. Vielleicht aber glauben Sie auch, dass es »egoistisch« ist, wenn Sie sich um sich selbst kümmern, obwohl es Ihren Partner offensichtlich schmerzt. Vielleicht glauben Sie sogar, dass Sie ihm etwas »schuldig« sind für die guten Zeiten, die er ihnen auch geboten hat. Und es können Sie enorme Schuldgefühle überkommen, weil Sie, um eine abgedroschene Phrase zu verwenden, »die Familie zerstören«.

Jahrhundertelang waren es die Frauen, die dazu bestimmt waren, Beziehungen zu hüten, zu bewahren. Traditionell waren wir es, die nährten und pflegten und für Frieden und Ordnung im Hause sorgten. Wenn die Beziehung je in Schieflage geriet, dann war es immer die Aufgabe der Frau, sie wieder ins Lot zu bringen, egal wie. Diese Pflichten haben sich tief in die Seele aller Frauen eingegraben, egal wie modern, emanzipiert oder abgedreht sie sich selbst sehen.

Wenn Sie Ihren Teil der Arbeit an der Beziehung geleistet und dann die Entscheidung getroffen haben, dass sie endgültig vorbei ist, sollten Sie zu dem Stress und dem Schmerz, mit denen Sie sich herumschlagen, nicht auch noch die Last ungerechtfertigter Schuldgefühle aufladen. Übernehmen Sie die Verantwortung für all das Negative, Grausame, Hässliche oder Destruktive, was Sie gesagt oder getan haben. Gestehen Sie es sich ein (selbst ihm gegenüber, wenn Sie das für angebracht halten) und ertragen Sie die Schuldgefühle, doch stehen Sie weiterhin fest zu Ihrer Entscheidung. Schuldgefühle verblassen mit der Zeit. Die Auswirkungen auf Ihr Leben jedoch, die Ihr Festhalten an einer von Lügen zerfressenen Beziehung hat, verblassen nicht. Sie haben eine neue Aufgabe: Sie sollen ein so reiches und erfülltes Leben führen, wie Sie es sich erschaffen können. Das ist keineswegs ein Ziel, das außer Ihnen alle anderen Menschen auf der Welt haben dürfen, und es ist auch kein Märchentraum. Es ist Ihr grundlegendes Menschenrecht. Erinnern Sie sich daran, wenn Sie feststellen, dass Ihre Schuldgefühle Überstunden machen, damit Sie den Grund vergessen, weshalb Sie die Beziehung beenden müssen.

Sie sind keine Versagerin

Selbst Carol, die viele Jahre den Alkoholismus und die Misshandlungen ihres Mannes ertragen hatte, war voller Selbstvorwürfe, als sie endlich die Entscheidung traf, sich scheiden zu lassen, nachdem er sie belogen hatte, als es darum ging, ob er ihren Sohn auf einer Campingreise allein gelassen hatte:

Wenn jemand das Recht hat, sich scheiden zu lassen, dann doch sicher ich, oder? Warum fühle ich mich dann so schlecht, verachte mich selbst? Warum hänge ich immer noch an dem Glauben, dass es da noch etwas gibt, was ich hätte tun sollen? Warum fühle ich mich als Versagerin?

»Carol«, erwiderte ich, »Sie waren bisher der Leim, der diese Beziehung zusammengehalten hat. Sie haben alles getan, was menschenmöglich war, während Ken nur das getan hat, was er wollte, ohne jegliche Rücksicht auf Sie oder Ihre Gefühle. Er unternimmt nichts hinsichtlich seiner Trinkerei, er misshandelt Sie emotional und Sie haben Anzeichen gesehen, dass er jederzeit körperlich gewalttätig werden kann. Sie haben ihm jede Chance gegeben, doch alles ist immer nur schlimmer geworden. Bitte bezichtigen Sie sich nicht, zu schwach oder eine Versagerin zu sein, weil seine Lügen und sein Verhalten Schäden angerichtet haben, die nicht mehr repariert werden können. Ja, Sie haben gelobt, mit ihm zusammenzubleiben, ›bis dass der Tod euch scheide‹. Doch es war Ken, der die Bedingungen des Ehevertrages geändert hat, nicht Sie. Es ist nichts Heiliges an einer Ehe, die durch Lügen und Betrug auseinander gerissen wurde.«

Carols einziges »Versagen« lag in ihrer Entscheidung, so lange in einer unglücklichen, destruktiven Beziehung auszuharren. Ihre streng religiöse Erziehung und ihre Scham darüber, dass sie die Erste in der Familie war, die sich scheiden ließ, hielten sie länger in dieser Ehe, als es für sie und die Kinder gut war. Denn in Wirklichkeit ist es ein Erfolg – geradezu ein Triumph! –, wenn eine Frau die Kraft aufbringt zu sagen: »Schluss! Ich verdiene etwas Besseres.«

Im besten Interesse der Kinder

Es ist fast selbstverständlich, dass Sie von Schuldgefühlen und Selbstvorwürfen überwältigt werden, wenn Sie wissen, Sie und Ihre Kinder werden schwere und unglückliche Zeiten durchmachen.

Doch Sie sollten sich fragen, wer den Kindern eher eine Umgebung bieten kann, in welcher sie gedeihen – gestresste, unglückliche Eltern, die keine Beziehung mehr haben, die auf Vertrauen und gegenseitigem Respekt beruht, oder eine allein stehende Frau, die ihr Leben ehrlich und rechtschaffen lebt? Kinder lernen mehr aus dem, was sie sehen und hören, als aus dem, was Sie ihnen erzählen, wenn Sie versuchen, die Spannung zwischen Ihnen und dem Partner herunterzuspielen. Wenn sie nur Bitterkeit und Misstrauen erleben, dann vermitteln Sie ihnen damit, dass Beziehungen immer so sind. Sie zeigen ihnen das Modell einer Ehe, in welcher Männer lügen können, ohne dafür verantwortlich gemacht zu werden, und in der Frauen das zu akzeptieren haben, was man ihnen vorsetzt.

Erinnern Sie sich an die Geschichte von Carol und ihrer Tochter Paula, die ich viele Jahre später wiedergesehen habe? Paula fühlte sich von einem Mann angezogen, den ihr Trauma, vergewaltigt worden zu sein, vollkommen kalt ließ und der log, sobald es ihm in den Kram passte.

In vielerlei Hinsicht, glaube ich, habe ich in meinem Leben das wiederholt, was vor sich ging, als ich ein Kind war. Denn das kannte ich. Ich dachte immer, dass Liebe sich so anfühlen müsste. Ich habe auch nie etwas anderes erfahren. Nachdem meine Mutter und mein Vater sich getrennt hatten, war es ganz anders. Unendlich viel ruhiger für meinen Bruder und mich. Ich habe gesehen, wie meine Mutter sich verändert hat, ich weiß also, dass es möglich ist.

In ein paar kurzen Sätzen hat Paula hier das Vermächtnis ihrer Kindheit zusammengefasst. Sehr hellsichtig wurde ihr bewusst, wie stark der Einfluss der Beziehung zwischen ihrer Mutter und ihrem Vater ihre eigenen Vorstellungen und Wahrnehmungen in einer Beziehung geprägt hatten. Ihre Eltern waren zusammengeblieben, bis Paula 15 war, und ich bin vollkommen überzeugt, dass Paula sich einen besseren Partner ausgesucht hätte, wenn sie nicht so viele Jahre einer destruktiven Beziehung ausgesetzt gewesen wäre.

Ich bin mir der Schwierigkeiten, die eine Scheidung Kindern bereitet, sowohl professionell wie auch privat durchaus bewusst.

Doch wenn Sie ehrlich zu ihnen sind und ihnen erlauben, ihre Gefühle und Ängste auszusprechen, und ihnen immer wieder versichern, dass sie nichts getan haben, um die Trennung auszulösen, dann werden Sie und die Kinder auch eine Scheidung gut überstehen. Kinder sind erstaunlich widerstandsfähig und können viel vertragen, solange ihre Gefühle und ihr Selbstwertgefühl immer wieder bestätigt und aufgebaut werden.

Untergangsszenarien

Wenn wir die Entscheidung treffen, eine Beziehung zu beenden, dann ist die Angst, die uns erfasst, wahrscheinlich der schwierigste aller Aspekte. Unsere Befürchtungen wirken oft wie ein riesiges, unentwirrbares Knäuel von verschiedenfarbigen Garnen – völlig unmöglich, das auseinander zu fieseln. Doch Sie *können* die Gedanken und Gefühle entwirren, die Sie in Panik verfallen lassen – und sie so handhabbar machen.

Diane blickte nie mehr zurück, als sie sich entschlossen hatte, Ben zu verlassen. Wenn sie aber in die Zukunft sah, dann erschrak sie, wie düster es für sie aussah:

Ich weiß, dass ich tue, was für mich das Beste ist. Doch immer wieder denke ich an die Zukunft und dort sehe ich nur Einsamkeit und Depression. Was ist, wenn ich den Rest meines Lebens allein bleibe? Was ist, wenn ich meinen Job verliere? Was ist, wenn ich all das gar nicht durchstehe?

Diane ist intelligent, attraktiv und hatte hervorragende Arbeitszeugnisse sowie große berufliche Erfahrung vorzuweisen. Sie hatte die Familie über Wasser gehalten, während Ben ihr Geld bei seinen Versuchen, den großen Reibach zu machen, verschleuderte. Und dennoch war sie überwältigt von dem, was ich »Untergangsszenarien« nenne – düstere, überlebensgroße Vorhersagen von Katastrophen, wie die meisten von Ihnen sie kennen. Untergangsszenarien haben keinerlei Respekt vor der Wahrheit. Es sind Lügen, die wir uns selbst über unsere Zukunft einreden. Und je mehr wir ihnen gestatten, unsere Aufmerksamkeit zu fesseln, desto schneller vervielfältigen sie sich. Sie können sie daran erkennen, dass sie Ihr Leben mit einem schrecklichen Absolutheitsanspruch beschreiben, mit Wörtern wie *nie, immer, ich kann nicht, der Rest meines Lebens, ewig*. Wenn Sie in die Falle des Untergangsdenkens geraten sind, dann drücken Sie Ihre Ängste meist so aus:

- Allein schaffe ich es nie.
- Ich werde nie wieder jemanden finden.
- Ich werde vor Einsamkeit sterben.
- Ich werde als Obdachlose enden, weil ich es nie schaffen werde, mich selbst zu ernähren.
- Ich bin zu alt/zu hässlich/zu verletzt, als dass mich je wieder jemand begehren könnte.
- Ich werde diesen Schmerz nie überwinden.
- Ich weiß einfach nicht, wie man neue Freunde findet.

Wenn Gedanken wie diese auf Sie einstürmen, wird es schwierig, zwischen den realen und praktischen Problemen, die die Trennung von Ihrem Partner sowie der Aufbau eines neuen Lebens mit sich bringen, und den albtraumhaften Übertreibungen zu unterscheiden, die Untergangsszenarien in Ihrer Vorstellung entstehen lassen.

Von der Katastrophenangst zur vernünftigen Sorge

Eine Beziehung zu beenden ist immer eine Herausforderung, sowohl in praktischer als auch in emotionaler Hinsicht. Wahrscheinlich müssen Sie Ihre Finanzen neu ordnen, Ihren Bekanntenkreis wechseln, mit den Reaktionen anderer Menschen auf die Trennung umgehen. Und als wäre das alles nicht genug, wenn Sie

Kinder haben, dann müssen Sie tief in sich die Kraft finden, ihnen über diese schwierige Zeit hinwegzuhelfen. Am wichtigsten ist, dass Sie den Willen und die Energie aufbringen, sich wirklich um sich selbst zu kümmern. Das sind vernünftige Sorgen. Sicher, es ist ungeheuer schwer, sich um all diese Dinge gleichzeitig zu kümmern. Doch obsessives Sorgen, was die Zukunft für Sie bringt, löst keinerlei Problem und führt obendrein dazu, dass Sie emotional viel zu erschöpft sind, um einen klaren Gedanken zu fassen.

Es wird ein enormer Beruhigungsfaktor in Ihrem Leben sein, wenn Sie lernen, realistische Pläne für die Zukunft zu machen, indem Sie Ihre Untergangsszenarien in vernünftige Sorgen verwandeln. Ich bat Diane, genau zu beobachten, was mit ihren Panikgefühlen geschah, wenn wir ihre größten Ängste neu formulierten.

Ich bat Diane, ihre erste Aussage, »Ich sehe nur Einsamkeit und Depression«, zu wiederholen. Dann bat ich sie, dies Szenarium zu ersetzen durch: »Ich mache mir Sorgen, dass es Zeiten geben wird, in denen ich einsam und depressiv sein werde.« Das ist eine ganz vernünftige Sorge, und sie könnte dem noch eine Aussage hinzufügen, die damit beginnt: »Doch dagegen kann ich Folgendes tun ...« Das würde ihr dabei helfen, offener für realistische Überlegungen zu sein, wie sie mit dem fertig wird, was ihr am meisten Angst macht.

Diane tat genau das. »Was ich dafür tun kann ... meine Freunde öfter sehen und neue gewinnen. Wissen Sie, ich singe so gerne und habe das ziemlich vernachlässigt. Vielleicht kann ich irgendwo einem Chor beitreten. Ich weiß, dass mir noch etliche schwere Zeiten bevorstehen, doch bereits jetzt fühle ich mich im wahrsten Sinne des Wortes er-leichtert, weil ich mich nicht mehr gänzlich auf diese schwarzen Gedanken konzentriere, sondern darauf, konkrete Probleme zu lösen.«

Ich bat Diane, eine Liste zu machen von den Katastrophenphantasien, die bei ihr am häufigsten auftauchten – ihrer Untergangsszenarien –, und mit allen dasselbe zu tun. So sah ihre Liste aus:

Katastrophen-Denken	Vernünftige Sorgen	Mögliche Lösungen
Ich werde nie wieder einen Partner finden.	Niemand kann vorhersagen, was geschehen wird, doch die Chancen stehen nicht schlecht, dass ich wieder jemanden treffe. Es wird Zeit brauchen, doch ich kann viel an mir arbeiten, während ich warte.	Aktivitäten aufgreifen, die mir Spaß machen. Zeit mit Freunden verbringen. Die Menschen wissen lassen, dass ich offen für alles Mögliche bin. Mich an einem Leben ohne Lügen freuen. Mein Selbstvertrauen wieder aufbauen.
Ich werde nie wieder jemanden treffen, den ich so aufregend finde wie ihn.	Ich hoffe, dass ich mich von jemanden angezogen fühle, der ausgeglichen und vernünftig ist, und ich ihn aufregend finde.	Mich stets daran erinnern, wie beängstigend es war, immer am Rande des Abgrunds zu leben. Ich kann auch mit den Achterbahn fahren, wenn ich diese Art der Aufregung brauche.
Ich werde mein Leben nie wieder in den Griff kriegen.	Ich mache mir Sorgen über all die Veränderungen, die auf mich zukommen, und all die Dinge, die ich erledigen muss. Es wird nicht leicht sein, doch ich werde damit zurechtkommen.	Ich kann um Hilfe bitten. Ich kann meine Sorgen aufschreiben und sie nacheinander bewältigen. Ich kann andere um Rat fragen und um die richtigen Adressen bitten. Ich kann mich weiterbilden, um neue Fähigkeiten zu erwerben.

Katastrophen-Denken	Vernünftige Sorgen	Mögliche Lösungen
Ich bin dazu verdammt, immer wieder bei Lügnern zu landen.	Ich frage mich, warum ich so lange in der Beziehung verharrte, und ich erkenne, dass mein Verhalten zum Teil dazu beitrug, dass das Lügen so lange weiterging.	Ich arbeite weiter an der Bewältigung meiner Schuldgefühle und meiner Ängste. Ich werde meine neuen Kommunikationsstrategien einsetzen. Ich werde Augen und Ohren offen halten, aber auch mein Herz. Ich werde keine Angst haben, Lügen, wenn sie auftauchen, als das zu bezeichnen, was sie sind.
Wenn ich nicht zu ihm zurückkehre, vernichte ich ihn.	Ich mache mir Sorgen um ihn, doch ich habe auch die Verantwortung, mich um mich selbst zu kümmern. Er muss sein Leben selbst in den Griff bekommen.	Ich werde nett, aber eisern sein, wenn er Druck auf mich ausübt. Werde ihm raten, therapeutische Hilfe zu suchen, wenn er deprimiert ist. Werde seine Familie und Freunde um Hilfe für ihn bitten.

Es ist nicht nur klug, sondern auch realistisch zu sagen: »Es wird schwer sein für ihn, aber ...« oder »Ich mache mir Sorgen um ihn, doch ich werde darüber hinwegkommen«. Untergangsszenarien, die mit den Wörtern »Nie werde ich« oder »Ich kann nicht« beginnen, verschließen den Teil Ihres Kopfes, der Ihnen helfen will, Ihre Ressourcen zu mobilisieren und Ihren Weg zu gehen. »Ich kann nicht« bedeutet »Ich kann nichts dagegen unternehmen. Ich gebe auf«. Das sind die Gedanken, bei denen Sie in Panik verfallen. Sie setzen uns vollkommen hilflos Schicksalsschlägen aus, denn wir haben ja verkündet, dass wir keinerlei Kontrolle über unser Leben haben.

Wann immer Sie das Gefühl haben, dass Ängste und Sorgen Sie erdrücken, sehen Sie sich Ihre Liste an. Vor allem in der Rubrik der Lösungen sollten Sie hinzufügen, was Ihnen im Verlauf der Zeit, wenn Sie sich kräftiger fühlen und auch mutiger, einfällt. Denken Sie daran, Sie sind nicht allein. Millionen von Frauen haben ähnliche Situationen wie die Ihre überlebt. Was immer auf Sie zukommt, Sie werden es bewältigen.

Wenn Sie sich von einer Beziehung verabschieden

Gleichgültig, wie hässlich der Verrat und wie schlimm der Betrug waren, es lindert nicht den Schmerz, einen Teil seines Lebens hinter sich lassen zu müssen. In manchen Fällen war es vielleicht nur ein kleiner Teil, in anderen ein ganz wichtiger, doch das Ende jeder Beziehung, selbst einer schlechten, ist, wie ich bereits gesagt habe, eine Art Tod. Wenn ein Mensch stirbt, gibt es Rituale, die uns helfen zu trauern und die Schwere des Verlustes festzuhalten. Doch der Tod einer Beziehung lässt uns meist ratlos und von so viel Trauer beladen zurück, dass wir uns fragen, ob wir uns je wieder als Ganzes empfinden werden.

Jan dachte, sie hätte das Gröbste hinter sich, denn sie war so wütend auf Bill, dass ihr kaum Raum für andere Gefühle blieb. Doch sie hatte nur das Unvermeidliche hinausgezögert:

Ich hatte nicht erwartet, dass ich mich so am Boden zerstört fühlen würde. Ich hasse ihn in diesem Moment wirklich, und doch überkommen mich diese Riesenwellen der Traurigkeit, wenn ich ein bestimmtes Lied im Autoradio höre oder wenn ich daran zurückdenke, wie es damals war, als ich noch so viel Hoffnungen hatte, so viel Liebe empfand. Ich bedaure diese beiden Menschen zutiefst, die so viel hätten haben können und alles verloren haben. Ich fühle mich, als ob ein Teil meiner selbst gestorben sei.

Was Jan empfand, wird auch auf Sie zukommen. Trotz der Lügen, trotz des Verrats gab es liebevolle, schöne Zeiten und viele Momente der innigen Nähe. Sie können dankbar für diese Zeiten sein, Sie können zugeben, dass Sie sie wahnsinnig vermissen, doch es ist notwendig, dass Sie akzeptieren, dass sie vorüber sind. Sie brauchen eine Zeremonie für das Ende, genauso wie Sie eine Zeremonie für den Anfang hatten. Es wird Ihnen gut tun, wenn Sie eine Abschiedsrede schreiben, die Ihnen hilft, sich von Ihrer Beziehung zu lösen. Dieser schmerzhafte, doch wesentliche Schritt wird Ihnen helfen, Trauerarbeit zu leisten und die Trauer hinter sich zu lassen.

Vorbereitungen zu einer Abschiedsrede

Ihre Abschiedsrede beinhaltet vier Elemente. Fangen Sie mit dem Satz an: »Hiermit trage ich die Beziehung von [Ihr Name] und [sein Name] zu Grabe.« Wie bei den Trauerreden, die Sie auf Begräbnissen gehört haben, geht es nun darum, dass Sie die guten Seiten der Beziehung ehren. Dann sprechen Sie über die Trauer und die Enttäuschung, die aufkommen, wenn Lügen und

Betrug die Beziehung töten. Enden Sie mit den bekannten Worten, die den Beginn einer wirklichen Heilung Ihrer selbst signalisieren: »Ruhe in Frieden.«

Jans Abschiedsrede hörte sich so an:

Hiermit trage ich die Ehe von Jan und Bill zu Grabe. Sie war ein herrlich leuchtend Ding – am Anfang. Sie war zärtlich und voller Freude und es wurde viel gelacht. Es gab Zeiten von solch intensivem Glücksgefühl, dass es fast so schien, als hätten sie es gepachtet. Doch das Leuchten verdunkelte sich, weil es Lügen gab und Verrat. Und weil Bill nicht die Person war, die er vorgab zu sein. Er war kein guter und ehrlicher und vertrauenswürdiger Mensch. Und so kam es, dass das Lachen sich in Erschrecken und Enttäuschung verwandelte, die Ehe krank wurde und schließlich starb. Nun ist es an der Zeit, sie zu ihrer letzten Ruhe zu tragen und das Gute mit dem Schlechten zu begraben. Wir werden trauern, doch wir werden weiterleben. Ruhe in Frieden.

Im Lauf der Jahre habe ich immer wieder feststellen müssen, wenn das Schreiben eines so von Herzen kommenden Textes wie einer Grab- oder Abschiedsrede effektiv ist und den Heilungsprozess unterstützt, dass das laute Vorlesen dieses Textes doppelt so effektiv ist. Wenn Sie wie Jan eine Therapie machen oder an einer Selbsthilfegruppe teilnehmen, dann wäre das der ideale Ort, um Ihre Abschiedsrede laut vorzulesen. Sollte das nicht der Fall sein, dann tun Sie es einfach für sich selbst oder noch besser vor jemandem, dem Sie Ihre tiefsten Gefühle anvertrauen können. Zu welcher Art des Vortrags Sie sich auch entschließen, öffnen Sie sich den überaus starken Gefühlen, die diese Übung auslöst. Halten Sie bitte nichts zurück. Sie werden sich sehr viel stärker fühlen, wenn Sie sie laut verlesen haben. Sie werden das Gefühl einer gewissen Erfüllung haben und Sie werden zugleich den Schimmer einer Hoffnung auf das, was kommen wird, wahrnehmen.

Auch wenn es zu glauben schwer fällt, wenn sie noch sehr stark ist, selbst Trauer findet ihr Ende, wenn auch nur ganz allmählich, Schritt für Schritt. Ihre jetzigen Gefühle werden nicht ewig währen.

»Kannst du ihm nicht noch eine letzte Chance geben?«

Die Menschen, die Sie wirklich lieben, können ganz anders reagieren als die Freunde und Verwandte der Frau, die beschlossen hat, ihrer Beziehung noch eine letzte Chance zu geben. Statt Ihnen zuzuraten, ihn zu verlassen, raten sie meist, dass Sie bleiben sollen, üben großen Druck auf Sie aus und schieben Ihnen zugleich eine Menge Schuld zu.

Bills verwitwete Mutter war außer sich nach Jans Entscheidung, ihren Sohn zu verlassen, und der Rest seiner Familie war derselben Meinung. Sie hatten natürlich keine Ahnung von Bills Betrugs- und Täuschungsmanövern. Sie dachten, Jan konnte es nicht verwinden, dass er bereits zweimal statt nur einmal verheiratet gewesen war.

Seine Mutter rief mich an und sagte: »Bitte gib ihm noch eine Chance – du weißt doch, dass er in Wirklichkeit ein guter Mann ist, und du weißt, wie sehr wir dich alle lieben. Die anderen beiden Frauen haben ihm nie die Liebe und die Zuwendung gegeben, die er wirklich brauchte, doch er hat mir gegenüber immer davon gesprochen, wie wunderbar du bist und wie viel du ihm bedeutest. Wir alle dachten wirklich, du wärest ein Geschenk Gottes. Jedermann hat Probleme. Du wirst doch sicher damit fertig werden. Schließlich lebt ihr erst seit vier Jahren miteinander – das ist einfach zu kurz. Wir lieben dich als Teil unserer Familie und wir lieben deine Kinder.« Dann fing sie an zu weinen. Du meine Güte, Susan, sie ist achtzig Jahre alt. Sollte ich ihr vielleicht erzählen, was er mir angetan hat?

Ich erklärte Jan, dass es immer eine persönliche Entscheidung ist, ob man anderen Menschen den wahren Grund für die Beendigung der Beziehung erzählt, nachdem man alle Vor- und Nachteile abgewogen hat. Doch gleichgültig, ob Sie sich entscheiden, alles zu erzählen oder gar nichts, Sie müssen niemandem gegenüber Ihre Entscheidung, einen anderen zu verlassen, rechtfertigen – und Sie sind niemals auf die Zustimmung eines anderen angewiesen, um das zu tun, was für Sie das Beste ist!

Die Wahrscheinlichkeit ist groß, dass Sie bereits mehrere Menschen in Ihr Vertrauen gezogen haben. Viele Ihrer Freunde und auch die Familienmitglieder, die Ihnen nahe stehen, werden wahrscheinlich längst ahnen oder wissen, was vor sich gegangen ist. Seinen Freunden und seiner Familie gegenüber möchten Sie vielleicht nicht ganz so offen sein. Wenn Sie keine detaillierte Erklärung abgeben wollen, dann können Sie etwa einfach sagen:

- »Ich weiß, wie sehr dich das mitnimmt, aber du kennst nicht die ganze Geschichte dessen, was vorgefallen ist.«
- »Ich habe diese Entscheidung keineswegs von heute auf morgen getroffen.«
- »Ich möchte, dass du weißt, dass gewisse Vorfälle es mir unmöglich machen, die Beziehung noch länger aufrechtzuerhalten.«
- »Ich weiß es wirklich zu schätzen, wie warmherzig und liebevoll du mir gegenüber immer gewesen bist, und hoffe, dass das auch so bleiben wird.«
- »Vielleicht solltest du besser deinen Sohn/Bruder/Freund selbst fragen, warum ich ihn verlasse.«

Obwohl der größte Druck wahrscheinlich von Seiten seiner Familie kommen wird, wird es Sie überraschen, wie aufgebracht einige Mitglieder Ihrer eigenen Familie sein können, wenn sie den Konflikten ausgesetzt sind, die das Ende einer Beziehung mit sich bringen. Vielleicht fürchten sie, von Ihren emotionalen Nöten übermannt zu werden. Vielleicht fürchten sie sich auch davor, nun mit Ihnen wie mit einer allein stehenden Frau umgehen zu müssen. Es kann gut sein, dass man Sie mit Anspielungen bombardiert, dass Sie nicht an die Kinder denken oder dass die Ehe ein heiliges Sakrament ist. Andere schleppen vielleicht diesen unverwüstlichen Verbündeten herbei, die Religion, um damit Druck auf Sie auszuüben, in einer unglücklichen Beziehung zu bleiben, und Zweifel bei Ihnen zu säen, ob Sie die richtige Entscheidung getroffen haben.

Wie in allen Konflikten sollten Sie weder Erklärungen abgeben noch »gute Gründe« anführen. Wo steht denn geschrieben, dass Sie weniger Rechte haben, den Verlauf Ihres weiteren Leben zu bestimmen, als Familie und Freunde sie sich anmaßen? Halten Sie sich an Ihre Antworten ohne jede Rechtfertigung, und erinnern Sie die Menschen, die Ihnen nahe stehen, daran, dass Sie jetzt Mitgefühl und Unterstützung brauchen und keine Vorträge oder Predigten.

Wenn Sie einen Soziopathen – oder einen unberechenbaren Mann verlassen

Im Umgang mit einem Soziopathen tauchen ähnliche Probleme auf, wie wenn Sie einen Mann verlassen, der in Ihrer Beziehung mit Dramatik, Unberechenbarkeit und emotionalem Missbrauch dominierte. Auch wenn dieses Unterkapitel sich hauptsächlich an Frauen richtet, die in einer Beziehung mit einem Soziopathen leben, gilt vieles auch für jene Frauen, die mit einem Mann leben, dessen Stimmungsschwankungen denen von Dr. Jekyll und Mr. Hyde nicht unähnlich sind. Wenn Sie mit solch einem Mann zusammenleben, erfahren Sie, neben allem Kummer, auch viele Momente der positiven Spannung, und das kann Sie regelrecht mit ihm zusammenschweißen. Selbst wenn der Begriff Soziopath nicht auf Ihre Situation angewandt werden kann, werden die Gefühle, vor allem die Selbstvorwürfe, die das Ende einer langjährigen Beziehung zu solch einem Mann begleiten, Ihnen sehr bekannt vorkommen. Ich hoffe, dass Sie die folgenden Ratschläge aufmerksam lesen und sich von dem leiten lassen, was Ihnen weiterhelfen kann.

Wenn Ihnen bewusst geworden ist, dass Ihr Partner ein Soziopath ist, dann ist es das Erste und Wichtigste, ihn so schnell wie nur möglich aus Ihrem Leben zu entfernen. Es ist sehr wichtig, sich ganz auf die praktischen Fragen zu konzentrieren bis er fort ist, denn seine Anwesenheit wird jeglichen Ansatz einer Heilung verhindern oder sabotieren.

Ich würde Ihnen nicht die Wahrheit sagen, wenn ich behauptete, dass es leicht sein wird. Es kann gut sein, dass Sie ihm gefühlsmäßig immer noch sehr nahe stehen, und selbst wenn Sie nicht länger bereit sind, seine Partnerin bei seinen Täuschungsmanövern zu sein, und wissen, dass Sie emotional nur überleben, wenn Sie die Beziehung beenden, wird er aller Wahrscheinlichkeit nach alle Register ziehen, um Sie bei sich zu behalten.

Manchmal, wie im Fall meiner Freundin Diane, macht es Ihnen der Soziopath etwas leichter und verschwindet einfach. Doch meist wird er sich an Sie heften wie eine Klette und dann liegt viel Arbeit und Mühsal vor Ihnen.

Nie ist es so wichtig, dass Sie klar und genau kommunizieren, wie zu dem Zeitpunkt, an welchem Sie eine Beziehung zu diesem Typus Mann beenden. Er muss Sie ernst nehmen, und Sie müssen unbedingt jegliche Zweideutigkeiten oder Unklarheiten vermeiden, die ihn zu dem Schluss kommen lassen könnten, dass Sie sich immer noch von ihm manipulieren ließen. Sie müssen ihm eindeutig und klar sagen, dass die Beziehung beendet ist. Sagen Sie etwa:

- »Ich habe lange darüber nachgedacht und bin zu dem Schluss gekommen, dass diese Beziehung für mich nicht funktioniert. Ich habe mich entschlossen, sie zu beenden.«
- »Versuche bitte nicht, Verbindung mit mir aufzunehmen. Ich möchte nicht, dass du anrufst, mir schreibst oder mich aufsuchst.«

- »Es tut mir Leid, aber darüber verhandele ich nicht mehr und ich möchte auch nicht weiter darüber reden.«

Ich weiß, diese Sätze klingen sehr kalt, doch sie sind zu Ihrem Schutz gedacht vor einem weiteren Ansturm seiner Bitten, Entschuldigungen und Versprechen. Gehen Sie nicht in die Falle, ihm »gute Gründe« zu nennen oder langwierige Erklärungen abzugeben, wenn er weiterhin Druck auf Sie ausübt. Und dem Impuls, ihm zu sagen, was für ein Schuft er gewesen ist, sollten Sie unter keinen Umständen nachgeben, so verlockend es auch sein mag. Wenn Sie Ihre Entscheidung erklären oder ihn beschimpfen, öffnen Sie ihm damit die Tür für weitere Diskussionen und damit auch die Möglichkeit, Ihnen nochmals zu erklären, warum Sie sich in ihm irren.

Wie bei jedem neuen Verhalten gilt auch hier: Sie müssen üben, üben, üben. Sagen Sie diese Zeilen des Abschieds so lange vor sich hin, bis sie Ihnen ins Blut übergegangen sind. Sie sind nicht grausam, Sie behaupten sich nur selbst, und das in angemessener Weise. Und außerdem, wann war das letzte Mal, dass er sich Sorgen darüber gemacht hat, Ihnen gegenüber grausam gewesen zu sein?

Sich selbst gute Ratschläge geben

Laurie, die Bildhauerin, die seit anderthalb Jahren eine Art emotionaler Achterbahnfahrt mit Michael durchlebt hatte, dem Ehe- und Familientherapeuten, der mehrere seiner Patientinnen zu sexuellen Beziehungen gedrängt hatte, wusste plötzlich, dass der Zeitpunkt für sie gekommen war, dieses Tollhaus zu verlassen. Doch als sie Michael ihre Entscheidung mitteilte, setzte er jeden Trick in seinem Repertoire ein, um sie zu überreden, ihm noch eine letzte Chance zu geben:

Ich war wirklich fest entschlossen. Ich weiß, dass nicht viel gefehlt hätte und der Typ hätte mich ins Irrenhaus gebracht. Also rief ich ihn in seiner Praxis an, und als er mich zurückrief, sagte ich ihm, dass alles vorbei sei. Er weinte. Er schwor, ihm sei völlig klar, wie sehr er mich verletzt hätte. Nun erklärt er mir, dass er sich in Therapie begeben würde. Er sagt, mit Karen sei alles vorbei, dass er nur mich liebe und ich ihn doch jetzt nicht verlassen könne –

Ich unterbrach sie. »Laurie«, sagte ich, »ich kenne den Rest Ihrer Rede. Ich weiß, was er Ihnen sagte, weil es dieselben Argumente sind, die jede Frau, die je mit einem Mann wie diesem eine Beziehung hatte, bereits gehört hat. Sie sind in den letzten Monaten innerlich sehr gewachsen, und ich meine, dass Sie so weit sind, sich selbst die Antworten zu geben, die Sie von mir erwarten. Lassen Sie uns die Rollen tauschen. Sie sind die Therapeutin und ich nehme Ihren Platz ein. Was würden Sie mir sagen?«

Susan (als Laurie): Er ist so ein klägliches Häuflein Elend, ich kann es nicht ertragen. Wie konnte ich ihm das antun?

Laurie (als Susan): Dies ist sein großes Finale, sein letzter, großer Auftritt. Vergessen Sie nicht, er ist nicht zu wahren Gefühlen fähig. Seine Tränen, seine Verlorenheit sind ebenso oberflächlich und künstlich wie all die anderen Nummern, die er Ihnen vorgespielt hat. Und was seine Versprechungen angeht, zählen Sie doch einmal nach, wie oft er sie Ihnen schon gemacht und prompt wieder gebrochen hat.

Susan (als Laurie): Doch was ist, wenn er damit droht, sich umzubringen?

Laurie (als Susan): Darüber würde ich mir keine großen Sorgen machen. Depressive Menschen bringen sich um. Narzisstische, selbstbezogene Arschlöcher tun das selten.

Susan: Das war gar nicht so schlecht. Wenn Sie einmal keine Lust mehr haben, Bildhauerin zu sein, dann können Sie immer noch Therapeutin werden.

Als sie für einige Augenblicke sozusagen aus ihren eigenen Fußstapfen heraustrat, sah Laurie Michael sofort sehr viel objektiver. Es gelang ihr, das, was sie gelernt hatte, zu verstärken, indem sie ihre Erkenntnisse in Worte fasste. Und das Resultat war, dass sie weiterhin so handeln konnte, wie es für ihr eigenes Leben notwendig war.

Wenn Sie sich dabei ertappen, dass Ihre Entschlusskraft ins Wanken gerät angesichts seiner Bemühungen, Ihr Mitleid zu erregen und Sie zu einer anderen Entscheidung zu überreden, oder auch einfach nur, weil Ihnen Ihre Gefühle sozusagen ein Bein stellen, dann sollten Sie die Übung machen, die ich mit Laurie machte, und sich auf diese Weise nochmals die Wahrheit vor Augen führen. Ebenfalls hilfreich ist es, wenn Sie sich vorstellen, dass jemand, den Sie sehr mögen – eine Tochter oder eine geliebte Freundin –, mit solch einem Mann eine Beziehung hat – Sie würden ihn dann auch sehr viel objektiver sehen als die betroffene Person. Was würden Sie zu ihr sagen, wenn sie in ihrem Entschluss, den Mann zu verlassen, plötzlich zögerte? Wenn Sie Ihre Einschätzung dieses Mannes in Worte fassen, ist das ein wunderbares Mittel, die Wirklichkeit zu überprüfen.

Nur nebenbei, um Ihnen zu zeigen, wie echt Michaels Trauer über den Verlust von Laurie war: Wenige Tage, nachdem sie ihn verlassen hatte, zog er zu seiner Frau Karen zurück.

Neben den häuslich-praktischen Überlegungen, die das Ende einer Beziehung mit sich bringen, müssen Sie nun mit einer ganzen Reihe anderer praktischer Angelegenheiten umgehen, etwa wie Sie das Geld zurückbekommen, das er Ihnen genommen hat, der Frage, wie man kompetente Anwälte findet und finanzielle Beratung, wenn Sie mit Ihrem Partner verheiratet waren oder eine gemeinsame Kasse hatten, oder wie Sie sich vor ihm in Zukunft schützen können.

Soziopathen sind gefährlich und unberechenbar. Ein solcher Mann ist nur mit sich selbst beschäftigt, und nun tun Sie etwas, das ihm zeigt, dass er nicht mehr alles in seiner Kontrolle hat und das ihn darüber hinaus schlecht aussehen lässt. Das einzige wahre und wirkliche Gefühl, zu dem Soziopathen fähig sind, ist Wut, besonders dann, wenn nicht alles nach ihrem Willen geht. Deshalb ist es wichtig, dass Sie, wenn Sie die Beziehung beenden, eher zu vorsichtig sind als zu wenig.

Wenn er jähzornig ist, dann haben Sie das bereits in der Zeit erlebt, in der Sie mit ihm lebten. Aber niemand hat die Kristallkugel, die die Zukunft zeigt, und deshalb warne ich auch Frauen, die Männer verlassen, die niemals gewalttätig geworden sind, dass sie es zu diesem Zeitpunkt werden können. Es ist möglich, ihn wissen zu lassen, dass die Beziehung beendet ist, ohne sich selbst damit einer Gefahr auszusetzen. Sie können ihm Ihre Entscheidung an einem öffentlichen Ort, etwa in einem Restaurant, mitteilen oder per Telefon, wie Laurie, oder per Brief. Es gibt keinerlei Vorschrift, dass Sie es von Angesicht zu Angesicht tun müssen.

Wenn Sie mit ihm zusammengelebt haben und nun Ihre Sachen abholen müssen, tun Sie das nur in Begleitung, am besten eines männlichen Freundes oder Verwandten. Wenn Sie ihn aus Ihrer Wohnung heraushaben wollen, sagen Sie ihm im Beisein einer Person, die Sie beschützen kann, dass er gehen muss. Wenn er sich weigert, verlassen Sie die Wohnung, rufen Sie die Polizei an und erklären Sie Ihre Situation. Es gibt Gesetze gegen Hausfriedensbruch und unbefugtes Betreten, die in dieser Situation greifen. Zögern Sie niemals, alle Mittel und Rechte einzusetzen, um ihm klar zu machen, dass Sie es ernst meinen. Dazu gehören einstweilige Verfügungen, Anzeigen bei der Polizei und all die anderen, unangenehmen Dinge, die viele Frauen unternehmen müssen, wenn sie sich von einem unberechenbaren Mann trennen. Unter keinen Umständen sollten Sie mit ihm allein sein, wenn Sie ihm das Ende der Beziehung mitteilen.

Ich weiß, dass jetzt einige unter Ihnen denken: »Er würde mir nie etwas zuleide tun« oder »Er jedenfalls täte nie so etwas« – und Sie könnten Recht haben. Doch warum das Risiko eingehen? Mir ist auch bewusst, dass einige von Ihnen mich für melodramatisch oder übervorsichtig halten, doch Sie brauchen nur eine Tageszeitung zu lesen oder fernzusehen, um zu begreifen, wie gefährlich Ihre Situation ist. Dieser Mann ist kein netter, normaler Mann – er ist zutiefst gestört. Dies ist nicht der Zeitpunkt, Ihren Kopf in den Sand zu stecken.

Wie konnte mir das passieren?

Nun haben Sie den Soziopathen aus Ihrem Leben verbannt, doch nicht aus Ihren Gedanken. Wenn Sie sich allmählich bewusst werden, was Ihnen wirklich zugestoßen ist, wartet eine Flut von Scham- und Demütigungsgefühlen auf Sie. Wenn Sie endlich den Soziopathen als das erkannt haben, was er ist, dann überkommen Sie meist eine tiefe Krise Ihres Selbstbewusstseins und Zweifel an Ihrer Urteilskraft. Dann glauben Sie vielleicht, dass etwas Schreckliches an Ihnen nicht stimmen kann und Ihre Menschenkenntnis gleich null ist.

Bei Ruth, der Anwältin in der Unterhaltungsbranche, brach jegliches Selbstwertgefühl zusammen, als ihr klar wurde, dass ihre Ehe so keinen Bestand hatte. Ruth hatte, gegen meinen Rat, die Therapie abgebrochen, sobald sie überzeugt war, sie und ihr Mann Craig hätten eine neue Phase in ihrer Ehe begonnen. Leider dauerten diese erneuten Flitterwochen nur wenige Monate. Dann führte Craigs mächtiger Trieb, die Hälfte der weiblichen Bevölkerung von Los Angeles zu verführen, wieder die Regie. Ruth rief an und machte einen Termin mit mir aus. Es war eine sehr schweigsame und deprimierte Ruth, die wenige Tage später in meine Praxis kam. Sie sprach langsam und zerfetzte dabei ihr feuchtes Papiertaschentuch:

Ich würde es Ihnen nicht übel nehmen, wenn Sie jetzt sagten: »Das habe ich Ihnen vorhergesagt.« Wie konnte ich nur auf die Idee kommen, dass er sich ändern würde, wenn er doch seit Jahren immer dasselbe tut? Ich habe sogar gedacht, Sie wären mir nicht wohlgesonnen, weil Sie so skeptisch waren. Guter Gott, Susan, ich bin doch eine intelligente Frau – ich treffe Männer wie ihn jeden Tag in meiner Kanzlei. Ich kann einfach nicht glauben, dass es ausgerechnet mir passieren musste. Jedenfalls habe ich eine weitere Geliebte entdeckt – eine junge Schauspielerin, die er betreut –, und jetzt habe ich die Scheidung eingereicht. Ich komme mir so blöd, so dumm vor …

Ich erklärte Ruth, dass ich keinerlei Absicht hätte, »Das habe ich Ihnen vorher gesagt« zu ihr zu sagen. Tatsache ist, dies war einer meiner wenigen Fälle, bei denen ich keinerlei Genugtuung darüber empfand, dass ich Recht hatte. Doch bei einem Mann wie Craig ist es ziemlich leicht vorherzusagen, was geschehen wird. Und genauso leicht war es für mich vorherzusagen, dass Ruth sich selbst unendliche Vorwürfe machen würde.

Selbstkasteiung

Eine der traurigsten Ironien, denen Frauen ausgesetzt sind, wenn sie sich von einem Soziopathen trennen, ist, dass sie zumeist ärgerlicher mit sich selbst sind als mit dem Mann, der sie so schmerzhaft manipuliert und getäuscht hat.

Es ist egal, wie verrückt Ihre Beziehung war, immer werden Sie das unvermeidliche Gefühl haben, dass Sie selbst etwas falsch gemacht haben müssen. Nun, da Sie nicht länger die Tatsachen leugnen, hinwegerklären oder verbergen können oder wollen, bombardieren Sie sich mit Gedanken wie diesen:

- Wie konnte ich nur so blind sein?
- Wie konnte ich nur so dumm sein?
- Wie konnte ich es zulassen, dass er mich so benutzt?

- Wie konnte ich so lange bei ihm bleiben?
- Wie konnte ich alle Warnsignale übersehen?

Die meisten Frauen machen solch eine Phase der Selbstkasteiung immer durch, wenn sie sich von jemandem trennen, doch nach der Trennung von einem Soziopathen werden sie von den Dämonen der Selbstvorwürfe geradezu überrannt. Diese Fragen, obwohl sie äußerst schmerzhaft sind, sind in Wirklichkeit eine Form der Anerkennung. Es sind sogar hervorragende Fragen! Sie sind Teil des Signals, dass Sie aufwachen sollen. Freuen Sie sich darüber. Sie sind ein sicheres Anzeichen, dass Ihre Augen nun weit geöffnet sind und Ihre Fähigkeit, angemessenen auf bestimmte Situationen zu reagieren, völlig intakt ist. Sie sind das Zeichen dafür, dass Sie nicht länger die Frau sind, die abnormes Verhalten akzeptierte und sich selbst einredete, alles sei normal. Gratulieren Sie sich, dass Sie das hinter sich gelassen haben!

Betrogen zu werden heißt nicht, dumm zu sein

Auch hier können Sie wieder Ihren eigenen Heilungsprozess beschleunigen, indem Sie Ihre eigene Situation momentan verlassen und sich vorstellen, Sie trösten jemanden, den Sie mögen und der sich gerade von einem Soziopathen getrennt hat. Tun Sie so, als seien Sie Ihre Tochter oder Schwester oder Freundin, und nennen Sie all Ihre Selbstvorwürfe beim Namen. Und nun vertreten Sie die Stimme des Trostes und der Weisheit und antworten ihr laut. Ruth wählte für diese Übung ihre Schwester Laura aus, der sie immer sehr nahe gewesen war, und sah sie nach dem Ende einer Ehe auf dem symbolisch leeren Stuhl sitzen. Unter anderem sagte sie zu ihr:

»Liebes, ich weiß, dass du dich im Augenblick ganz schrecklich fühlst, doch eigentlich hast du nur am falschen Ort nach Liebe gesucht. Oberflächlich wirkte er einnehmend, es ist kein Wunder, dass du dich zu ihm hingezogen gefühlt hast. Er ist ein

Fachmann in solchen Dingen! Und du wirst dir doch keine Vorwürfe machen, weil du loyal warst und ihn nicht aufgeben wolltest? Und sage nicht, dass du dumm bist – du bist einer der klügsten Menschen, die ich kenne! Und er wirkt so überzeugend und ist doch aalglatt. Ich wüsste nicht, wer überhaupt von vornherein hätte wissen können, dass alles nur erstunken und erlogen war. Doch du weißt es jetzt und hast auch etwas dagegen unternommen. Du bist sehr mutig und stark. Ich bewundere dich wirklich.«

»Toll«, rief Ruth. »Wo ist denn das hergekommen?«

»Es kam«, antwortete ich, »aus diesem ganz besonderen Ort in Ihnen selbst – wo Ihr Lebensfunke sitzt oder Ihr Geist oder Ihr Lebenslicht, wie immer Sie es nennen mögen. Das ist der Ort, den niemand wirklich verletzen kann, egal, wie tief Sie getroffen werden. Das ist der Ort, an den wir uns zurückziehen, um geheilt zu werden. Und dort sitzt auch das Bedürfnis nach Vergebung. Nicht für ihn, sondern für uns selbst. Vor allen Dingen müssen Sie sich selbst vergeben können.«

Ruth schwieg einige Sekunden. Dann sagte sie: »Tja, meine wichtigste Aufgabe ist jetzt wohl, dass ich so nett zu mir selbst bin, wie ich es zu jemand anderem in meiner Situation wäre.«

Es erstaunt uns immer wieder, wenn wir plötzlich klar sehen, wie hart wir mit uns selbst umgehen und wie so sehr viel liebevoller wir instinktiv mit anderen umgehen. Für die meisten Frauen gilt das, nicht nur für die, die mit Soziopathen verheiratet oder liiert waren. Besinnen Sie sich regelmäßig darauf, dass Sie Ihr Bestes gegeben haben unter den gegebenen Umständen. Soziopathen sind immer sehr überzeugend und nahezu perfekt in ihrer Selbstdarstellung. Wenn endlich der Zeitpunkt gekommen ist und Sie sich bewusst werden, dass etwas nicht stimmt, dann kann es sein, dass Sie bereits eine tiefe Bindung mit ihm eingegangen sind. Geben Sie sich also nun selbst eine Chance. Es ist an der Zeit, dass Sie eine so gute Freundin Ihrer selbst werden, wie Sie es für andere sind. Vielleicht sollte dieser Grundsatz sogar für uns alle zur neuen goldenen Regel erklärt werden.

Jedes Ende bringt Traurigkeit

Es wäre wunderbar, wenn jede Frau, die mit dem Chaos und dem Verrat eines Lügners leben musste, eines Morgens aufwachen, sich urplötzlich gut fühlen und ihre Trauer und ihr Gefühl des Verlustes einfach abstellen könnte.

Für die Menschen um Sie herum ist es einfach zu sagen: »Das Leben geht weiter – du bist doch viel besser dran ohne ihn.« Und natürlich stimmt das auch. Doch jedes Ende einer Beziehung, sei es mit einem Mann, der so destruktiv handelt wie ein Soziopath, oder mit einem, der nur gute Qualitäten hat, fühlt sich an, als ob man Ihnen den Boden unter den Füßen weggezogen hätte; Ihnen scheint nur noch das Gefühl des Verlustes, sogar der Trauer zu bleiben. Es wird sicherlich Zeiten geben, in denen Sie ihn vermissen. Sie sollten sich nicht schämen, sich das einzugestehen. Trotz allen Wahnwitzes hat es sicherlich viele gute Momente zwischen Ihnen gegeben.

Sobald Sie den Punkt erreicht haben, an dem Sie sich zutiefst bewusst sind, dass Ihre einzige Chance, die Beziehung – ganz abgesehen von dem Leben – zu verwirklichen, die Sie verdient haben, darin liegt, den Mann zu verlassen, der Sie getäuscht hat, sobald Sie diesen Punkt erreicht haben, werden Sie auch den Mut finden, an dieser Vorstellung festzuhalten und sich an den Weg zu halten, der Sie dorthin führt. Ihre Integrität und Ihre emotionale Gesundheit stehen auf dem Spiel. Das sind zwei sehr wertvolle Güter, und wenn Sie sie verteidigen, indem Sie an Ihrer Entscheidung festhalten, dann ist das der größte Schritt der Lebensbejahung, den Sie für sich selbst tun können.

12 Lernen, wieder zu vertrauen

Es ist gleichgültig, zu welchem Weg Sie sich entschlossen haben – ob Sie daran arbeiten, Ihre Beziehung wieder ins Lot zu bringen, oder ob Sie damit kämpfen, Ihr Gleichgewicht wieder zu finden auf Ihrer Reise in eine Zukunft ohne ihn –, ich weiß, wie zittrig und verletzlich Sie sich fühlen. Verrat und Täuschung hinterlassen tiefe Wunden. Doch diese Verletzungen sind nicht das Ende Ihrer Reise – sie sind der Anfang. Die Qualität des Restes Ihres Lebens hängt davon ab, wie Sie mit Ihren Wunden umgehen.

In dieser neuen Welt, die sich nach dem Verrat für Sie aufgetan hat, wird ein Teil Ihrer selbst versucht sein, Ihren Schmerz hinter einer neuen Art von Panzer zu verbergen, hinter einem desillusionierten Blick auf die Welt und die Liebe, skeptisch und verhalten. »Nie wieder!«, rufen Sie. Sie haben sich geschworen, dass Sie alles tun werden, um Ihr geschundenes Herz zu schützen, selbst wenn das heißt, dass Sie sich in die Isolation zurückziehen oder dass Sie eine solch undurchdringliche Wand um sich herum errichten, dass niemand zu Ihnen durchdringt.

Doch die Arbeit an sich selbst, die Sie inzwischen geleistet haben, hat Sie für immer verwandelt. Sie hat Sie eine Frau kennen lernen lassen, die eine schmerzhafte Situation mit Mut bewältigt und mit intensiven und schmerzhaften Gefühlen gelebt hat, ohne zu zerbrechen.

Bitte unterschätzen Sie nicht die enormen Ressourcen, die Sie tief aus Ihrem Inneren beschworen haben, um die Krise eines Verrats zu bewältigen. Der Prozess der Heilung besteht letztlich nur daraus, dass Sie sich wieder und wieder entscheiden, die besten Seiten Ihrer selbst zu finden und zu nutzen. Die wahre Heilung besteht darin, dass Sie Ihre emotionalen Narben als Beweis Ihrer Stärke sehen können statt als Kennzeichen Ihrer Schwäche. Und während Ihnen genau das immer besser gelingt, werden Sie einige aufregende Entdeckungen machen. Es ist gleichgültig, ob Sie in der Beziehung bleiben oder sie beenden, denn nun können Sie, wenn Sie dazu bereit sind, es wieder riskieren, sich zu öffnen, Sie können es sogar riskieren, wieder getäuscht zu werden, denn nun verfügen Sie über die Überlebenskräfte und -taktiken, die Ihnen zuvor gefehlt hatten. Das heißt, Sie brauchen keineswegs einen Panzer um sich herum, um sich zu schützen. Stattdessen können Sie die Weisheit nutzen, die Ihre Wunden in sich tragen.

Der erste Schritt heißt Vertrauen

Wenn Sie aus sich heraustreten und auf Ihre Erfahrung zurückblicken, als sei sie das Handlungsgerüst eines Romans, was sehen Sie dann? Immer wenn ich Frauen, die mit Lügen in ihrer Beziehung kämpfen mussten, diese Frage stelle, enthüllen ihre Antworten sehr stark, wie streng wir mit uns selbst umgehen.

Allisons Antwort etwa lautete:

Wenn Sie die Wahrheit wissen wollen, dann sehe ich eine viel zu vertrauensselige Frau, die alles glaubte, was ihr Mann ihr erzählte, weil sie es sich nicht einmal vorstellen konnte, dass er sie betrog. Ich habe es einfach nicht gerafft. Ich war so verdammt naiv.

Kathy sagte:

Ich sehe eine Frau, die fast gegen alles verstieß, woran sie glaubte. Sie vertraute plötzlich ihrer eigenen Urteilskraft nicht mehr. Sie gab sich selbst die Schuld an den Lügen ihres Mannes. Sie bestand nicht darauf, dass er die Verantwortung für sein Verhalten übernahm. Sie rettete ihn wieder und wieder und schwindelte auch für ihn. Es war, als hätte sie sich selbst eine Zeit lang verloren.

Es ist nur zu natürlich, dass Sie sich sagen, dass Ihr Schmerz die Strafe für Ihr schlechtes Urteilsvermögen ist – dafür, weil Sie dem Partner zu sehr vertrauten. Die emotionalen Narben wirken wie überzeugende Beweise dafür, dass Sie eine Närrin waren, ihm zu vertrauen, sich ihm auszusetzen, seinen Versprechungen zu glauben, er würde sie beschützen und lieben. Doch ich möchte Ihnen gerne zeigen, auf welchem gravierenden Missverständnis diese Gedanken beruhen, was es heißt, emotionale Wunden davonzutragen. Und dass dies Missverständnis auf einer falschen Lesart des Begriffs Vertrauen sowie seiner wirklichen Wurzeln fußt.

Eine neue Definition von Vertrauen

Die meisten unter uns würden den Begriff »Vertrauen« so definieren, dass er ganz und gar von einer anderen Person abhängig ist. Wir bieten Vertrauen an und warten dann ab, ob es gerechtfertigt war. Vertrauen in dieser Definition ist eine Art Glücksspiel oder wie der Schritt auf das Sprungbrett über dem Schwimmbecken, das vielleicht gar kein Wasser enthält. Deshalb ist es kein Wunder, wenn Sie es sich jetzt dreimal überlegen, ob Sie wieder jemandem vertrauen sollten.

Anne kämpfte mit genau diesen Vorstellungen, obwohl Randy es offensichtlich sehr ernst meinte mit seinen Versuchen, die Ehe zu retten:

Ich habe ihm so sehr vertraut, und das hat er zerstört. Ich weiß ganz ehrlich nicht, ob ich dies Gefühl je wieder haben werde. Ich möchte ihm ja gerne vertrauen, und er tut wirklich alles, was ich von ihm verlangt habe, aber ich bin vollkommen durcheinander. Und ich habe solche Angst davor, wieder verletzt zu werden – ich weiß nicht, ob ich das nochmals ertragen könnte.

Es ist verständlich, dass Anne den Wunsch verspürt, sich völlig zurückzuziehen, wenn sie die Asche all dessen beharkt, an das sie einst geglaubt hat. »Zieh dich zurück«, sagte sie sich selbst. »Schraub deine Erwartungen zurück.« Und vor allem: »Lass dich nie wieder so verletzen.«

Unschuldige, bedingungslose Liebe ist das Opfer von Täuschung und Verrat, und wenn wir wie Anne feststellen, dass diese Art der Liebe verloren gegangen ist, dann wissen wir nicht, durch was wir sie ersetzen sollen. Vielleicht haben Sie beschlossen, dass vertrauensvolle Intimität, wenn sie einmal vergewaltigt worden ist, sich niemals mehr herstellen lässt. Sie misstrauen Männern, Sie misstrauen sich selbst, und Sie kämpfen wie nie zuvor mit dem Konzept des Vertrauens.

Doch was wäre, wenn Sie von nun an beschließen würden, Vertrauen nicht mehr als tentative, angstbesetzte Geste auf eine andere Person hin zu sehen, sondern als sicheren, klaren Weg, der Sie nach Hause führt, in das Zentrum Ihrer eigenen Kraft? Was wäre, wenn Sie Vertrauen nicht mehr als etwas betrachteten, das man verschenkt, sondern als etwas, das tief in Ihnen selbst wohnt? Was wäre, wenn Sie aufhörten, sich solche Sorgen um Ihr Vertrauen in eine andere Person zu machen, und sich stattdessen darauf konzentrierten, sich selbst zu vertrauen?

Lernen, sich selbst zu vertrauen

»Ich bin mir nicht sicher, dass ich Sie richtig verstehe«, sagte Anne. »Soweit ich weiß, vertraue ich mir selbst – ich bin ehrlich, ich bin kompetent, ich bin eine gute Mutter, ich kann mit der Welt gut umgehen.«

»Und es ist wunderbar, dass Sie das über sich wissen«, erklärte ich ihr, »doch ich möchte, dass Sie noch über einen weiteren Aspekt des Selbstvertrauens nachdenken – den, der uns in Liebesbeziehungen beunruhigt. Die Art von Vertrauen, von der ich spreche, sieht so aus, dass Sie sagen können: ›Ich vertraue meinem Urteilsvermögen, ich vertraue meinem Mut, jeglicher Art der Lüge entgegenzutreten, wann immer sie mir wieder begegnen sollte, und zuallererst vertraue ich mir selbst, mit dem umgehen zu können, was das Leben mir in den Weg wirft.‹ Sie können niemals all Ihr Vertrauen nehmen und es jemandem in Obhut geben. Randy muss, wie viele Männer, erst Ihr Vertrauen zurückgewinnen, und ich hoffe sehr, dass er es schafft. Doch Sie sollten wirklich nichts einfach verschenken.

Sie müssen vor allem darauf achten, dass sehr viel von Ihrem Vertrauen in einen anderen an Ihnen selbst hängen bleibt – als Selbstvertrauen. Das heißt, dass Sie damit fortfahren, Ihre emotionalen und geistigen Kräfte aufzubauen, sodass Sie in gewissen Momenten sagen können: ›Wenn ich jetzt wieder verletzt werde, dann halte ich das aus. Dann werde ich damit umgehen und, letztendlich, auch fertig werden.‹ Sobald Sie das von sich glauben können, können Sie Ihr Herz wieder öffnen, denn Sie wissen, Ihnen kann nichts zustoßen. Und das ist die Art von Vertrauen, auf die Sie immer zählen können.«

Einige Wochen später berichtete Anne mir von einer wunderbaren Verschiebung der Gewichtungen, die in ihrer Gefühlswelt stattgefunden hatte:

Wissen Sie, es ist wirklich erstaunlich, was passierte, als ich aufhörte, ihn in den Mittelpunkt meines Lebens zu stellen, und stattdessen mich selbst beruhigte. Jeden Tag nehme ich mir mindestens eine halbe Stunde, um ganz still dazusitzen und über die Kräfte nachzudenken, die ich habe, und darüber, wie viel Liebe es in meinem Leben gibt – nicht nur von Randy, sondern auch von meinem Kind, von meiner Familie, meinen Freunden. Ich muss schon eine ziemlich gute Person sein, dass all diese wun-

derbaren Leute sich so um mich kümmern. Also ist das auch etwas, auf das ich vertrauen kann. Und ganz allmählich begreife ich auch, was Sie mit Selbstvertrauen meinen. Sagen wir mal, der schlimmste Fall tritt ein und mit Randy kann ich nicht mehr leben. Ich glaube nicht, dass es so weit kommt, doch das ist egal, ich würde es überleben und ich weiß, wie man liebt. Ich gehe meinen Weg.

Die letzten Nachrichten von Anne und Randy lauteten, dass es ihnen gut ging. Und ich selbst kann mich auf eines verlassen: dass Anne weiß, was Vertrauen wirklich heißt.

Hören Sie auf das, was Sie wissen

Sobald Sie begriffen haben, dass Vertrauen seine Wurzeln in Ihnen selbst haben muss und Sie es sind, die das Sicherheitsnetz festhält, werden Sie vielleicht ein wenig unsicher auf den Füßen sein, bis Sie sich wieder an all Ihre eigenen Ressourcen erinnern, mit denen Sie Vertrauen in sich selbst aufbauen können. Zum Beispiel gab es ein sehr frühes Warnsystem, das Ihnen angezeigt hat, dass etwas in Ihrer Beziehung nicht stimmte. Um ein größeres Selbstvertrauen aufzubauen, ist es wichtig, dass Sie erkennen, dass Sie wahrscheinlich immer schon viel mehr über Ihre Beziehung wussten, als Sie sich eingestehen wollten.

Wir Frauen verfügen über ein sehr genaues Wahrnehmungsvermögen. Intuition scheint fast in unsere genetische Struktur einkodiert zu sein. Es ist diese weise innere Stimme, die für gewöhnlich unsere verborgenen Gefühle und Vorahnungen in sich bündelt und uns eigentlich immer sagt, was wir wissen müssen. Leider tun viele Frauen ihre innere Stimme einfach ab, weil sie ihnen nicht das erzählt, was sie hören wollen.

Gegen Ende meiner Arbeit mit Carol sagte diese etwas, was den meisten unter uns aus dem Herzen spricht:

Wenn ich zurückblicke, dann begreife ich, dass ich alles, was ich über Ken wissen musste, bereits nach zwei Wochen wusste. Ich habe mich einfach selbst nicht ernst genommen.

Wenn Sie über Ihre Erfahrungen mit Lügen in der Partnerschaft nachdenken, dann werden auch Sie wahrscheinlich erkennen, dass es eine innere Stimme gab, die Ihnen die problematischen Aspekte in der Persönlichkeit Ihres Partners auflistete. Doch Sie haben diese Stimme ganz leise gestellt, weil Sie sie nicht hören wollten. Stattdessen haben Sie sich auf Verleugnen und auf windige, eigene Erklärungen verlassen, weil es Ihnen einfach besser ins Konzept passte – und natürlich hat dieses Konzept nicht funktioniert.

Jetzt aber haben Sie durch das, was Sie durchgemacht haben, die Fähigkeit, auf das zu hören, was Sie wissen, und Ihren eigenen Wahrnehmungen zu vertrauen. Wenn Ihre innere Stimme sagt: »Hier stimmt etwas nicht«, dann sollten Sie aufmerken. Denn sie sagt Ihnen immer die Wahrheit.

Das heißt natürlich nicht, dass Sie immer alles richtig machen – das tut niemand. Es wird Zeiten geben, entweder mit dem Mann, mit dem Sie jetzt leben, oder mit einem neuen Partner, in denen Sie zu misstrauisch sein werden oder in denen Sie überreagieren. Und es wird auch Zeiten geben, in denen Sie viel zu nachsichtig sind und einige tiefrote Flaggen übersehen werden. Doch keine dieser Verhaltensweisen wird so häufig auftreten wie früher, denn nun sind Sie sehr viel eher in der Lage, einen Schritt zurückzutreten und sich das, was geschieht, genau anzusehen, da Sie eher bereit sind, auf Ihre innere Stimme zu hören.

Auszeit

Wenn Sie sich entschlossen haben, Ihre Beziehung zu beenden, dann brauchen Sie auch eine Auszeit von den Ablenkungen, die Liebesbeziehungen und Familienleben unweigerlich mit sich bringen. Zeit für sich selbst, um Ihr neues Wissen zu verarbeiten, ist ein wesentlicher Bestandteil Ihrer Heilung – zögern Sie nicht, sie sich zu nehmen. Sie glauben vielleicht, dass der beste Weg, den Schmerz einer Trennung zu dämpfen, darin besteht, sofort wieder eine neue intime Beziehung einzugehen. Tun Sie es nicht. Mit anderen Männern auszugehen ist in Ordnung, doch Sie sollten sich selbst Zeit geben – sehr viel Zeit –, bevor Sie sich wieder auf eine allumfassende, ausschließliche Beziehung mit jemandem einlassen.

Die banale Alltagsweisheit, dass eine neue Liebe als Antwort auf die Trennung von einer alten einen vom Regen in die Traufe bringt, ist deshalb eine banale Alltagsweisheit, weil sie ein Element der Wahrheit enthält. Sie brauchen Zeit, um all das, was Ihnen zugestoßen ist, zu verstehen und zu verarbeiten und um ein solides Selbstvertrauen zu entwickeln. Es kann sein, dass Sie sich auf eine Beziehung mit jemandem einlassen, um genau das nicht zu tun, weil es Ihnen zu anstrengend erscheint, statt die Beziehung einzugehen, weil Sie innerlich dazu bereit sind. Es ist nur zu wahrscheinlich, dass Sie sich in einer neuen Liebesbeziehung verlieren wollen, weil Sie glauben, dass die Aufmerksamkeit eines anderen Mannes Wunder für Ihr Selbstvertrauen und Ihre angeschlagene Selbstachtung wirken wird. Doch was Sie im Augenblick wirklich brauchen, mehr als alles andere, ist das Gefühl, wieder heil zu sein – und das setzt voraus, dass Sie in sich selbst schauen.

Wiederholungen vermeiden

Selbstverständlich wird die Zeit kommen, in der Sie sich mit einem neuen Liebespartner verbinden wollen. Frauen, die sich nach neuen Beziehungen sehnen, fürchten häufig, dass sie sich magnetisch wieder zu einem Mann hingezogen fühlen könnten, der lügt, und denselben Albtraum nochmals durchmachen müssten. Jan wollte eine Art Garantie, dass sie das niemals wieder erleben müsste:

Was ich natürlich am liebsten hätte, wäre eine Art interner Geiger-Zähler oder ein Alarmsystem, das piepsen, summen oder losschrillen würde beim ersten Atemzug einer Lüge von jemandem, zu dem ich mich hingezogen fühle. Aber ich weiß, dass es einen solchen Apparat nicht gibt, und weil ich nicht jeden Kerl, mit dem ich ausgehe, an einen Lügendetektor anschließen kann, weiß ich eigentlich gar nicht mehr, was ich tun soll.

Ich erklärte Jan, dass es natürlich keine Garantien gäbe, weil viele Männer, die lügen, äußerst überzeugend und geschickt vorgingen. Doch sobald sie sich in eine neue Beziehung begeben würde, könnte sie einfach einer Reihe von Warnsignalen größere Aufmerksamkeit schenken, die sie früher immer beschönigt hatte.

Wenn Sie einen neuen Mann kennen lernen, sollten Sie sich folgende Fragen stellen. Sie klingen vielleicht nicht sehr romantisch, doch wie Sie nun wissen, ist auch die bewusste Täuschung nicht sehr romantisch.

- Gibt es Widersprüche in dem, was er Ihnen über sein Leben, seine Arbeit, seine finanzielle Situation und andere Aspekte seines Lebens erzählt?
- Hat er zugegeben, dass er in der Vergangenheit »treulos« war, doch nun sei »alles anders«?
- Wenn Sie beharrlich auf Informationen dringen, weil es Sie selbst betrifft, beschuldigt er Sie dann, zu besitzergreifend oder zu misstrauisch zu sein?

- Weicht er Ihren Fragen bezüglich seiner momentanen Beziehungen zu anderen Frauen oder bezüglich seiner Lebenssituation aus?
- Wenn Sie ihn bereits bei einer Lüge ertappt haben, wie hat er reagiert? Leugnete er, gelogen zu haben, oder gab er es zu und übernahm die Verantwortung für sein Verhalten? Klingt seine Erklärung, warum er Sie belog, plausibel?

Diese Fragen können eine emotionale Lebensversicherung für Sie sein. Sie helfen Ihnen, die Wahrheit über seine Lügen herauszufinden. Und sie helfen Ihnen sehr dabei, Ihre Toleranzgrenze gegenüber Lügen herunterzuschrauben.

Mythen und Missverständnisse

Es wird Ihnen aufgefallen sein, dass nirgendwo in obiger Liste das Ammenmärchen auftaucht, dass man einen Lügner an seiner Körpersprache erkennen könne. Wie oft haben Sie beispielsweise schon gehört, dass Sie erkennen können, ob jemand lügt, weil er Ihnen nicht direkt in die Augen schaut? Nun, ich habe Neuigkeiten für Sie. Augenkontakt und Gesichtsmimik sind sehr leicht zu kontrollieren. Manche Lügner, besonders die geübten, werden Ihnen ruhig in die Augen blicken und erklären, die Sonne geht im Westen auf. Andersherum kann es sein, dass ein Mann, der die Wahrheit sagt, den direkten Blickkontakt meidet, weil es nicht seiner Persönlichkeit entspricht. Vielleicht ist er scheu, nervös oder abgelenkt durch Vorkommnisse in seinem Privatleben.

Zu den anderen, seit Urzeiten geglaubten, doch völlig unzuverlässigen Anzeichen einer Lüge gehören:

- Die Stimmhöhe
- Das zu breite Lächeln
- Körperliche Unruhe, Rastlosigkeit
- Erröten, Schwitzen oder auch schnelles Atmen.

Obwohl Sie vielleicht seit Jahren daran glauben, viele Lügner werden niemals diese Anzeichen zur Schau stellen – besonders diejenigen nicht, die sich wohl fühlen bei bewussten Täuschungsmanövern, oder diejenigen, die ihre eigenen Lügen glauben.

Wenn Sie die echten Warnzeichen ausmachen können, werden Sie feststellen, dass Männer, die lügen, sich sehr früh schon zu erkennen geben. Sie sind eher ausweichend als offen; sie beantworten Fragen über sich selbst nie direkt; auf Nachfragen bieten sie vage oder unwahrscheinliche Erklärungen an.

Eine niedrige Toleranzschwelle gegenüber dem Lügen

Früher war es vielleicht die starke Strömung der erotischen Anziehung, die Sie über Verhaltensweisen eines Mannes hinweggetragen hat, die Ihnen eigentlich Anlass zur Sorge gaben. Doch nun, da Ihnen die Kosten und die Konsequenzen des Lügens bewusst geworden sind, können Sie sich Zeit lassen und sich eine neue Beziehung genauer ansehen.

Es kann gut sein, dass Sie enttäuscht sind, weil der Mann, zu dem Sie sich hingezogen fühlen, nicht die offene Persönlichkeit ist, die Sie sich erhofft hatten. Doch wie Sie nun wissen, ist es besser, das gleich statt später herauszufinden. Und machen Sie sich um Gottes willen keine Vorwürfe, wenn Sie sich wiederum in einen Lügner verlieben, wie Jan es tat:

»Habe ich vielleicht ein Zeichen auf der Stirn? Glauben Sie mir, ich bin davon überzeugt, dass ein Fluch auf mir lastet! Ich traf diesen wirklich großartigen Typ auf einer Party, und nachdem ich ungefähr zwei Wochen lang mit ihm ausgegangen war, wusste ich, dass er eigentlich in jeder Beziehung nur heiße Luft war. Er sagte mir, er sei seit zwei Jahren geschieden, und ein gemeinsamer Freund eröffnete mir, dass die Scheidung noch nicht endgültig ist und sich die Auseinandersetzung über die Gütertrennung noch lange hinziehen würde. Ist das nicht deprimierend?«

»Bravo«, sagte ich.

»Was heißt das, bravo?«, fragte Jan verständnislos.

»Sobald Sie aufhören, sich mit Ruten zu kasteien, werden Sie feststellen, wie viel Sie inzwischen anders gemacht haben.«

Jan dachte lange nach, und dann sagte sie:

»Komisch, ich wusste sehr früh, dass er über einen wichtigen Fakt in seinem Leben log. Ich habe ihm auch gesagt, dass ich das herausgefunden hätte, und ich habe ihm die Chance gegeben, alles zu erklären. Doch alles, was er tat, war, sich über die illoyale Schlampe zu beschweren, die mir das erzählt hatte. Dann erklärte ich ihm, dass ich ihn nicht mehr sehen wollte. Ja, tatsächlich, das ist wirklich ziemlich anders als früher. Nun denn, auf zum Nächsten!«

Es sagt nichts über Ihren Charakter, Ihre Intelligenz, Ihr Glück oder Ihre Fähigkeiten aus, sich einen guten Mann zu erwählen, wenn Sie sich zu einem Mann hingezogen fühlen, der unter die negativen Muster fällt, die Sie ja nun inzwischen kennen. Wir können niemals alles über eine Person wissen, die wir kennen lernen, und viele Männer, die lügen, sind anfangs überaus überzeugend und charmant. Dass Sie sich zu einem Lügner hingezogen fühlen, ist kein Zeichen, dass Sie in Ihr altes Leben zurückfallen. Das wesentliche Merkmal für die Veränderung, die in Ihnen stattgefunden hat, liegt in dem, was Sie dagegen tun wollen und können. Wenn Sie sich wie Jan mit den Lügen direkt konfrontieren, ohne Verleugnung, ohne Erklärungen oder blinde Akzeptanz, dann wissen Sie: Sie haben keine Toleranz mehr für Lügen.

Die heilende Kraft von Frauenfreundschaften

Bisher haben wir uns fast ausschließlich auf die Freundschaften mit Männern konzentriert. Doch es gibt einen riesengroßen Schatz, der uns allen zur Verfügung steht und der von zu vielen

Frauen auf ihrer Suche nach der endgültigen Liebesgeschichte noch übersehen wird. Und das ist das Verständnis und die Unterstützung, die wir in einer Freundschaft mit einer Frau finden können. Erinnern Sie sich, dass ich von den fünf Schritten sprach, die Sie auf den Weg zur Heilung brächten? Dies ist das Herz des fünften Schrittes: Kontakt zu Freundinnen.

Diese Freundschaften sind keine Notlösungen, um die Zeit zwischen zwei Beziehungen zu Männern zu füllen. Selbst wenn Sie bei Ihrem Partner bleiben oder eine Beziehung mit einem neuen eingegangen sind, brauchen Sie den einzigartigen Trost und die Ermutigung, die nur Freundinnen Ihnen geben können. Vielleicht waren Sie so sehr mit den Problemen in Ihrer Beziehung beschäftigt, dass Sie Ihre Freundinnen vernachlässigt oder sich von ihnen distanziert haben mit der Begründung, Ihnen fehle die Zeit. Beruf, Kinder, eine Ehe mit vielen Krisen oder eine Liebesaffäre können uns vollkommen in Beschlag nehmen, und nur zu oft setzen wir unsere Freundinnen auf die unterste Stufe unserer Dringlichkeitslisten. Doch es ist erstaunlich, was geschieht, wenn wir ihnen ihren angemessenen Platz ganz oben auf der Liste einräumen.

Diane musste sich eingestehen, dass sie ihre Freundinnen auf die Warteliste gesetzt hatte, und sie fragte sich, ob es nicht zu spät sei, etwas dagegen zu tun:

Ich bin so damit beschäftigt gewesen, meinen Kopf über Wasser zu halten, dass ich vollkommen den Kontakt zu meinen Freundinnen verloren habe. Es sind vor allem zwei Frauen, die ich ganz besonders vermisse, und ich habe mich noch nicht wieder darum bemüht, mich mit ihnen zu treffen. Du lieber Gott, ich würde mich so schlecht fühlen, wenn ich sie einfach anriefe und sagte: »Hallo, ich bin ein Wrack. Ich habe mich gerade von Ben getrennt, und ich brauche dringend Unterstützung.«

»Tun Sie es«, sagte ich. »Was könnte im schlimmsten Fall passieren? Selbst wenn Sie Ihre Freundschaft mit den beiden nicht erneuern können, sind Sie nicht schlechter dran als jetzt. Doch ich möchte wetten, wenn Sie ihnen die Wahrheit über das sagen, was vorgefallen ist, und wie Leid es Ihnen tut, dass Sie die beiden aus Ihrem Leben haben gleiten lassen, dann werden sie wahrscheinlich nur zu froh sein, sich wieder mit Ihnen zu treffen. Jetzt ist der Zeitpunkt, an dem Sie wirklich Freundinnen brauchen, Diane. Genau genommen gibt es keine Zeit in unserem Leben, in welcher wir sie nicht bräuchten – selbst wenn wir in einer wunderbaren Beziehung mit unserem Partner leben.«

Klar, es ist immer ein wenig peinlich, jemanden nach langer Zeit wieder anzurufen, doch die meisten Frauen haben erfahren, dass ihre Freundinnen sie nur zu gerne wieder willkommen hießen. Wenn wir aus dem Leben von Menschen verschwinden, denen wir nahe standen, dann vergessen wir meist, dass auch sie uns vermisst haben.

Freundschaften zwischen Frauen sind wie die Handarbeiten, die Frauen seit Jahrhunderten machen. Elegant und stark, liebevoll gearbeitet, wachsen sie mit der Aufmerksamkeit, die wir ihnen schenken. Die meisten darunter ertragen es durchaus, dass man sie eine Zeit lang beiseite legt, manchmal sogar sehr lange, um sie dann wieder aufzugreifen, wenn man bereit dazu ist.

Wenn wir den Faden der Freundschaft mit Frauen, die uns am Herzen liegen, wieder aufgreifen, stellen wir fest, dass uns der Faden fast immer direkt dorthin zurückführt, wo das letzte Gespräch endete, und wir greifen ihn auf und spinnen ihn weiter. Unsere Freundinnen können ein wichtiger, lebendiger Teil unseres Gedächtnisses sein, sie erinnern uns an Teile unserer selbst, die wir längst vergessen haben, an Desaster, die wir überlebt, an unmögliche Träume, die wir verwirklicht haben. Sie sind auch das willige Ohr, das sich unsere Geschichte anhört, während wir selbst noch versuchen, sie zu verstehen, und sie helfen uns herauszufinden, was wir als Nächstes tun möchten.

In vielen Kulturen überall auf der Welt treffen sich Frauen, um bedeutende Ereignisse in ihrem Leben festzuhalten – Heirat, die Geburt von Kindern, den Beginn und das Ende der

Fruchtbarkeit, den Tod eines Nahestehenden. Mit ihren Geschichten, mit ihrem Austausch von Erfahrungen lenken und erleichtern sie den Übergang einer Phase des Lebens in die nächste. Mit der Zeit wird die Geschichte der Schwierigkeiten und des Leids einer Person Teil des Wissens der ganzen Gruppe und trägt zu der Fähigkeit eines jeden Mitglieds bei, mit schweren Zeiten umzugehen. Unser Leid trägt sich leichter, wenn wir wissen, dass andere es vor uns getragen haben. Und wir sind auch stolzer auf unsere eigene Kraft und Widerstandsfähigkeit, wenn unsere Geschichten mit Liebe und Mitgefühl aufgenommen werden.

Sie brauchen kein spezielles Ritual oder gar einen Schamanen, um diese Art der Mit-Teilung in Ihrem Leben zu etablieren. Die einzige Voraussetzung ist, dass Sie aktiv Ihre Beziehungen zu Freundinnen erhalten.

Diane hat nicht nur ihren Kontakt zu den beiden alten Freundinnen erneuert, die beiden nahmen sie auch in einen Diskussionskreis mit, in dem Bücher besprochen wurden, und boten ihr damit fruchtbare soziale und intellektuelle Anregungen. Das war ihr erster Schritt zurück in eine rationale, sichere Welt. Sie fand ganz allmählich ihr weises Herz.

Das weise Herz

Auf den ersten Blick mögen die Worte Herz und Weisheit einander widersprechen. Schließlich lokalisieren wir Weisheit im Geist, und das Herz ist der Sitz der Gefühle. Was also ist ein weises Herz?

Ich selbst definiere es als die Weisheit, die einer delikaten Balance zwischen Intellekt und Emotion entspringt – der Fähigkeit, gleichzeitig zu fühlen und zu denken. Wenn wir auf unsere innere Stimme hören, lassen wir uns von Intuition und Gefühl gleichermaßen leiten. Wenn wir uns selbst die Fragen der verschiedenen Aufzählungen in diesem und in anderen Kapiteln stellen, dann wechseln wir hinüber in den vernunftbetonten, beobachtenden Teil unseres Wesens. Beide sind gleichermaßen wichtig. Das ist die Balance, die wir erreichen wollen. Wenn eine dieser Komponenten sehr viel stärker ist als die andere, entstehen Probleme. Lassen wir uns allein vom Gefühl leiten, behindert das unsere Fähigkeit, Dinge klar oder rational zu sehen, und führt mit großer Wahrscheinlichkeit zu impulsiven, selbstzerstörerischen Verhaltensweisen. Doch wenn wir all unsere Gefühle abstellen und uns nur auf unseren Intellekt verlassen, dann bringen wir uns selbst um die Erfahrung, wie reichhaltig unsere Gefühlswelt ist. Dann sind wir nicht wirklich lebendig.

Ein weises Herz bildet sich nicht zögerlich, sondern mit all dem Mut und der Entschlossenheit einer Frau, die die Entscheidung gefällt hat, dass ihr Schmerz nicht zu Bitterkeit werden muss und ein Verlust auch ein Anfang sein kann, nicht nur ein Ende. Das weise Herz wählt das Risiko zu lieben, weil sein natürlicher Impuls ist, sich zu öffnen, nicht zu verschließen.

Von der Wunde zur Weisheit

Das weise Herz weiß, dass die Wunden, die die bewussten Täuschungen und der Verrat eines Geliebten hinterlassen, nicht bedeuten, dass man für immer behindert oder beschädigt ist. Ihre Wunden bezeugen nur, dass Sie menschlich sind, Gefühle haben und man Sie sehr verletzt hat. Denn genau genommen können die Wunden, die Verrat und Täuschung schlagen, eine sehr wichtige Quelle der Information und der Weisheit sein – wenn Sie den mutigen, aber auch tröstlichen Schritt unternehmen, auf sie zu hören.

Hier können Sie die Tiefe und die Details Ihrer Erfahrungen ablesen: wo Sie Fehler gemacht haben, was Sie wirklich schmerzt, was Sie ertragen können und was unerträglich für Sie ist. Ihre

Wunden wissen, wie sich Gefahr anfühlt, und nun verdanken Sie ihnen eine ganz neue Sensibilität, ein neues Warnsystem.

Und während Sie immer stärker in Ihren Mut und in Ihre Kraft hineinwachsen, werden Sie auch lernen, wie man aus den Wunden des Verrats und der bewussten Täuschung die Weisheit gewinnt, die Ihren weiteren Weg erleuchten wird. Nun, da Sie in diese neue Phase Ihres Lebens eintreten, werden Ihre Wunden Ihnen wichtige Erkenntnisse vermitteln, Sie beschützen und Ihnen eine Fülle wertvoller Informationen geben – mit jedem Pulsschlag Ihres weisen Herzens.

Der Weg zur Heilung

Einige Monate, nachdem Diane ihre Therapie mit mir beendet hatte, erhielt ich diesen Brief von ihr:

Liebe Susan,
letztes Wochenende wanderte ich mit einigen Freunden in den Bergen. Wir stiegen einen steilen Hügel hinauf, und mir ging es gut, bis ich eine Wegbiegung nahm und einen riesigen Felsbrocken mitten auf meinem Weg sah. Ich betrachtete ihn sehr lange, und Angst überfiel mich. Schließlich wurde mir bewusst, dass ich einige Stellen entdecken konnte, in die ich meine Füße platzieren könnte. Ich atmete tief durch und begann den Aufstieg. Ich war sehr viel langsamer als die Leute, die bei mir waren, doch ich sagte ihnen, sie könnten ruhig vorgehen – ich käme nach. Als ich die Spitze dieses Felsens erklommen hatte, blickte ich über das schönste Tal, das ich je gesehen hatte. Und ich war sehr stolz auf mich, dass ich mich aufgerafft hatte, einen Weg zu finden, um dort anzukommen, statt einfach aufzugeben. Ich genoss dieses Gefühl, auf diesem Fels zu sitzen. Ich wusste plötzlich, dass er nicht unter mir zerbröselte, und ich fühlte mich wie auf dem Dach der Welt.

Als ich nach Hause kam, wurde mir bewusst, dass dieser Aufstieg eine Metapher meines Lebens war. Während all der guten und der schlechten Zeiten mit Ben habe ich mich die meiste Zeit richtig hilflos gefühlt. Es war, als ob überall um mich herum Treibsand wäre, sodass ich nie wusste, was mich als Nächstes hinunterziehen würde. Sie wissen, wie schlecht es mir ging, als ich herausfand, was wirklich los war. Ich habe ganz ernsthaft geglaubt, dass ich nicht mehr weitermachen könnte. Ich konnte nur noch einen riesigen Felsblock sehen, der mir den Weg versperrte, und ich hätte nie geglaubt, dass ich die Kraft besäße weiterzumachen. Aber Sie haben mich daran erinnert, wie viel Verstand und Herz und Sturheit ich habe – und dann habe ich mich gezwungen, Tag für Tag einen Fuß vor den anderen zu stellen.

Ich weiß, Sie haben mir oft erklärt, dass mein Leben sich ändern würde, wenn ich nur weiterhin die Wahrheit verlangen würde und auch mir selbst gegenüber ehrlich bliebe. Wenn ich jetzt um mich blicke, dann weiß ich endlich, bis in die Haarspitzen, was Sie gemeint haben. Sehen Sie mich an! Ich mache Wanderungen mit Freunden. Zum ersten Mal seit Jahren arbeite ich wieder ehrenamtlich. Und ich treffe Männer, die ganz interessant zu sein scheinen. Es macht mir nichts aus, viel Zeit damit zu verbringen, herauszufinden, wie sie wirklich sind, und glauben Sie mir, ich erkenne sofort, wenn sie das Lügen-Gen in sich tragen. Und ich weiß auch, dass ich nie wieder Lügner in meinem Leben dulden muss. Ich baue mein Leben auf Fels, Susan. Ich trauere dem nach, was aus meinem Leben verschwunden ist, doch ich habe so viel durchgemacht, dass ich jetzt weiß, dass ich mit allem fertig werde. Sogar damit, der Liebe nochmals eine Chance zu geben.

Liebe Grüße von der anderen Seite des Berges,
Diane

Diane war nicht mehr dieselbe Person, die einst die Beziehung zu Ben eingegangen war, und auch Sie sind es nicht mehr. Jeder

Schritt, den Sie unternehmen, um nach einem Verrat oder dem Verlust des Vertrauens weiterhin dem Leben und der Liebe gegenüber offen zu sein, ist ein Schritt in Richtung Weisheit. Das weise Herz entschließt sich, nicht am Schmerz der Vergangenheit festzuhalten, sondern weiterzugehen. Es ehrt und vergisst nie die Person, die Sie geworden sind – eine Frau, die gelernt hat, Tag für Tag ihrer eigenen Heilung, ihrer Ganzheit entgegenzuschreiten.

Danksagung

Es gibt viele Menschen, deren Unterstützung und Ermutigung dabei halfen, dies Buch entstehen zu lassen:

Meine Co-Autorin Donna Frazier, deren Geduld und Hingabe nie nachlassen und der ich für die sichere und erfahrene Hilfe danke, diese Geschichten zu erzählen.

Meine wunderbare Agentin Virginia Barber und all die großartigen Leute, die mit ihr arbeiten, insbesondere Jennifer Rudolph Walsh und Jay Mandel, denen ich für ihren Glauben an mich und meine Arbeit danke.

Meine Lektorin Joëlle Delbourgo, der ich für ihre Lust an der Perfektion sowie für ihre warmherzige Ermutigung danke.

Ich danke meiner Familie und meinen Freunden für ihre Liebe und ihre Weisheit.

Ich danke meinen Patientinnen, Freunden und Verwandten, die freigebig ihre Geschichten mit mir teilten und das Herz dieses Buches bilden.

Und mein größter Dank gilt meiner Tochter Wendy, die mich so viel gelehrt hat und mir so viel Freude bereitet.

Susan Forward hat ihre Praxis in Los Angeles, Californien. Weitere Informationen erhalten Sie unter der Nummer 001 – 818 – 986 11 61.